忽必烈樞密副使博羅本書

LE LIVRE

DE

MARCO POLO

CITOYEN DE VENISE

CONSEILLER PRIVÉ ET COMMISSAIRE IMPÉRIAL

DE

KHOUBILAÏ-KHAÀN:

RÉDIGÉ EN FRANÇAIS SOUS SA DICTÉE EN 1298

PAR RUSTICIEN DE PISE;

Publié pour la première fois d'après trois manuscrits inédits de la Bibliothèque impériale de Paris,
présentant la rédaction primitive du Livre, revue par Marc Pol lui-même et donnée par lui, en 1307, à Thiébault de Cépoy,
accompagnée des *variantes*, de *l'explication des mots hors d'usage*, et de *Commentaires géographiques et historiques*,
tirés des écrivains orientaux, principalement chinois, avec une *Carte générale de l'Asie*;

PAR

M. G. PAUTHIER.

INTRODUCTION.

> Pour savoir la pure vérité des diverses régions du monde,
> si prenez ce Livre et le faites lire; si y trouverez les gran-
> dismes merveilles qui y sont escriptes de la grant Ermenie, et
> de Perse, et des Tatars, et d'Inde, et de maintes autres pro-
> vinces, si comme nostre Livre vous contera tout par ordre
> apertement.　　　　　　　　　　　　　　　(Prologue.)

PARIS

LIBRAIRIE DE FIRMIN DIDOT FRÈRES, FILS ET Cⁱᵉ,

IMPRIMEURS DE L'INSTITUT DE FRANCE

rue Jacob, 56

MDCCCLXV

INTRODUCTION.

En rendant compte de la traduction anglaise du livre de Marc Pol, par Marsden (1), M. Abel Rémusat disait en 1818 : « De tous les voyageurs qui antérieurement au quinzième siècle ont visité les parties orientales de notre ancien continent, Marc Pol est le plus célèbre et le plus généralement estimé. Loin que sa réputation diminue par les progrès de la géographie positive, on trouve de nouvelles raisons d'admirer son exactitude, et d'être persuadé de sa sincérité, à mesure qu'on apprend à mieux connaître les pays qu'il a décrits. Ses contemporains avaient taxé d'exagération des récits alors inouïs de la grandeur et de la puissance d'un empire situé à l'extrémité du monde. Ce n'est que peu à peu qu'on a pu se convaincre qu'observateur non moins scrupuleux que crédule, il n'a pas inventé une seule des fables qu'il mêle à sa narration, et qu'il a toujours, comme Hérodote, rapporté avec la même fidélité les choses qu'il avait vues lui-même et celles qu'on lui avait contées (2). »

(1) *The Travels of Marco Polo, translated from the italian, with notes;* by William Marsden. London, 1818, 1 vol. in-4°.

(2) *Nouveaux Mélanges asiatiques,* 1829, t. I, p. 381. Voir aussi, même recueil, un autre article sur le même livre, p. 397.

Ces paroles d'un homme qui avait embrassé d'un regard si pénétrant et si sûr la plupart des langues et des civilisations de l'Asie orientale, prouvent qu'il avait bien compris aussi l'importance du livre du célèbre voyageur vénitien, et les difficultés nombreuses que l'on aurait à surmonter pour en donner une édition critique, accompagnée de toutes les annotations géographiques et historiques nécessaires pour placer ce livre au rang qu'il doit désormais occuper. « Reconstruire la géographie de l'empire Mongol, ajou- « tait le savant orientaliste, serait le chef-d'œuvre d'une personne bien « versée dans la lecture des géographes chinois, et capable de s'aider de « tout ce que les auteurs chinois et tartares ont écrit sur les événements « qui se sont passés dans la haute Asie depuis le treizième siècle (p. 393). »

Sans prétendre avoir rempli de tous points le programme ainsi tracé par M. Abel Rémusat, nous croyons que le livre que nous présentons ici au public répond à une partie de ces conditions; du moins nous n'avons rien négligé pour le rendre digne et de Marc Pol, ce grand voyageur du moyen âge, et du pays favorisé dans la langue duquel il fit rédiger son livre.

Nous avons divisé notre Introduction en trois parties : dans la première nous exposons ce que nous avons pu découvrir sur la vie et les missions diverses remplies par Marc Pol pendant son séjour à la cour de Khoubilaï-Khaân ; dans la seconde nous donnons une analyse et une appréciation du Livre qu'il nous a laissé ; et, dans la troisième, nous avons cherché à présenter l'état de l'Asie à l'époque où Marc Pol en visita la plus grande partie.

1° NOTICE SUR MARC POL.

Il arrive souvent que la vie des hommes célèbres, sur lesquels on aimerait à avoir les plus nombreux renseignements, est celle qui, en dehors des actes qui les ont recommandés à la postérité, est souvent la moins connue. Bien différents de ces coureurs de renommée qui, ayant la conscience de leur médiocrité, sont sans cesse occupés, de leur vivant, à se créer une célébrité éphémère, les hommes d'un véritable génie semblent, au contraire, oublier leur propre personnalité pour ne s'occuper que de ce qui doit rendre leur nom immortel. Aussi sommes-nous obligé de chercher, dans le livre de Marc Pol, les renseignements qui peuvent nous éclairer sur les événements de sa vie et sur sa famille.

MARCO POLO, nommé communément en français *Marc Pol* (ainsi qu'on le lit dans les manuscrits de la rédaction française originale de son *Livre des Merveilles du monde*), naquit à Venise en 1251, et mourut dans cette même ville en 1324, après avoir passé vingt-six ans hors de sa patrie, et seize comme attaché au service du célèbre Khoubilaï-Khaân, empereur mongol de Chine. Son père, Nicolò Polo, et son oncle Matteo Polo (ou *Maffeo*), dont il est souvent question dans ce livre, étaient fils d'Andrea Polo, patricien de Venise. Leur famille, originaire de Sebenico, en Dalmatie, était venue s'établir à Venise en 1033. Elle se livra au commerce, comme c'était l'usage dans la noble république. Le frère aîné de Nicolò et de Maffeo, Marco Polo (surnommé *il Vecchio* « le Vieux », pour ne pas le confondre avec son neveu le célèbre voyageur), s'était établi à Constantinople, et avait une maison de commerce à Soldaya ou Soudach, sur la mer Noire, en même temps que des intérêts dans la maison de commerce de Venise. Ces circonstances et les événements mémorables survenus en Orient; l'empire de Constantinople qui s'affaissait sur lui-même entre les mains faibles et débiles de Baudouin II, comte de Flandre; la défaite des Croisés à la bataille de Mansourah, le 5 avril 1250; les invasions des Mongols dans l'Occident de l'Asie, engagèrent sans doute les deux frères Polo à tenter la fortune près de l'un des chefs de ce peuple conquérant, qui s'était établi sur les bords du Volga.

§ I. *Premier voyage du père et de l'oncle de Marc Pol en Tartarie, et leur retour en Europe comme envoyés du grand Khaán.*

Les deux frères Polo partirent de Venise pour Constantinople l'année 1250, selon le récit de Marc Pol (1). Après avoir séjourné quelque temps dans cette ville pour y écouler leurs marchandises, ils résolurent de se rendre dans les ports de la mer Noire pour trafiquer avec les nouveaux venus. Ils achetèrent donc à Constantinople un grand nombre de joyaux, et se rendirent par mer à Soudach. Arrivés dans cette ville où leur frère aîné, Andrea Polo, avait une maison de commerce, ils se décidèrent à se rendre auprès de Barkaï-Khân, frère de Batou-Khân, qui régna dans le pays de Kiptchak,

---

(1) Ch. I, p. 5. Plusieurs raisons nous ont fait penser que cette date (qui n'est pas la même dans tous les mss.) était inexacte, et qu'elle de- vait être celle de 1255. Voir la *note* 1, p. 5, et la *note* 5 (au lieu de 1 imprimé par erreur) de la page 17.

de 1256 à 1266, et qui séjournait alternativement dans les villes de Saraï et de Bolghâra, sur le Volga. Les deux frères furent reçus avec honneur par le prince mongol, auquel, dit Marc Pol, « ils donnèrent tous les joyaux qu'ils avaient apportés », et qui leur furent payés deux fois leur valeur.

Après un an de séjour dans cette ville, une guerre étant survenue en 1262, entre Barkaï, Khân du Kiptchak, et Houlagou, qui avait soumis la Perse aux armes mongoles, les deux frères, craignant de retourner sur leurs pas, se rendirent à Bokhârâ, qui était alors au pouvoir de Borak-Khân, petit-fils de Djaghataï, où ils furent obligés de séjourner trois ans. Des envoyés de Houlagou au grand Khaân de Tartarie, les ayant rencontrés dans la ville de Bokhârâ, les emmenèrent avec eux, en leur qualité de *Latins*, c'est-à-dire d'Européens. Ils mirent un an pour faire le voyage de Bokhârâ à la résidence d'été de Khoubilaï-Khâan, dans la Mongolie, sur les frontières de la Chine, où ils furent très-favorablement accueillis.

Arrivés en présence du souverain, conquérant de la Chine, le grand Khâan les interrogea, dit Marc Pol (p. 10), « sur maintes choses : premièrement, « des empereurs, et comment ils maintiennent leur seigneurie et leur terre « en justice; et comment ils vont en bataille, et de tout leur afaires. Et « après, leur demanda des Roys et des princes et des autres barons. Et puis « leur demanda du Pape et de l'Église, et tout le fait de Romme, et de toutes « les coustumes des Latins. Et les deux frères lui en dirent la vérité de chas- « cune chose par soy, bien et ordenéement et sagement, si comme sages « hommes que il estoient, car bien savoient la langue tartarese. »

On voit par cette citation que le petit-fils de Dchinghis-Khaân, alors le chef suzerain de tous les Khâns mongols qui régnaient en Asie, connaissait déjà l'état de l'Europe à cette époque, et qu'il ne négligeait aucune occasion d'obtenir des informations exactes sur les souverains qui y régnaient alors, et sur la manière dont les peuples y étaient gouvernés. C'est un fait qui, selon nous, méritait d'être signalé.

Le récit que les frères Polo firent au grand Khaân lui inspira l'idée de les envoyer en mission, avec un des grands de sa cour, près du Pape. « Si « envoya querre devant soi un de ses barons qui avait nom Cogatal, et lui « dist qu'il s'appareillast, et qu'il vouloit qu'il alast avec les deux frères à « l'Apostolle. Après ce, le seigneur fist faire ses chartres en langue tartoise « (*tartare*, c'est-à-dire *mongole*) pour envoyer au Pape, et les bailla aus « deux frères et à son baron, et leur enchargea ce que il voult que il deus- « sent dire à l'Apostolle (p. 12). »

Les lettres missives que Khoubilaï-Khâan leur remit sont peut-être conservées dans les Archives du Vatican, comme ont été conservées aux Archives de France celles d'Arghoun et d'Oëldjaïtou-Khân à Philippe le Bel, que nous avons reproduites en mongol, dans notre *Appendice* (n⁰ˢ 5 et 6, pages 775-781), accompagnées d'une traduction française. « Il mandoit, « dit Marc Pol (chap. vii, p. 13), disant à l'Apostolle que se il lui vouloit en- « voyer jusques à cent sages hommes de nostre loi crestienne, et que il seus- « sent de tous les sept ars, et que bien seussent desputer et monstrer aper- « tement aux ydolastres, et aux autres conversations de gens, par force de « raysons, comment la loy de Crist estoit la meilleur; et que toutes les « loys autres sont mauveses et fausses; et se il prouvoient ce, que il (*lui*, « le grand Khâan), et tout son povoir (tous les peuples placés sous sa dé- « pendance) devendroient crestien et hommes de l'Église. »

Les deux frères Polo, avec le *baron* mongol, se mirent en route, en 1266, pour accomplir leur mission près du chef de la chrétienté, en qualité d'ambassadeurs (*ambasaors*). Le baron mongol tomba malade en route, et ne put remplir sa mission, dont les deux frères Polo demeurèrent seuls chargés. Après être restés trois ans en voyage, ils arrivèrent à Layas en Arménie. De là ils se rendirent à Acre où ils arrivèrent en 1269. Ils allèrent trouver le légat du Pape qui y résidait, et qui se nommait Tebaldo, de la famille des Visconti de Plaisance, lequel, deux ans après, fut élu pape, et régna sous le nom de Grégoire X. Après l'avoir instruit de la mission dont ils étaient chargés de la part de Khoubilaï-Khâan, le légat apprit aux deux frères la mort du Pape Clément IV, décédé à Viterbe, le 29 novembre 1268, et il les engagea à attendre l'élection d'un nouveau pape, pour remplir auprès de lui cette mission. Les deux frères se mirent donc en route pour aller attendre l'élection dans leur patrie. « Et quant il furent venu en Venisse, « dit Marc Pol (chap. ix, p. 16-17), si trouva Messires Nicolas, sa femme « morte; et lui estoit remes (*resté*) de sa femme, un filz de xv ans, lequel « avoit à nom Marc, de qui ce livre parolle. » C'est de lui aussi que désormais nous allons parler.

§ II. *Second voyage des deux frères Polo, et départ de Marc Pol pour la Chine et la Mongolie.*

Après avoir attendu deux ans à Venise l'élection d'un nouveau pape, les envoyés du grand Khâan, impatientés des délais inusités apportés à cette

élection (le Sacré Collége, assemblé à Viterbe, ne pouvait parvenir à s'entendre sur le choix à faire), résolurent de retourner près de Khoubilaï pour lui rendre compte de l'impossibilité où ils avaient été de remplir la mission dont il les avait chargés. Ils partirent donc de Venise, emmenant avec eux le jeune Marc. Ils passèrent encore par la ville d'Acre, où ils prirent congé du légat, se rendirent à Jérusalem pour y chercher de l'huile de la lampe du Saint-Sépulcre, que le grand Khaân les avait chargés de lui rapporter. Ils repassèrent par la ville d'Acre, pour voir encore le légat, et lui demander ses lettres pour le grand Khaân, afin de pouvoir se justifier auprès de lui de la longue durée de leur absence et de l'insuccès de leur mission. Le légat les leur ayant remises, ils se rendirent à Layas, dans la petite Arménie, où ils apprirent que ledit légat avait été élu pape le 1er septembre 1271 ; ce qui leur causa beaucoup de joie. Ils y reçurent un message qui les engageait à retourner à Acre, pour s'entendre avec le nouvel élu (Grégoire X) concernant la mission dont ils étaient chargés. Le roi d'Arménie les fit transporter par une de ses galères à la ville d'Acre, et le nouveau pape leur ayant donné sa bénédiction (chap. XII, p. 19), leur adjoignit deux frères prêcheurs pour les accompagner près du grand Khaân. L'un s'appelait Nicolas de Vicence, et l'autre Guillaume de Tripoli, du couvent d'Acre, dont on possède une relation manuscrite intitulée : *De l'estat des Sarrazins et de Mahomet* (voir le ch. XII, p. 19, n. 1). Les missives du pape Grégoire X au grand Khaân des Tartares leur ayant été confiées, ils prirent tous congé de lui, et se mirent en route pour leur destination.

A peine furent-ils de retour à Layas que le Sultan Mamelouk Bibars, surnommé *Bondokdari* (« le porteur d'arbalète »), envahit l'Arménie avec une armée de Sarrazins. Les envoyés du pape près du grand Khaân et les trois Vénitiens faillirent être pris. Les deux frères prêcheurs n'osèrent continuer leur route ; « il orent moult grant paour d'aler avant », dit Marc Pol (p. 20). Ils remirent donc aux deux frères Polo les lettres du pape Grégoire X. au grand Khaân, « et s'en alèrent avec le maistre du Temple ». Voilà comment les *cent docteurs en théologie* que Khoubilaï-Khaân avait demandés au chef de la catholicité, pour « discuter devant lui les dogmes du christianisme et prouver la vérité de cette religion en même temps que la fausseté de toutes les autres » (voir ch. VII, p. 13), manquèrent peut-être la conversion du plus puissant souverain du monde et des populations qui lui étaient soumises. Ainsi abandonnés de leurs compagnons de voyage, les trois Vénitiens continuèrent leur route pour la Chine. Ils éprouvèrent tant de contre-temps pendant leur voyage qu'ils furent *trois ans et demi* en chemin (ch. XIII). Le grand Khaân ayant enfin appris leur retour, envoya un exprès à quarante journées au-devant d'eux pour les conduire en sa présence.

§ III. *Arrivée des deux frères Polo et du jeune Marc en Mongolie devant Khoubilaï-Khaân.*

Lorsqu'ils furent arrivés (en 1275) près du grand Khaân, celui-ci les reçut « moult honnourablement, dit Marc Pol (p. 22), et leur fist moult « grant joie et grant feste, et leur demanda moult de leur estre, et com- « ment il avoient puis fait? — Cil respondirent que il ont moult bien fait, « puisque il l'ont trouvé sain et haitié (bien portant). Adonc li presenterent « les privileges et les chartres que il avoient de par l'Apostolle, desqueles « il ot grant leesce; puis li donnerent le saint huille du Sepulcre; et fu « moult alegre; et l'ot moult chier. *Et quant il vit Marc qui estoit joenne* « *bacheler, si demanda qui il estoit? — Sire, dist son pere Messire Nicolas,* « *il est mon filz et vostre homme. — Bien soit il venuz, dist le Seigneur.* « — Et pourquoy vous en feroie je long compte? ajoute Marc Pol. Sachiez « que il ot (*il y eut*) à la court du Seigneur moult grant feste de leur venue; « et moult estoient servi et honorez de touz. Et demourerent à la court « avec les autres barons. »

Ce petit récit de l'arrivée des trois Vénitiens à la cour de Khoubilaï, de la manière dont ils furent accueillis par le souverain mongol, et en particu- lier le jeune Marc, est comme une peinture naïve qui en dit plus et laisse plus de traces dans l'esprit que tout ce que l'art et l'éloquence pourraient y ajouter.

Le jeune Marc Pol se fut bientôt mis au fait des usages et coutumes de la cour mongole au milieu de laquelle il se vit placé. « Il apprist si bien la « coustume des Tartars et leur languages et leur lettres (*leur écriture*), et « leur archerie (leur manière de se battre, *leur art militaire*), que ce fu « merveilles. Car sachiez vraiement: il sot en poi de temps plusieurs lan- « guages, et sot de quatre lettres de leur escriptures (1). Il estoit sages et « pourvéans en toutes choses; si que, pour ce, le Seigneur li vouloit moult « grant bien. Si que, quant le Seigneur vit que il estoit si sages, et de si beau « et bon portement, si l'envoia en un message, en une terre où bien avoit six

_____

(1) Voir le chap. XV, p. 23, *note* 1.

« mois de chemin. Le joenne bacheler fist sa messagerie bien et sagement.
« Et pour ce que il avoit veu et seu plusieurs fois que le Seigneur envoioit
« ses messages par diverses parties du monde, et quant il retournoient il ne
« li savoient autre chose dire que ce pourquoy il estoient alé; si les tenoit
« touz à folz et à nices (*incapables et ignorants*). Et leur disoit : « Je ame-
« roie miex ouïr les nouvelles choses et les manieres des diverses contrées,
« que ce pourquoi tu es alez » ; car moult se deleitoit à entendre estranges
« choses. Si que, pour ce, en alant et retornant, il [Marc Pol] mit moult
« s'entente de savoir de toutes diverses choses, selonc les contrées, à ce
« que, à son retour, [il] le peust dire au grant Kaan (p. 23-24). »

Ce petit récit, plein de simplicité, nous donne le secret du *Livre de
Marc Pol.* C'était pour répondre aux désirs du grand Khaân, si peu sa-
tisfait de ses envoyés ou messagers Tartares, que, dans les missions nombreuses et lointaines dont il fut chargé, Marc Pol s'attacha à observer
minutieusement les mœurs et coutumes des pays étrangers, dans lesquels il
fut envoyé en mission, pour en faire, à son retour, le récit détaillé à son
Seigneur. C'est ce désir, fort naturel d'ailleurs, de lui plaire, et fort honorable aussi pour Khoubilaï Khaân, qui nous a valu ce même *Livre*, d'un
caractère tout particulier, et d'un secours si grand pour la connaissance de
l'Asie au moyen âge.

§ IV. *Missions dont Marc Pol fut chargé par Khoubilaï-Khaân.*

La première mission dont fut chargé Marc Pol par Khoubilaï fut, comme
il nous l'a dit dans son Livre (p. 23), pour un pays éloigné de *six mois
de chemin* de la résidence du grand Khaân en Mongolie. Avec cette réserve
qu'il a constamment gardée, dans sa relation, sur tout ce qui touchait de
près ou de loin aux missions dont il fut chargé par le souverain mongol, et
qu'il avait puisée sans doute dans les traditions politiques de la république
de Venise, sa patrie, Marc Pol ne nous a pas indiqué le lieu de sa destination. Mais, d'après l'histoire de la dynastie mongole de Chine, et la description qu'il nous a laissée des contrées visitées par lui, on peut conjec-
turer avec quelque certitude, que cette première mission diplomatique du
jeune Marc fut pour le royaume d'Annam ou le Tonkin. Le roi de ce pays,
Kouang-ping, de la dynastie *Tchin*, étant venu à mourir en 1277, son fils
héréditaire *Jit-hoan* lui succéda ; et il expédia aussitôt un ambassadeur à la

cour de Khoubilaï-Khaân pour lui annoncer son avénement (1). L'empereur mongol dut lui envoyer à son tour une ambassade pour le féliciter, et
étudier politiquement le pays ; et c'est sans doute à cette ambassade que le
jeune Marc Pol fut attaché en qualité d'*envoyé* ou *commissaire en second*
(*foŭ-ssè*). Car on lit dans les Annales chinoises de la dynastie mongole (2)
que, cette même année 1277, un *Po-lo* fut nommé *envoyé* ou *commissaire
en second du Conseil privé* (*tchoŭ mĭ foŭ-ssè*). La mission envoyée près du
nouveau roi du royaume d'Annam, quoiqu'elle ne soit pas mentionnée dans
l'histoire chinoise, est d'autant plus probable que Khoubilaï-Khaân était
très-intéressé à conserver de bonnes relations avec ce prince (au père duquel il avait fait la guerre en 1257 et pris sa capitale); parce que, cette
même année, le roi du royaume de Mien (Ava, ou l'empire Birman actuel),
sommé par lui d'avoir à lui payer tribut, n'avait pas voulu obéir, avait en-
vahi la province chinoise de *Yŭn-nán*, qui lui était limitrophe, et s'était
emparé de la ville importante ainsi que du territoire de Yoŭng-tchâng. Il
fallut que le vice-roi de cette province envoyât une armée pour repousser
celle de Mien, laquelle se retira après avoir démoli plus de trois cents petits forts construits sur les hauteurs et les défilés de la frontière (3).

La description que donne Marc Pol du royaume de Mien, des pays limi-
trophes (4) et des événements qui s'y passèrent, ne peut avoir été faite que
par un témoin oculaire. On doit d'autant plus admettre que la première
mission confiée à Marc Pol, depuis son arrivée avec son père et son oncle
à la cour de Khoubilaï-Khaân, vers le milieu de l'été de l'année 1275, était
pour les pays étrangers, situés au midi de l'empire chinois, que c'est aussi
par la description de la route suivie dans ce voyage, aller et retour, qu'il
commence ce que l'on a appelé son « *Second Livre* », consacré à décrire
d'abord les provinces nord-ouest de la Chine, en partant de Cambaluc
(*Khân-bâligh*, « la Ville capitale du Khaân, » Pĕ-king de nos jours); ensuite
le Tibet, le Yŭn nán, le royaume de Mien, le Bengale, les provinces méri-
dionales et orientales de la Chine qu'il parcourut à son retour.

Après cette première mission, Marc Pol paraît avoir été chargé avec
d'autres commissaires, choisis sans doute parmi les hommes de confiance
qui étaient à la cour du grand Khaân, pour inventorier les Archives de la
cour des Soung, sur lesquelles le général en chef mongol Bàyan (nommé

---

(1) *Li taï ki ssè*, K. 97, f° 52 v°.
(2) *Yuen-sse*, K. 9, f° 17.
(3) *Li taï ki sse*, K. 97, f° 52 v°.
(4) Chap. CXX et suivants.

dans les Annales chinoises Pĕ-yèn), après l'occupation de Hang-tcheou, leur capitale, qui se soumit sans combat, avait fait apposer les scellés. Marc Pol, en décrivant minutieusement cette ville (1), qu'il appelle *Quinsay* (en chinois *King-sse*, « la capitale »), dit que sa description statistique est tirée d'une lettre écrite au général Pĕ-yèn, par la reine-mère, pour obtenir du grand Khaân des conditions moins humiliantes que celles de se rendre à discrétion, et pour épargner les édifices, les palais et les autres propriétés de cette grande et riche cité (2). La description que Marc Pol en donne, d'après cette lettre de l'impératrice des Soung (qu'il dit avoir eue entre les mains) put être vérifiée ensuite par lui-même sur les lieux. Il faut lire cette description pour se former une idée de l'état avancé de la civilisation chinoise à cette époque. Cette grande ville aurait pu soutenir le parallèle avec les deux grandes capitales de l'Europe moderne : Paris et Londres.

Ce fut dans la même province nouvellement conquise, et sans doute vers la même époque, que Marc Pol fut nommé, comme il nous le dit lui-même (3), gouverneur de la ville et du territoire de Yâng-tcheou, qui avait sous sa juridiction vingt-sept autres villes : « Et ot Seigneurie Marc Pol en « ceste cité, trois ans. Et si siet uns des douze barons du grant Kaan. » Cette ville de Yâng-tcheou, qui est aujourd'hui chef-lieu d'un département de la province de Kiâng-nân, fut en effet, pendant un an, en 1276, érigée en l'un des chefs-lieux de gouvernements généraux (4), au nombre de douze, pour tout l'empire de Khoubilaï-Khaân, à la tête desquels étaient placés douze des plus hauts personnages de l'État. Mais l'année suivante, en 1277, le siége de ce gouvernement général fut transféré ailleurs, et Yâng-tcheou devint un gouvernement immédiatement inférieur *(loŭ)* relevant directement du gouvernement général (*sìng*) du Hŏ-nân (le midi du Hoâng-hŏ) et du Kiâng-pĕ (le nord du Kiâng). Ce fut sans doute dans les années 1277 à 1280 que Marc Pol fut gouverneur de la ville de Yâng-tcheou, et de toutes les autres villes, au nombre de vingt-sept, qu'elle avait dans sa juridiction. Le texte italien de Ramusio porte que « ce fut par une commission spéciale « du grand Khaân que Marc Pol en eut le gouvernement pendant trois an-

---

(1) Voir les chap. CLI et CLII de son livre, pages 491-518.

(2) Au moment où nous écrivons ces lignes (juin 1864) nous apprenons que cette même ville de *Hang-tcheou*, qui fut la capitale des Soung, et que Marc Pol a si admirablement décrite, a été reprise sur les rebelles *Taï-ping* par les troupes impériales chinoises, sous la conduite d'un officier français, M. d'Aiguebelles, dont le nom, comme celui du général Pè-yèn, sera un jour inscrit honorablement dans les annales chinoises.

(3) Chap. CXLIII, p. 467-468.

(4) *Hīng tchoŭng tchoŭ Sìng.*

« nées, à la place de l'un des douze gouverneurs généraux ou vice-rois (1). »
Notre rédaction française, beaucoup plus ancienne, ne mentionne cette par-
ticularité que dans l'un des manuscrits où il est dit que les trois ans que
Marc Pol passa à Yâng-tcheou, en qualité de gouverneur, furent « accom-
« pliz par le commandement du grant Kaan; » sans ajouter que c'était *au
lieu et place* de l'un des *douze* grands gouverneurs généraux des provinces
administratives de l'empire; ce qui est parfaitement exact, en ce sens que
le siége du gouvernement général de la province du Hô-nân et du Kiâng-pĕ
n'étant resté qu'un an à Yâng-tcheou (2), Marc Pol y *remplaça* l'un des douze
grands gouverneurs généraux de l'empire de Khoubilaï, non à titre de
« gouverneur général de province », mais avec celui de « gouverneur spé-
« cial de la ville de Yâng-tcheou et de sa juridiction sur vingt–sept autres
« villes » qui composaient sa circonscription (*loú*). C'est pourquoi nous
n'avons pas trouvé le nom de *Po-lo* cité dans la Géographie historique spéciale de la province de Kiâng-nân, au nombre de ceux des gouverneurs-
généraux de cette province sous la dynastie mongole. Mais la concordance
des faits est tellement évidente qu'elle équivaut pour nous à une certitude.
Le fait du gouvernement de Marc Pol, à l'époque déterminée, ne s'en
trouve pas moins confirmé par l'histoire chinoise; et il en est de même de
tous les autres récits.

Il en est un cependant sur lequel Marc Pol est en désaccord avec les
historiens chinois, au moins pour la date et le nom de quelques personnages
cités. Il s'agit du siége célèbre de la ville de Siàng-yâng par l'armée mongole; siége qui dura cinq ans (3), et à la fin duquel le général mongol nommé
Alihaïya, de la nation turque des Ouïgours, qui le commandait, ayant employé des machines construites par des *étrangers* pour lancer de grosses
pierres dans la ville et abattre les maisons, parvint enfin à la réduire. Marc
Pol nous dit (chap. CXLV, p. 472) que son père Nicolas Pol, et son oncle
Maffe Pol, firent construire, sous leur direction, des machines de guerre,
qu'il nomme *pierriers* et *mangonneaux*, avec lesquels les Mongols battirent
en brèche la ville de Siàng-yâng qui se rendit alors aux assiégeants. Les histo-

---

(1) « E Marco Polo, di commissione del Gran Cau, n'ebbe il governo tre anni continui *in luogo* d'un de' detti Baroni. » (Édition Baldelli Boni, p. 310.)

(2) *Tai thsing i thoung tchi*, K. 49, f° 2.

(3) Selon l'histoire officielle chinoise, il com-

mença, par l'ordre de Khoubilaï-Khaân, à la neuvième lune de l'année 1268 de notre ère, et finit par la reddition de la ville, après avoir éprouvé les nouveaux engins de guerre, à la deuxième lune de la 10ᵉ année *tchi-yuan*, cor-respondant à l'année 1273 de notre ère.

riens chinois disent qu'en 1271 le général Alihaïya, qui avait déjà fait la guerre dans l'occident de l'Asie, proposa à l'empereur Khoubilaï-Khaân de faire venir de ce pays des ingénieurs qui savaient construire des machines de guerre avec lesquelles on pouvait lancer des pierres d'un poids de cent cinquante livres, lesquelles pierres entamaient les plus épaisses murailles. L'empereur accueillit la proposition, et ordonna de faire venir deux de ces ingénieurs. Ceux-ci se nommaient, l'un Alaouting (*Alâ-ed-dîn*), et l'autre Ysemain (1). Ils construisirent donc des machines qui furent d'abord employées au siége de Fan-tching, puis devant Siâng-yâng, où elles causèrent de grands dommages et amenèrent la reddition de ces deux villes, reliées entre elles par un pont de bateaux.

Il n'y aurait rien que de très-vraisemblable à supposer que les deux ingénieurs ou machinistes dont parle l'histoire chinoise fussent les deux étrangers dont il est question dans certaines rédactions et manuscrits de Marc Pol, et dont l'un était un *chrétien nestorien* (les Ouïgours étaient aussi nestoriens) et l'autre *allemand*; le nom d'*yssemain*, des historiens chinois, peut facilement être admis pour une altération d'*alemant*. Là n'est pas la difficulté. Cette difficulté se trouve dans la date de 1271 comme étant celle de la proposition faite à Khoubilaï-Khaân de faire venir les machinistes, et dans celle de 1273, comme étant l'année où les machines construites furent employées au siége de Siâng-yâng-foù. Tous les historiens chinois qui ont parlé de ce siége s'accordent sur cette même date pour être celle de la prise ou de la reddition de cette ville aux Mongols (2). On ne saurait la contes-

(1) Ces détails n'ont été donnés, d'après les historiens chinois, que par le P. Gaubil, dans son *Histoire des Mongous*, page 155, et par Visdelou (*Suppl.* à la Bibliothèque orientale de d'Herbelot, p. 188) sans indiquer leurs autorités; ils ne se trouvent pas dans les histoires chinoises que nous possédons. Le *Sou Thoung-kien-kang-mou*, qui est l'histoire générale officielle, dit seulement, à l'année 1273 (K. 21, fol. 44), que le général « A-li-haï-ya (qui assiégeait la ville de Fan-tching, située en face de Siâng-yâng) ayant reçu d'hommes du Si-yŭ (ou des contrées situées à l'occident de l'Asie) de nouveaux *p'ao*, ou engins à lancer des pierres d'après les principes qui leur étaient propres, il employa ces engins d'un nouveau modèle à réduire Fan-tching, qui succomba au printemps, à la première lune de l'année 1273; et *Siâng-yâng* se rendit à la deuxième lune de la même année, après avoir été battue en brèche par ces mêmes engins. » Les historiens chinois disent « que la galerie de bois intérieure d'un *p'ao* produisait un bruit comme celui du tonnerre, *chin loui*, (K. 15, f° 45; et *Li taï ki sse*, K. 97, f° 25). » Il paraîtrait, d'après cette description, que le projectile placé dans ces *nouveaux* engins de guerre était lancé, non par la *détonation* de la poudre, déjà connue en Chine depuis longtemps, mais par le moyen de ressorts très-puissants, comme dans les catapultes.

(2) Cette date est la dixième année *tchi-yuen* du règne de Chi-tsou, et la neuvième année *hiên-tchun* de Tou-tsoung des Soung, qui correspond à l'année 1273 de notre ère.

ter comme l'a fait le comte Baldelli Boni, en la reportant à 1279 pour la faire concorder avec la présence des Polo en Chine à cette dernière date. Les raisons alléguées par Marsden ne valent pas mieux. C'est faire preuve d'une grande ignorance de la manière dont les Annales officielles de la Chine sont rédigées, que de supposer que les auteurs de ces annales se sont trompés à ce point de *reculer de six ans* un événement tel que celui de la reddition de l'une des villes les plus importantes de l'empire.

Tout ce que l'on peut dire pour faire concorder le récit de Marc Pol avec celui des historiens chinois, c'est de supposer que ce fut dans leur *premier voyage en Chine,* que les deux frères Polo proposèrent au grand Khaân les machinistes en question, qui auraient été à leur service, et qu'ils ne durent pas ramener avec eux en Europe, puisqu'ils devaient retourner dans ce pays, près de Khoubilaï-Khaân, pour lui rendre compte de leur mission. Dans tous les cas, les rédactions du *Livre de Marc Pol,* dans lesquelles on le fait figurer au siége de Siâng-yâng, ne méritent sur ce point aucune créance. Nos deux plus anciens manuscrits n'en font pas mention.

S'il fallait s'en rapporter à un chapitre de la rédaction italienne de Ramusio (l. 2, ch. 8), qui ne se rencontre dans aucune des rédactions françaises du livre de Marc Pol, ce dernier se serait trouvé présent à Pé-king (1) lors de la conspiration qui se forma en 1282 contre le ministre des finances Ahama ou A'hmed détesté pour ses crimes et ses concussions, et assassiné au palais par un des conseillers même de Khoubilaï-Khaân. Les détails de la conspiration et du meurtre d'A'hmed par le principal des conjurés; le supplice de ce dernier, la colère de Khoubilaï-Khaân en apprenant cette nouvelle, les révélations qui lui furent faites sur la conduite de son ministre, les châtiments exercés ensuite sur ses complices et les membres de sa famille, la confiscation des immenses richesses que ce ministre prévaricateur, natif de Samarkand, avait accumulées; tout cela est raconté dans Ramusio avec une telle exactitude, une précision telle qu'il n'y a qu'une personne ayant été sur les lieux et ayant eu en mains toutes les pièces de la procédure, comme les historiens officiels chinois, qui ait pu rédiger ce récit. Ce fait suffirait à lui seul pour admettre, sans hésitation, que le *Polo* dont il est question dans les historiens chinois (2), à propos de l'affaire d'Ahama ou

---

(1). « M. Marco si trovava in quel luogo. » (Ramusio, I. 2, ch. 8.)

(2) Voir *Yuen-sse,* K. 12, f° 7 et K. 205, Vie d'*Ahama;* — *Sou Thoung-kien-kang-mou,* K. 23, f° 8-9; — *Li-taï-ki-sse,* K. 98, f° 6; — *Kang-kien-i-tchi,*K. 90, f° 16; — *Foung-tcheou Kang-kien-hoei-tswan,* K. 15, f° 9. Cette concordance des historiens chinois était utile à constater.

A'hmed, et qu'ils disent avoir été chargé, avec deux autres personnages, par Khoubilaï-Khaân (qui était alors à sa résidence d'été en Mongolie) de se rendre immédiatement avec des chevaux de poste à Ta-tou (*Péking*) pour instruire l'affaire et juger les coupables, est Marc *Polo* lui-même, d'autant plus qu'il dit, dans le chapitre de Ramusio, comme on l'a vu ci-dessus, qu'il *était sur les lieux*. Ce fut *Po-lo*, selon les historiens chinois, qui, ayant été interrogé par Khoubilaï-Khaân, après l'instruction de l'affaire et le jugement des coupables, sur le compte d'A'hmed lui-même, révéla à l'empereur tous les crimes et les concussions dont son ministre s'était rendu coupable; ce qui fut, de sa part, un acte de courage et de justice.

On s'étonne de voir un fait aussi important omis dans les anciennes rédactions du Livre de Marc Pol, et n'être raconté que dans celle de Ramusio, qui ne parut qu'en 1559, *deux cent trente-cinq ans* après la mort du célèbre voyageur. Mais il se peut que des scrupules de délicatesse aient empêché Marc Pol de comprendre dans son livre un récit qui pouvait porter quelque atteinte à la haute réputation qu'il s'est attaché à faire en Europe au souverain mongol près duquel il était resté si longtemps ; et les exactions exercées pendant neuf ans par son ministre des finances, ses extorsions journalières restées si longtemps impunies, ne sont certainement pas un éloge pour le souverain qui les toléra ou n'en fut pas instruit. On comprend donc que Marc Pol n'ait pas voulu livrer ces faits à la publicité. Mais il en avait sans doute fait une rédaction pour lui-même, laquelle, après sa mort, aura été trouvée dans ses papiers, ou recueillie de sa bouche, et qui aura passé ensuite avec une foule d'autres additions, moins authentiques, dans la rédaction italienne publiée par Ramusio. C'est, selon nous, la meilleure explication que l'on puisse donner du fait.

Après avoir réglé l'affaire de son premier ministre A'hmed, qui lui procura d'assez grandes ressources financières, Khoubilaï-Khaân résolut de faire une nouvelle expédition contre le Japon et de conquérir le royaume de Mien. On peut supposer, d'après la manière dont Marc Pol raconte la dernière expédition (ch. cxx-cxxv), qu'il en faisait partie, non comme officier de l'armée expéditionnaire, mais comme attaché spécial, avec son titre de « Commissaire en second du conseil privé ». Nous avons cru précédemment pouvoir induire du Livre même de Marc Pol que la première mission dont il fut chargé par Khoubilaï-Khaân, depuis son arrivée en Chine, avait été pour ce même royaume de Mien, l'empire Birman de nos jours. Cette seconde mission de Marc Pol ne nous paraît pas moins certaine. L'expédition est placée par lui à l'année 1272; mais cette date, ainsi que la plupart de celles qui sont données dans son livre, est erronée. C'est 1282 qu'il faut lire. Cela ne doit diminuer en rien la confiance qu'il mérite; car il lui était bien difficile, sinon impossible, d'établir d'une manière exacte la concordance des calendriers mongol ou chinois et européen. Pendant tout le temps de sa résidence en Chine, les dates des années, des mois et des jours ont dû être écrites par lui, soit d'après le calendrier chinois, soit d'après le calendrier mahométan; et pour réduire ces mêmes dates au calendrier européen en usage de son temps il dut éprouver les plus grandes difficultés, et par conséquent commettre beaucoup d'erreurs, sans compter celles de ses nombreux copistes, dont on le rend aussi responsable.

La rubrique du chapitre cxxi du Livre de Marc Pol est ainsi conçue : «Cy nous dist de la bataille qui fu entre l'ost et le *mareschal* au grant Kaan, et le roy de Mien.» Les historiens chinois donnent au chef de l'armée expéditionnaire mongole Siang-tha-our le titre de *roi* (*wâng*)(1); c'était le titre le plus élevé de la cour mongole, correspondant parfaitement à celui de *maréchal*. Il avait sous ses ordres un autre officier qui était d'origine mahométane, comme l'indique son nom (*Nacir* ou *Naçr-ed-din*, le soutien de la foi). Ce fut lui qui, par les dispositions habiles qu'il sut prendre, après avoir vu les chevaux de sa cavalerie fuir épouvantés devant l'armée montée sur des éléphants, du roi de Mien, fit mettre pied à terre à tous ses cavaliers, attacher leurs chevaux aux arbres d'un bois voisin, dans lequel les éléphants de l'ennemi ne pouvaient pénétrer; et, cette opération faite, il les fit se précipiter sur l'armée du roi de Mien, qu'ils mirent dans une complète déroute. Ils purent ainsi, après la bataille, et à l'aide seulement des prisonniers de Mien, s'emparer de plus de deux cents éléphants qui s'étaient enfuis dans la forêt et qui ne pouvaient plus en sortir. C'est depuis cette bataille, nous dit Marc Pol, que le grand Khaân eut des éléphants dans ses armées.

Les historiens chinois (2) confirment en partie les détails nombreux et très-intéressants que donne Marc Pol sur cette bataille et la conquête du royaume de Mien, qui en fut la suite. On voit, en le lisant, qu'il n'a pu écrire son récit que parce qu'il fut le témoin oculaire des événements qu'il raconte.

(1) *Sou Toung-kien-kang-moû*, K. 23, f° 14. v°. — *Li taï ki-sse*, k. 98, fol. 8.

(2) Voir le *Yuen-sse*, K. 210, f° 2 et suiv. — *Sou Houng kian-lou*, K. 42, f° 42 et suivants.

Les Annales Birmanes font mention de cette guerre. « En l'année 1281, y est-il dit (1), pendant le règne de Nara-thi-ha-padé, le 52ᵉ roi de Pagan (Pégou), l'empereur de Chine envoya une mission pour demander des vases d'or et d'argent comme tribut; mais le roi ayant mis à mort toutes les personnes qui composaient la mission, une puissante armée chinoise envahit le royaume de Pégou (*Mien* de Marc Pol et de l'histoire chinoise), prit la capitale en 1284, et poursuivit le roi qui s'était réfugié à Bassein (ville du royaume d'Ava). L'armée chinoise fut obligée de se retirer par suite du manque de subsistance. » Cet extrait des Annales Birmanes est conforme aux Annales chinoises, et ne laisse aucun doute sur la date erronée donnée par Marc Pol à l'expédition contre le royaume de Mien.

Marc Pol dut être chargé par Khoubilaï-Khaân de plusieurs missions dans les mers de l'Inde : à Ceylan, près des souverains des côtes du Coromandel et du Malabar; mais la dernière de ces missions, avant son départ de Chine, paraît avoir été pour le royaume de Tsiampa, qui comprenait la partie de la Cochinchine voisine du Camboge. Marc Pol fit cette expédition par mer. La description qu'il donne de ce pays offre un intérêt tout particulier pour nous (2). Mais, ici encore, la date donnée par les manuscrits de Marc Pol pour son passage à *Cyamba,* comprenant la province de Saïgon, appartenant actuellement à la France, est évidemment erronée. En supposant que ce soit à son retour en Europe qu'il y ait touché, comme à Java, à Ceylan et ailleurs, ce ne pouvait être en l'année 1295, donnée par lui comme étant celle de son séjour à Cyamba. Car la bataille navale entre la flotte vénitienne et la flotte génoise qui eut lieu près des côtes de l'Arménie, dans le golfe de Lajazzo, ou Layas (et où Marc Pol fut fait prisonnier par les Génois sur la galère qu'il commandait, et qu'il avait armée à ses frais), est placée, par la chronique de Jacopo d'Aqui, à l'année 1296. De la Cochinchine Marc Pol dut accompagner, avec son père et son oncle, la princesse mongole qu'ils avaient été chargés par Khoubilaï-Khaân de conduire à la cour de Perse. Ils étaient partis de la cour de l'empereur Mongol vers 1291 ou 1292, puisqu'ils mirent deux ans pour se rendre à Tabris, comme il est dit au chapitre XVIII, et qu'ils arrivèrent à Venise en 1295 de Christ. Ils n'avaient cependant mis que trois mois pour faire la traversée du port d'embarquement en Chine jusqu'à Java (ch. XVIII).

(1) Voir *The journal of the Asiatic Society of Bengal,* febr. 1837, p. 121.

(2) Voir le chap. CLXI, p. 552 et suivantes. La province de Saïgon en faisait partie.

Au surplus, Marc Pol, peu de temps avant son départ de Chine, venait de faire un voyage dans l'Inde, d'où il était retourné en Chine par mer, puisque c'est en racontant au grand Khaân les incidents de ce voyage par mer, que les envoyés du Khân de Perse, Arghoun, eurent la pensée de prendre la même voie pour le retour de leur mission. « Et entretant retourna messire Marc, d'Inde, qui estoit alez pour *ambassaour* (ambassadeur) du seigneur (Khoubilaï-Khaân); et conta les diversitez que il avoit veues en son chemin, et comment il estoit alez moult par diverses mers (p. 27). » La description curieuse que Marc Pol donne de toutes les provinces maritimes de l'Inde prouve effectivement qu'il dut les visiter avec beaucoup d'attention.

§ V. *Départ de Chine.*

Après avoir passé dix-sept ans au service du souverain mongol, et avoir rempli plusieurs missions importantes dans diverses contrées de l'Asie, indépendamment des années passées à l'aller et au retour, en faisant pour ainsi dire le tour de cette grande partie du monde, alors presque complétement inconnue à l'Europe, Marc Pol revint dans sa patrie avec son père Niccolò Polo, et son oncle Matteo Polo, en conduisant, comme nous l'avons dit, à la cour de Perse, la princesse mongole destinée à Arghoun, qui était mort avant leur arrivée. La princesse alors fut remise à Ghazan, son fils, qui ne lui succéda pas immédiatement; Kaïkhâtou, le frère d'Arghoun, ayant été placé sur le trône par quelques généraux, le 22 juillet 1291, il fut étranglé le 23 avril 1295. Comme c'est ce Kaïkhâtou (que Marc Pol nomme *Chiato*, ch. XVIII) qui régnait à son arrivée en Perse, cette arrivée se place nécessairement entre ces deux dates; ce qui s'accorde, du reste, avec celle de son retour à Venise en 1295.

Voici comment Marc Pol raconte sa séparation de Khoubilaï-Khaân (ch. XVIII):

« Et quant le Seigneur vit que les deux frères et Messire Marc s'en de-
« voient partir, si les fist venir touz trois devant soy, et leur donna deux
« tables d'or de commandement, que il feussent franc par toute sa terre; et
« que, là où il allaissent, que il eussent leur despens pour eus, et pour toute
« leur mesnie, de tout quanque il seussent commander. Et leur enchargea
« messagerie à l'Apostoille (le Pape), et au Roy de France, et au Roy

b

« d'Engleterre, et au Roy d'Espaigne, et aus autres Roys de Crestien-
« té, etc. (1). »

On voit que le souverain mongol de Chine tenait à conserver ou entretenir de bonnes relations avec les souverains de l'Europe.

La navigation des mers de la Chine au golfe d'Ormus fut pour notre
voyageur et les autres passagers des plus périlleuses. Khoubilaï-Khaân avait
fait équiper pour eux quatorze navires à quatre mâts chacun, avec des vi-
vres pour deux ans. Quelques-uns de ces navires avaient jusqu'à deux cent
cinquante hommes d'équipage. « Et sachiez, sans faille, dit Marc Pol
« (ch. 18), que quant il entrerent en mer il furent bien six cenz personnes,
« sans les mariniers. Tuit morurent, qu'il n'en eschappa que dix-huit. Il
« trouverent que la Seignorie tenoit *Chiato* (*Kaïkhâtou*). Il li recom-
« mandèrent la dame, et firent toute leur messagerie. Et quand les deux
« freres et messire Marc orent fait leur messagerie et tout l'affaire que le
« grant Seigneur leur avoit commandé pour la dame, il pristrent congie, et
« se partirent, et se mistrent à la voie. Et, avant qu'il se partissent, Coga-
« tra, la dame (la princesse mongole qu'ils avoient amenée de Chine), leur
« donna quatre tables d'or de commandement : les deux de gerfaus et l'une
« de lyons, et l'autre estoit plaine, qui disoit en leur lettre (persane ou
« mongole) que ces trois messages fussent honneuré et servi par toute sa
« terre comme son corps meismes ; et que chevaus et toutes despenses et
« touz cous (toute escorte) leur fussent donnez. Et certes ainsi leur fu il
« fait ; car il orent par toute sa terre toutes choses besoignables, bien et
« largement. Car je vous di sans faille que maintes fois leur estoient donné
« deux cenz hommes à cheval, et plus et mains, selonc ce que besoin leur
« estoit à aler seurement. Et que vous en diroie je ? Quant il furent parti,
« si chevauchierent tant par leur journées que il furent venu à Trapesonde,
« et puis vindrent à Constantinoble, et de Constantinoble à Negrepont, et
« de Negrepont à Venisse. Et ce fu à .m. cc. lxxxxv (1295) ans de l'incar-
« nation de Crist. »

§ VI. *Retour à Venise.*

Arrivés à Venise, nos trois voyageurs, qui en étaient partis vingt-six ans
auparavant, et qui avaient passé tout ce temps au milieu des populations

asiatiques, eurent beaucoup de peine à se faire reconnaître par les parents et les connaissances qu'ils y avaient laissés. D'après Ramusio, qui avait recueilli ces faits par la tradition, les trois Vénitiens ressemblaient à des Tartares par leur costume, leur figure même, et leur langage qui était à peine intelligible, car ils avaient presque oublié leur langue maternelle, et ils ne la parlaient qu'avec un accent étranger et aussi avec un mélange de mots étrangers, sans doute mongols, ouïgours, persans et chinois qui étaient en usage à la cour de Khoubilaï-Khaân. Mais ils ne tardèrent pas à reprendre les habitudes européennes et à être recherchés par toute la société distinguée de Venise. Ils étaient rentrés en possession de leur demeure (qui existait encore du temps de Ramusio, deux cent cinquante ans après leur retour de Chine), où ils étalaient les richesses et les objets précieux qu'ils avaient rapportés de l'Asie ; ce qui fit donner à cette demeure le nom d'habitation des millionnaires : *Corte dei Millioni;* et Marc Pol fut appelé *M. Marco Millioni.*

Quelques années après son retour dans sa patrie, une guerre étant survenue entre les deux républiques rivales de Venise et de Gênes, Marc Pol ne voulut pas rester inactif dans cette guerre, lui qui avait été pendant tant d'années témoin de celles qui avaient changé si complétement la face de l'Asie. Il arma donc une galère à ses frais, en prit le commandement pour soutenir la flotte de Venise contre celle de Gênes. Il fut fait prisonnier à la bataille qui eut lieu dans le golfe de Layas en 1296, où vingt-cinq galères vénitiennes furent détruites ou tombèrent au pouvoir des Génois (1). C'est de là que Marc Pol fut emmené dans les prisons de Gênes. Il y était en 1298, comme il nous l'apprend lui - même au début de son livre, dans un Prologue qui mérite d'être rapporté ici, parce qu'il fait mieux connaître que tout ce que nous pourrions en dire le contenu et le caractère de ce même livre :

« Pour savoir la pure vérité des diverses régions du monde, si prenez ce livre et le faites lire ; si y trouverez les grandismes merveilles qui y sont escriptes de la grant Hermenie, et de Perse, et des Tartares et d'Inde ; et de maintes autres provinces, si comme notre livres vous contera tout par ordre

(1) Nous suivons ici la Chronique du frère Jacopo d'Aqui (*Cod. Torinese*), où il est dit : « Civitates Januae et Venetiarum non possunt « bene simul pacificari; et hoc est propter « superbiam utriusque partis. Veniunt Veneti « contra Januam ad locum qui dicitur la Glaza « (*Lajazzo*), in littore maris, et ibi forte com- « mittunt bellum in mari. Et debellantur Veneti « a Januensibus, et multi ducuntur Januam ad « carcerem. Inter quos ducitur *quidam Venetus* « *qui diu fuit cum Tartaris,* et dicebatur *filius* « *Millionis.* Et ibi in carcere fecit librum pul- « cherrimum « *De mirabilibus mundi* »,' de quo « libro sunt multa infra. »

apertement ; dequoi Messire Marc Pol, sages et nobles citoiens de Venisse, raconte pour ce que il les vit. Mais auques y a de choses que il ne vit pas ; mais il l'entendi d'hommes certains par vérité. Et, pour ce, mettrons nous les choses veues pour veues, et les entendues pour entendues, à ce que nostre livre soit droit et véritables, sanz nul mensonge. Et chascuns qui ce livre orra, ou lira, le doie croire, pour ce que toutes sont choses véritables. Car je vous fais savoir que, puis que nostre Sires Diex fist Adam, nostre premier pere, ne fu onques homme de nulle generation qui tant sceust ne cerchast des diverses parties du monde et des grans merveilles, comme cestui Messires Marc Pol en sot. Et, pour ce, pensa que trop seroit grand maus se il ne feist mettre en escript ce qu'il avoit veu et oy, par vérité, à ce que les autres gens, qui ne l'ont veu ne oy, le sachent par cest livre. Et si vous di qu'il demoura à ce savoir, en ces diverses parties, bien vingt-six ans. Lequel livre puis demorant en la carsere de Jenes (*prison de Gênes*), fist retraire (*rédiger*) par ordre à Messire Rusta Pisan, qui en celle meisme prison estoit, au temps que il couroit de Crist. M. CC. LXXXXVIII (1298) ans de l'Incarnation. »

Sorti des prisons de Gênes et rentré à Venise avec son livre *rédigé en français* sous sa dictée par Rusta Pisan, appelé plus communément Rusticien de Pise, Marc Pol fut nommé membre du grand Conseil de Venise. Il fut, sans doute jusqu'à sa mort arrivée en 1324, « le meilleur citoyen del Venise », comme le dit un de ses copistes. Dans son *Testament*, écrit en latin, et daté du 9 janvier 1323 (*more Venetorum*, c'est-à-dire : 1324), que l'on trouvera dans notre *Appendice* (1), on voit qu'il avait ramené avec lui, de Chine, un serviteur tartare, c'est-à-dire *mongol*, auquel il donna la liberté avec plusieurs dons pécuniaires (2). On ignore ce que devinrent les lettres dont le grand Khaân l'avait chargé, ainsi que son père et son oncle, pour le pape, le roi de France, le roi d'Angleterre et le roi d'Espagne, dont il a été question précédemment. Peut-être la nouvelle de la mort de Khoubilaï-Khaân, arrivée en 1294, deux ans environ après leur départ, et qu'ils purent apprendre en Perse, les empêcha-t-elle de remplir leur mission. Il est à présumer, cependant, qu'ils firent part aux représentants de

---

(1) N° 1, p. 765.

(2) « Item absolvo Petrum famulum meum, *de genere Tartarorum*, ab omni vinculo servitutis ut Deus absolvat animam meam ab omni culpa et peccato, etc. » La servitude existait encore alors à Venise comme ailleurs, car l'aîné des

Polo, dans son testament en date du 5 août 1280, donne aussi la liberté à ses serviteurs : « Item omnes servos et ancillas *dimitto liberos*. » Le régime de la servitude n'a pas été, comme on le voit, aboli en Europe aussi tôt qu'on le suppose ordinairement.

ces puissances, alors accrédités près de la République de Venise, des ins-
tructions que le grand Khaàn leur avait confiées, et que l'état dans lequel
se trouvait alors l'Europe aussi bien que la mort de Khoubilaï-Khaân em-
pêchèrent d'y répondre.

Il serait curieux de retrouver dans les Archives diplomatiques de France,
d'Angleterre ou d'Espagne, les lettres que le souverain mongol de Chine
remit aux trois Vénitiens quittant sa cour, pour les trois souverains de
l'Europe, comme on a retrouvé, dans les Archives de France, les Lettres
mongoles d'Arghoun et d'Oëldjaïtou, Sultan de Perse, à Philippe le Bel (1).
Ce serait un nouveau et bien glorieux témoignage en faveur du célèbre voyageur vénitien. Mais le temps les aura détruites comme tant d'autres documents que regrette l'histoire. Quoi qu'il en soit, les relations entre l'Europe et la Chine ne cessèrent pas à la mort de Khoubilaï-Khaân. Le P. Gaubil rapporte (2) que, « dans le palais des empereurs de Chine, on conserve
« avec soin une peinture où *Chun-ti* (3), dernier empereur de la dynastie
« *Yuen* (ou mongole), est représenté sur un beau cheval dont on détaille
« toutes les dimensions. On marque que le cheval fut offert à *Chun-ti* par
« un étranger du *royaume de France.* » C'était sans doute un envoi de
Philippe VI, qui régnait en France à la même époque. Ce fait est aussi mentionné dans l'histoire chinoise. On y lit que, la deuxième année de la pé-
riode *tchi-tching*, correspondant à 1342 de notre ère : « les Francs (*Fă-
lăng*) envoient un ambassadeur présenter comme tribut (à la cour mongole)
un *cheval* extraordinaire (4). » Par le mot de *Francs* (5) les Chinois n'ont
peut-être pas spécialement entendu désigner la France, ce mot se donnant
alors, en Orient, à tous les Européens qui prenaient part aux Croisades;
mais l'emploi qu'ils font encore aujourd'hui des mêmes caractères pour

(1) Voir ces lettres à l'*Appendice*, nᵒˢ 5 et 6.
(2) *Traité de la Chronologie chinoise*, p. 186-
187, dans le 16ᵉ volume des *Mémoires concernant les Chinois.*
(3) Cet empereur régna de 1333 à 1368.

(4) 佛郎遣使進貢異馬
FO-LANG *khièn ssè tsin kóung i mà. (Li taï
ki sse nien piao.* K. 99, fᵒ 44.)

(5) Les Chinois n'ayant pas l'articulation *r*,
la représentent, dans les mots étrangers, par l'articulation *l* ou *lh*, qui s'en rapproche le plus.
Aujourd'hui ils expriment le mot *France* par
Fă-lăng-sí, et *français* par *fŏ-lăng-ki*. Voir la

note de la page 475, relative à des *canons français*, qu'un capitaine de vaisseau de notre nation, arrivé à Canton en 1521, laissa voir aux
Chinois pour en prendre le modèle. Un géographe chinois, *Li Ping*, qui vivait sur la fin de la
dynastie des *Ming*, dit positivement que le grand
vaisseau de guerre qui arriva inopinément à Canton la 12ᵉ année *tching-tě* (en 1517 de notre
ère) était *fŏ-lăng-ki*, ou *français* ; et le lieute-
nant-gouverneur de la province du *Fŏ-kien*, Siu,
rapporte le fait dans sa *Géographie historique
des pays étrangers*, à l'article *France* (*Fo-lang-
si Koüé*, K. 7, fᵒ 12). Le même fait est aussi
rapporté dans l'histoire officielle des Ming.

nommer notre pays, à l'exclusion de tout autre, semble devoir lever tout
doute à cet égard.

2° LE LIVRE DE MARC POL.

Après avoir essayé de faire connaître la vie de Marc Pol, telle du moins
que nous avons pu la reconstituer en quelque sorte, d'après son propre
Livre et les Annales chinoises, nous allons chercher à apprécier ce même
Livre, à signaler l'influence qu'il a exercée sur les progrès de la géographie
au moyen âge, et à examiner ensuite la question si longtemps débattue :
dans quelle langue ce Livre a été primitivement rédigé.

§ I. Le Livre de Marc Pol.

Ce livre, que les anciens copistes ont nommé : le *Devisement du Monde*,
le *Livre des merveilles du Monde*, le *Livre de Marc Pol et des merveilles
d'Aise* (d'*Asie*) (1), etc., et que le célèbre Vénitien nomme simplement,
en parlant à la troisième personne, le *Livre de Marc Pol* (titre que nous
avons conservé dans notre édition), est effectivement une véritable « Description historique et géographique de l'Asie au moyen âge », faite à une
époque où, en Europe, on ne connaissait guère cette grande partie du
monde que de nom ; car, excepté l'Asie mineure où subsistait encore le petit royaume d'Arménie, et quelques provinces de la Turquie d'Asie, toutes
ces immenses régions dans lesquelles nous conduit successivement Marc
Pol, pour nous en montrer les merveilles, étaient, pour nous, couvertes
des plus épaisses ténèbres.

On peut se faire une idée assez exacte des connaissances géographiques
et historiques que l'on possédait en Europe sur l'Asie au moyen âge, avant
la publication du Livre de Marc Pol, par la description qu'en fait Brunetto
Latini (2) dans son *Trésor*, rédigé en français comme le Livre de Marc Pol,
et qui, comme ce dernier ouvrage, a eu le sort de ne paraître dans sa langue originale qu'après avoir été traduit et publié dans plusieurs autres.

(1) En italien : *De le maravegliose cose del
Mondo;* en latin : *De mirabilibus Mundi;
Marci Pauli De diversis hominum generibus et
diversitatibus regionum mundanarum; — Marci*

*Pauli de Veneciis De consuetudinibus et con-
ditionibus orientalium regionum*, etc.

(2) Le maître de Dante Alighieri, Florentin,
né en 1230 et mort en 1294.

« De la partie d'Orient qui est appelée Aisie.

« En Egipte est la cité de Babiloine et dou Caire, et Alixandre, et pluseurs autres viles. Et sachiez que Egipte est une terre qui siet contre midi, et s'estent vers soleil levant ; et par derriere li est Ethiope, et par desus court le flun de Nile, c'est Geon, qui commence desor la mer Oceane, où il fait maintenant un lac qui est apelez Nilides...

« Outre celui leu où li Thygres se part en sept parties, et que Nile commence sa voie, est le païs d'Arabe qui s'apartient à la mer Rouge... Et cil est un golf de la mer Oceane qui est devisée en deux bras ; un qui est de Perse, et l'autre qui est d'Arabe...

« En celui païs croist encens et le mastique et la canele, et uns oisiaus qui est apelez fenix, dont il n'en i a que un en tout le monde...

« Encore est outre celui leu meisme mont Casse, où est Jafe, la très ancienne vile de tout le monde, si comme cele qui fu faite devant le deluge.

« Encore si est Surie et Judée, ce est une grant province où li baumes croist, et si i est la cité de Jerusalem et Bethleem et le flun Jordain, qui ainsi est apelez por deux fontaines, dont l'une a nom Jor et l'autre Dain qui se joignent ensemble et font ce flum, et naissent sor le mont Libani, et devise le païs de Judée de celui d'Arabe, et en la fin chiet en la mer Morte pres de Jericho...

« Après est Palestine où est la cité de Escalone, qui jadis furent apelé Philistien... Après vient li païs de Seluisie, où il a une montaigne Casse, près d'Antioche, qui est si haute, que on puet veoir le soleil dedanz la quarte partie de la nuit...

« Et par enqui court li fluns de Eufrates, qui naist en Hermenie la Grant, sor Zizame, au pié du mont Catoten, et court touz tens parmi Babiloine, et s'en va en Mesopotamie et baigne et arouse tout le païs, tout aussi comme Niles fait en Egypte, et en celui tens meisme. Salustes dit que Tigres et Eufrates issent en Hermenie de une meisme fontaine...

« Après vient Cilice, une grant terre où Montor siet, qui à destre esgarde septentrion. De cele part est Caspie et Hurcanie. A senestre esgarde midi, et en cele partie est Amazoine, li regnes des femes, et Chaie et Escite. Et ses frons esgarde occident. Tant comme cil mons esgarde midi, eschaufe il for, por le soleil ; mais d'autre part qui esgarde septentrion, n'a que vens et pluie. Là est la terre de Scite (la Scythie), où li mons de Cimere est, qui de nuit fait granz fumées, et la terre de Aisie la petite, où est Ephesim et Troie, et la terre de Galate et de Bithine, et la terre de Pasflagoine et cele de Capadoce, et la terre des Assirienz, en quoi est Arbelite, une région où Alixandres vainqui Daire le roi de Perse, et si i est la terre de Mede. Encore sont à destre à Montor les portes de Caspe, où nus ne puet aler fors que par un petit sentier qui fu fait à force par main d'ome, qui a de lonc bien huit mille pas, puis i a une espace de dix huit mille pas de terre par lonc, où il n'a point de puis ne de fontaines. Et sachiez que maintenant com li noviaus tens vient, li serpent dou païs s'enfuient cele part, porquoi nus hom ne puet aler as portes de Caspe, se ce n'est en yver.

« En la terre de Caspe, vers Orient, est un lieus li plus plentureus de toutes choses qui soient sus terre. Et cil leus est apelez Direu. Enqui près d'iluec est la terre de Termegire, qui est si très douce et delitable que Alixandres i fist la première Alixandre, qui ores est apelée Sileuce (Séleucie). Après est Bautie (Bactrie, ou la *Bactriane*), un païs qui fiert contre la terre de Inde. Outre les Bautriens (*Bactriens*) est Pande, une vile des Sogdianiens, où Alixandre fist la tierce Alixandre, por demostrer la fin de ses aleures. Ce est li leus où premierement Liber (Bacchus) et puis Hercules et puis Semiramis et puis Cyre firent autel por signe que il avoient la terre conquise jusque là, et que plus avant n'avoit point de gent. Par enqui se torne la mer de Scite et cele de Caspe en Oceane.

« Au commencement sont les très granz nois (*nuits*) et parfondes, et après et la grant deserte. Après i sont Antropofagi, une gent molt aspres et fieres. Après i a une grandisme terre qui toute est plaine de bestes sauvages si cruels que on n'i puet pas aler. Et sachiez que cele male aventure avient par les grandismes jons qui sont sor la mer, que li Barbarin apelent Tabi.

« Après ce sont les grandismes solitudes et les terres deshabitées vers soleil levant. Après celui, et outre toutes habitacions de gent, trovons nous tout avant homes qui sont apelé *Sere*, qui de fuelles et d'escorces d'arbres font une laine par force d'aigue, dont il font lor vestemenz; et sont amiable et paisible entr'eulz, et refusent compaignie d'autre gent. Mais li nostre marcheant passent un lor flum, et truevent sor la rive toute maniere de marcheandise qui là puet estre trovée; et sanz nul parlement, esgardent as oils (*yeux*) le pris de chascune; et quant il l'ont veue, il enportent ce que il vuelent et laissent la vaillance (*la valeur*) au leu meisme. En ceste maniere vendent il lor marcheandise, ne des nostres ne vuelent ne po ne molt (1).

_____

(1) Dans ce qu'il dit de la Chine et des Chi-   nois (comme, au surplus, dans toute sa descrip-

« Après ce est la terre de Arace sor la mer, où li airs est molt atemprez. Entre cele terre et Inde siet le païs de Symicoine entre deus. Après cele terre siet Inde, qui dure dès montaignes de Mede jusqu'à la mer de midi, où li airs est si bons qu'il i a deus foiz esté et deus meissons dedanz une année; et en tens de yver i a un vent dous et soef (*suave*).

« Et en Inde avoit cinq mille viles bien poplées et habitées de gent; et ce n'est pas merveille, à ce que li Yndien ne furent onques remué de lor terre. Et li grant flum qui sont en Inde, sont : Ganges, Indus, et Ypasius li très nobles fluns qui detint les aleures Alixandre, selonc ce que les bones (*bornes*) que il ficha sor la riviere demonstrent apertement.

« Ganbaride (les *Gandarides*) sont li derrain pueple qui sont en Ynde. En l'isle de Ganges est la terre de Pras (des *Prasiens*) et de Paliborte (*Palibothra*), et mont Martel. Les gens qui habitent entor le flum Indus, devers midi, sont de vert color.

« Hors de Inde sont deus isles, Erile et Argite, où il a si très grant chose de métal, que li plusor cuident que toute la terre soit or et argent.

« Et sachiez que en Ynde et en celui païs là outre, a maintes diversitez de genz; car il i a tels qui ne vivent que de poissons (les *Ichthyophages*), et tiex i a qui ocient lor peres avant que il dechieent par viellesce ou par maladie; et si les manjuent, et ce est entre euls une chose de grant pité. Cil qui habitent au mont Niles ont les piez retors, et est la plante desus, et ont en chascun pié huit doiz. Autres i a qui ont teste de chien; et plusor n'ont chief (*n'ont point de tête*); mais lor oilz (*yeux*) sont en lor espaules. Unes autres gens i a qui maintenant qu'il naissent, lor chevol (*cheveux*) deviennent chenu et blanc, et en lor viellesce nercissent; Li autre n'ont que un oil (*œil*) et une jambe, et corrent trop durement. Et si i a femes qui portent enfanz à cinq ans, mais ne vivent outre l'aage de

---

tion de l'Asie) on voit que Brunetto Latini ne fait que répéter ce que les anciens auteurs classiques nous avaient appris avant lui :

« Seres intersunt; genus plenum justitiæ, ex commercio, quod rebus in solitudine relictis absens peragit, notissimum. »

(*Pomponius Mela*, l. III, cap. 7, 10.)

« Primi sunt hominum, qui noscantur, Seres, lanicio silvarum nobiles, perfusam aqua depectentes frondium canitiem : unde geminus feminis nostris labor redordiendi fila, rursumque texendi. Tam multiplici opere, tam longinquo orbe petitur, ut in publico matrona transluceat. Seres mites quidem, sed, et ipsi feris persimiles, cœtum reliquorum mortalium fugiunt, commercia exspectant. »

(*Pline*, l. VI, c. 20.)

« Seres aliarum gentium homines aspernantur, et appositione mercium sine colloquio gaudent implere contractum. »

(*Marcianus Capella*, l. VI, c. de *Perside*.)

Enfin Eustathe, dans son Commentaire sur Denys le Périégète (v. 752), rapporte tout ce que dit ici Brunetto Latini.

huit anz. Tos les arbres qui naissent en Ynde ne sont onques sans fuelles (*feuilles*).

« En Ynde commence mons Caucasus, qui de son joug (*sommet*) esgarde grandisme partie dou monde. Et sachiez que en cele partie de la terre par là où li solaus (*soleil*) lieve, naist li poivres.

« Et encore a en Ynde une autre isle qui est apelée Oprobaine (*Taprobane*, Ceylan), dedans la Rouge mer, où il court parmi uns grans fluns ; et d'une part sont li olifant et autres bestes sauvages, de l'autre part sont home o (*avec*) grant plenté de pierres précieuses. Et sachiez que en celui païs ne servent nules estoiles, car il n'en i a nules qui luisent fors une grant et clere qui a nom Canopes ; neis la lune ne voient il sor terre, fors que de l'huitisme jor jusqu'au sezeime. Celes gens ont à destre soleil levant ; et quant il vuelent aler sor mer, il portent oisiaus qui sont norri cele part où il vuelent aler, et puis conduisent lor neis selonc ce que li oisel demonstrent. Et sachiez que li Yndien sont graignor que nule gent, et grandisme partie de cele isle est deserte et deshabitée par la chalor.

« Après les Yndiens sont les hautes montaignes où habitent li Ictiofagi, unes gens qui ne manjuent fors que peissons ; mais quant Alixandres les conquist, il lor vea (*défendit*) qu'il ne les manjassent jamais.

« Outre cele gent est le desert de Carmanie, où il a une terre rouge où nule gent ne vont, car nule chose vivant n'i entre qui ne muire tantost.

« Puis vient la terre de Perse, entre Inde et la mer Rouge et entre Mede et Carmanie ; puis i a trois isles en quoi naissent li quocatrix, qui ont vingt piés de lonc. Puis est la terre de Parthe et la terre de Caldée, où la cité de Babiloine siet, qui a soixante mille piez environ, et si i court li fluns de Eufrates.

« En Inde est Paradis terrestre, où il a de toutes manieres de fust d'arbres et de pomes et de fruiz qui soient en terre ; et si i est li arbres de vie que Diex vea au premier home ; et si n'i fait ne froit ne chaut, mais que par raison et par atemprance ; et el mileu est la fontaine qui trestout l'arouse, et de cele fontaine naissent les quatre fluns que vos avés oï : c'est Phison, Gion, Tigris et Eufrates. Et sachiez que après le pechié dou premier home, cist leus (*ce lieu*) fu clos à touz autres.

« Ce et maintes autres terres et flun sont en Inde, en toute cele partie qui est vers soleil levant. Mais li contes n'en dira ores plus que dit en a, ains voudra traiter de la seconde partie, ce est de Europe (1). »

<hr />

(1) *Li Livres dou Trésor*, par Brunetto La-   tini ; publié pour la première fois par P. Cha-

Toute cette description de l'Asie est, à peu d'exceptions près, traduite presque littéralement de Solin (1), qui vivait dans le troisième siècle de notre ère. Ce sont des généralités qui n'accusent aucun progrès dans les sciences géographiques et historiques, depuis l'époque de Pline et de Solin jusqu'à celle de Brunetto Latini, qui mourut en 1294 ; au contraire, les notions assez exactes des premiers se trouvent mêlées, dans l'auteur du *Trésor*, à ces idées étranges de cosmographie qui eurent un grand cours au moyen âge, et dont l'esprit éclairé de Marc Pol, seul peut-être parmi ses contemporains, quoique encore un peu crédule, avait su se dégager dans son Livre.

La première partie de ce Livre (comprenant les chapitres I à XVIII, que Marc Pol désigne lui-même sous le nom de *Prologue*, est un *Aperçu général* des voyages faits par les deux frères Polo et par Marc Pol lui-même, dans les diverses parties de l'Asie, en indiquant les causes et le but de ces voyages. Ce qui suit, divisé ordinairement en trois Livres, est appelé, dans nos manuscrits, le *Devisement des Diversités*. Cette seconde partie est effectivement la description, séparée et par ordre, des choses qui ne sont qu'effleurées dans le *Prologue*.

Dans celui-ci, l'itinéraire que les Vénitiens suivirent dans leur premier et leur second voyage se trouve rapidement tracé. Dans le premier, les deux frères Polo partirent de Bokhârâ, où régnait alors Borak-Khân, petit-fils de Djaghataï ; ce prince mongol avait été placé, en 1265, par l'empereur Khoubilaï, à la tête de l'Oulous, c'est-à-dire, des populations soumises à son grand-père ; mais il s'empara bientôt du Turkistân ; il régnait à Bokhârâ lorsque les deux frères Polo y arrivèrent ; et ce prince étant mort en 1270, le séjour de trois ans qu'ils furent obligés de faire dans la ville de Bokhârâ, dut avoir lieu de 1266 à 1270 ; ce qui établit une date certaine, importante, pour en déterminer d'autres dans la suite du récit.

Partis de Bokhârâ, après trois ans de séjour dans cette ville (c'est-à-dire en 1269), avec un messager de Houlagou qui se rendait en Chine près de Khoubilaï-Khaân, nos voyageurs mirent un an pour se rendre à leur destination, en se dirigeant par *tramontane* et *par grec*, c'est-à-dire : *par nord* et *nord-est*. Il s'ensuit qu'ils prirent la « route qui passe au nord des monts célestes » (*Thiân chân pĕ loŭ*), laquelle est la plus longue ; tandis que, dans le second voyage dont fit partie Marc Pol, la route suivie et dé-

baille. Paris, Imprimerie impériale, 1863, 1 vol. in-4°, p. 151-161.

(1) *Caius Julius Solinus*, l'auteur du Polyhistor, compilation extraite en grande partie de Pline.

crite par lui est celle qui passe au midi des mêmes monts (*Thiân chân nân loù*). Dans ce second voyage, quoique ayant suivi la route la plus courte, nos trois Vénitiens mirent cependant encore trois ans et demi pour se rendre près du grand Khaân, mais ce fut à cause des mauvais temps et des grands froids qu'ils eurent à endurer.

Dans le premier Livre (qui comprend dans notre édition les chapitres XIX-LXXIV), Marc Pol décrit tous les pays qu'il rencontre sur sa route : la petite et la grande Arménie, la Turkomanie (la Caramanie actuelle), la Géorgie, le royaume de Mossoul, conquis par Houlagou et qui faisait alors partie des domaines de l'Il-Khân de Perse. Il parle très au long des villes de Baghdâd, de Tavris ou Tébris ; des différents États de la Perse également conquise par les Mongols, et qu'il divise en huit royaumes(1). Il décrit ensuite la ville de Zasdi ou Yezd, le royaume de Kermân (2), gouverné alors par un chef mongol. Les renseignements que Marc Pol donne sur ce petit État qui touchait au Béloutchistân actuel, et sur les habitants de ce dernier pays, qu'il appelle Caraonas (3), « nés de mères Indiennes et de « pères Tatars », sont des plus curieux. Ces Caraonas ne vivaient guère que de brigandages et de rapines, comme font encore les habitants actuels du Béloutchistân. Notre voyageur en parle sciemment, car il ajoute à la fin de son récit : « Or vous ai conté de ces males gens (*mauvaises gens*) et de leur « afaires ; et si vous di pour vray que Messires Marc Pol meismes fu pris de « celle gent; mais, si comme Diex voult, se fuy et se bouta en un chastel « qui près d'illec estoit, qui a à nom Cono-Salmy, et perdi toute sa compa- « gnie, que n'eschapa avec lui que sept personnes de toute sa mesnie (4). »

Marc Pol ne nous apprend pas à quelle occasion cette aventure lui arriva. Ce n'était pas, sans aucun doute, en se rendant en Chine avec son père et son oncle, puisque le Kermân et le Beloutchistân étaient bien éloignés de sa route, et que d'ailleurs il était accompagné d'une escorte pour veiller à sa sûreté. Ce devait donc être en remplissant une des missions que lui confia plus tard Khoubilaï-Khaân, et qui nous ont valu tant de renseignements précieux sur la plupart des contrées de l'Asie, et si peu sur les causes et le but de ces mêmes missions.

Les Caraonas dont parle Marc Pol (et aux mains desquels il tomba pour peu de temps seulement, grâce aux ressources de son esprit ingénieux) n'é-

---

(1) Voir leur énumération, p. 65 et suiv.
(2) Chap. XXXIV, p. 72 et suiv.

(3) Chap. XXXV, p. 78 et suiv.
(4) Chap. XXXV, p. 83-84.

taient pas, comme on pourrait le croire d'après le texte, un peuple d'origine récente, né du mélange des nouveaux conquérants de l'Asie avec des femmes indiennes. Leur nom désignait déjà, au commencement de notre ère, comme nous l'avons dit dans notre commentaire (1), une population *indo-scythe*, qui se répandit de la Bactriane jusqu'aux bouches de l'Indus, et dont les chefs ou rois portèrent le surnom de *Karauniens*. Des médailles en or et en cuivre, découvertes dans l'ancienne Arie, l'Afghanistân actuel, et classées par Wilson (2) sous la dénomination de *monnaie des princes indo-scythes du Caboul* (3), sont venues révéler ce fait historique que M. J. Bird a le premier constaté, en décrivant dans le *Journal de la Société asiatique de Bombay* (4), une petite médaille en argent conservée dans le musée de cette Société, qui porte pour légende les mots en grec bactrien : *Arrat oro Oêrki Korano*, signifiant « roi des Arratas, Oêrki, de la tribu des Karaunas. » D'autres rois indo-scythes, comme Kanerki, avaient aussi pris, sur leurs monnaies, le surnom de *Korano*, « Koraniens, ou Kauraniens ». Leur règne est placé vers le commencement de notre ère. Celui qui écrit ces lignes a le premier fait connaître (5), dès l'année 1836, que les *Yuë-chi* ou Scythes avaient été maîtres de l'Inde occidentale ou de la vallée de l'Indus et des contrées environnantes, de l'année 26 avant J.-C. jusqu'à l'année 222 de notre ère. L'assertion de Marc Pol : que ces *Caraonas* étaient ainsi appelés parce que *leurs mères étaient Indiennes et leurs pères Tatars*, reçoit ainsi, après cinq siècles et demi, une surprenante confirmation !

Après avoir décrit la ville et le port d'Ormus sur le golfe Persique, son gouvernement, son climat brûlant et la chaleur étouffante qu'on y éprouve(6), Marc Pol rentre dans l'intérieur de la Perse par des contrées désertes de la province du Kermân, où l'on ne trouve pas même une goutte d'eau pour étancher sa soif ; il faut que le voyageur s'en pourvoie avant de s'y engager. Au bout de trois journées de marche, on trouve un autre désert, que l'on met encore quatre journées à franchir. C'est dans ce même désert que l'armée afghâne, quand elle voulut envahir la Perse en 1719, souffrit les maux les plus affreux ; un tiers y périt. Et environ cinquante ans seulement avant le passage de Marc Pol, l'un des derniers sultans du Kharisme, qui s'était réfugié dans l'Inde pour échapper à l'armée dévastatrice de Dchinghis-

(1) Ch. **xxxv**, p. 78, *note* 5.
(2) *Ariana antiqua*, p. 347-376.
(3) *Coins of Indo-Scythian Princes of Kabul*.
(4) *Journal of the Bombay branch of the Royal asiatic Society*, t. I, p. 301.

(5) Voir un article de lui intitulé : *Chinese account of India*, dans l'*Asiatic journal* de Londres, juillet et août 1836, et dans le *Journal de la Société asiatique du Bengale*, janvier 1837.
(6) Chap. **xxxvi**, p. 84-91.

Khaân, voulant rentrer en Perse, vit périr une partie de ses troupes par la disette et par les maladies, en traversant le désert qui sépare l'Inde du Kermân. C'est ce même désert qu'Alexandre, quinze cents ans auparavant, traversa avec son armée, en revenant des bouches de l'Indus. Après avoir quitté ce désert, on arrive enfin à la ville de *Khabis* ou Khébis (?), que Marc Pol nomme Cabanant, espèce d'oasis comme on en trouve dans les déserts d'Afrique, et où l'on fabriquait alors un collyre minéral très-renommé.

En partant de Cabanant, ou Khabis, Marc Pol rentre dans un autre désert qui dure huit journées, à la fin desquelles il arrive à une province qu'il nomme *Tonocain,* mot composé du nom des deux villes principales du *Kouhistân: Tun ou Kaïn (Toun* et *Kaïn)* (1), sur les limites septentrionales de la Perse, où il y avait des villes et des châteaux forts en assez grande quantité, nous dit Marc Pol; le pays étant très-montagneux, comme son nom de Kouhistân l'indique. C'est là, dans une grande plaine, que, selon Marc Pol, se trouvait le fameux *Arbre solque,* que nous appelons *Arbre seul,* nous dit-il, et où les gens du pays racontent qu'eut lieu la bataille d'Alexandre contre Darius, roi de Perse. Le pays réunit toutes choses en abondance, car il n'y fait ni trop chaud ni trop froid; et les habitants pratiquaient tous la religion de Mahomet. La population, selon Marc Pol, y était très-belle, principalement les femmes qui l'étaient « outre mesure », ajoute-t-il.

Viennent ensuite trois curieux chapitres (2) sur le « *Vieil de la Montagne et ses Hasisins* ». C'était le chef d'une société d'hommes fanatisés, qui, à l'époque des Croisades, faisait, du fond de ses retraites inaccessibles et fortifiées, trembler les souverains de l'Europe et de l'Asie, et envoyait des ambassadeurs à saint Louis, revenu à Saint-Jean-d'Acre, après la funeste bataille de Mansourah. « Tandis que le roy demouroit en Acre, dit Joinville (3), vindrent les messages au Vieil de la Montaingne à li. Le roy les fist asseoir en tel maniere, que il y avoit un amiral (*émir*) devant, bien vestu et bien atourné, et darrières son amiral avoit un bacheler bien atourné qui tenoit troiz coutiaus en son poing, dont l'un entroit ou manche l'autre ; pour ce que, se l'amiral eust esté refusé, il eust présenté au roy ces troiz coutiaus pour li deffier. Darière celi qui tenoit les troiz coutiaus, avoit un autre qui tenoit un bouqueran (*bougran*) entorteillé entour son bras, que il eust ainsi présenté au roy pour li ensevelir, se il eust refusée la requeste au Vieil de la Montaigne.

(1) Chap. XXXIX, p. 94, *note* 1.
(2) Chap. XL-XLII, p. 97-104.

(3) Édition Didot, Paris, 1858, p. 136-139, avec des notes de M. Fr. Michel.

« Le roy dit à l'amiral que il li deist sa volenté; et l'amiral li bailla unes
lettres de créance, et dit ainsi: « Mes sire envoie à vous demander se vous
le cognoissiés. » — Et le roy respondi que il ne le congnoissoit point; car il
ne l'avoit oncques veu; mez il avoit bien oy parler de li. — « Et, quant vous
avez oy parler de mon Seigneur, je me merveille moult que vous ne li avez
envoié tant du vostre que vous l'eussiez retenu à ami, aussi comme l'empereur d'Alemaingne, le roy de Honguerie, le soudanc de Babiloinne (du
Caire) et les autres li font tous les ans; pour ce que ils sont certeins que *il
ne pevent vivre mez que tant comme il plèra à Monseignour*. Et ce, se ne
vous plet à faire, si le faites acquiter du treu (*tribut*) que il doit à l'Ospital
et au Temple, et il se tendra apaié de vous. » — Au Temple et à l'Ospital
li rendoit lors treu, pour ce que il ne doutoient riens les Assacis, pour ce
que le Vieil de la Montaingue n'i peut rien gaaigner, se il fesoit tuer le mestre du Temple ou de l'Ospital; car il savoit bien que, se il en feist un tuer,
l'en y remeist tantost un autre aussi bon; et pour ce ne vouloit-il pas perdre
ses Assacis en lieu là où il ne peut riens gaaingnier. Le roy respondi à
l'amiral (*l'émir*) que il venist à la relevée.

« Quant l'amiral fu revenu, il trouva que le roy séoit en tele maniere,
que le mestre de l'Ospital estoit d'une part et le mestre du Temple d'autre.
Lors li dit le roy que il li redeist ce que il li avoit dit au matin; et il dit
(*l'émir*) que il n'avoit pas conseil du redire, mès que devant ceulz qui estoient au matin avec le roy. Lors li distrent les deux mestres: « Nous vous
commandons que vous le dites. » — Et il leur dit que il leur diroit, puis
que il le commandoient. Lors firent dire les deux mestres en sarrazinois,
que il venist lendemain parler à eulz en l'Ospital; et il si fist.

« Lors li firent dire les deux mestres que moult estoit hardi leur seigneur,
quant il avoit osé mander au roy si dures paroles; et li firent dire que ce ne
feust pour l'amour du roy, en quel message il estoient venus, que il les
feissent noier en orde (*sale*) mer d'Acre, en despit de leur seigneur: « Et
vous commandons que vous en r'alez vers vostre seigneur, et dedans quin-
zainne vous soiés ci-arriere, et apportez au roy tiex (*telles*) lettres et tiex
joiaus, de par vostre seigneur, dont le roy se tieingne apaiez et que il vous
en sache bon gré. »

« Dedans la quinzeinne revindrent les messages le Vieil en Acre; et ap-
portèrent au roy la chemise du Vieil; et distrent au roy, de par le Vieil,
que c'estoit sénéfiance que aussi comme la chemise est plus près du cors que
nul autre vestement, aussi veult, le Viex, tenir le roy plus près à amour

que nul autre roy. Et il li envoia son anel (*anneau*), qui estoit de moult fin or, là où son nom estoit escript, et li manda que par son anel respousoit-il (*il épousait*) le roy ; que il vouloit que dès lors en feussent avant tout un. Entre les autres joiaus que il envoia au roy, li envoi un oliphant de cristal moult bien fait, etc.

« Le roy renvoya ces messages au Vieil, et li renvoia grant foison de joiaus, escarlates, coupes d'or et frains d'argent ; et, avec les messages, y envoia frère Yves le Breton qui savoit le sarrazinnois. Et trouva que le Vieil de la Montaingne ne créoit pas en Mahommet, ainçois créoit en la loy de Haali, qui fu oncle Mahommet... Quant le Viex chevauchoit, il avoit un crieur devant li qui portoit une hache danoise à lonc manche tout couvert d'argent, à tout plein de coutiaus férus ou manche, et crioit : — « Tournés-vous de devant celi qui porte la mort des roys entre ses mains. »

On nous pardonnera cette longue citation qui confirme tout ce que nous avons rapporté dans les notes des chapitres en question de Marc Pol, sur le *Vieux de la Montagne*, si célèbre au moyen âge, et qui montre admirablement avec quelle dignité les souverains de France ont souvent su s'attirer le respect de ceux qui, dans tous les temps, ne se sont pas fait faute d'humilier d'autres souverains.

Marc Pol dit, dans son livre, que ce fut Alau (*Houlagou*), « le seigneur des Tatars du Levant, » qui détruisit la puissance si redoutée du Vieux de la Montagne. » Ce fait est confirmé par les historiens persans et arabes (1), et même chinois (2); mais cet événement eut lieu dans l'année 1256, et non en 1242, ou 1262, comme il est dit dans nos manuscrits. Ce chef des Ismaéliens ou Bathiniens de Perse et de Syrie avait son siége principal dans la forteresse d'Alamout, près de la mer Caspienne ; le délai de quinze jours donné à ses envoyés par les maîtres de l'Hôpital et du Temple, pour aller de Saint-Jean d'Acre à Alamout et en revenir, n'était pas trop long, mais suffisait cependant pour faire ce trajet. Il est à présumer que l'émir envoyé à Saint-Louis par Rokn-ed-dîn, le dernier chef des Ismaéliens, avait encore une autre mission que celle de la remise du tribut qu'il payait aux chevaliers de l'Hôpital et du Temple, et dont le sire de Joinville n'a point parlé ; car alors le général mongol Houlagou assiégeait déjà ses principales forteresses avec son armée, et le règne des Ismaéliens ou Assassins, comme les écrivains européens les ont appelés, touchait à sa fin. C'était donc vrai-

(1) Voir les notes du chapitre XLII, p. 103 et suivantes.

(2) Voir *Sou Houng kian lou*, K. 42, f° 54; *Hai koué thou tchi*, éd, de 1847, K. 17, f° 33.

semblablement un secours contre les Mongols qui était sollicité aussi du roi de France, ou un pacte qui lui était proposé par le chef des Ismaéliens.

Marc Pol, après avoir raconté l'histoire du « Vieil de la Montaigne », « qui, dit-il, fu pris et occis avec touz ses hommes », part de l'un des châteaux forts que les Ismaéliens avaient dans le Kouhistân, et nous fait la description des villes de Chapourqân (1), de Balkh (2), « cette noble et grant cité, moult gastée et domagiée par les Tatars »; mais où il y avait encore cependant « maint beau palais et maintes belles maisons de marbre »; et où aussi, selon la tradition conservée chez les habitants, « Alixandre prist « à femme la fille de Daire (Darius) ». La ville de Balkh, dans les ruines de laquelle un Français, M. Ferrier, a trouvé des briques couvertes d'inscriptions cunéiformes, était alors la limite nord-est de l'empire mongol de Perse, fondé par Houlagou, qui séparait cet empire de celui de Djaghataï, placé entre l'État du Kiptchak et le grand empire de Khoubilaï-Khaân; tous quatre gouvernés par des descendants de Dchinghis-Khaân. De Balkh, Marc Pol, se dirigeant au sud-est, nous conduit, à travers des pays montagneux, au *Khanat* de Taïkan ou Talikan; puis à la ville de Casem ou *Kechem*, située sur un affluent de l'Oxus, entre Talikan et Badakhchân (3). Les rois de ce dernier pays, nous dit Marc Pol, prétendent descendre « d'Alixandre et de la fille du roy Daire, qui estoit sire du grandisme regne de Perse ». Ces rois s'appelaient encore, de son temps : *Zulkarneïn* (« aux deux cornes »), épithète que les Orientaux ont donnée à Alexandre le Grand, soit parce que l'effigie de ses monnaies présente effectivement deux cornes figurées sur sa tête, soit parce qu'il conquit l'Orient et l'Occident, dont les deux cornes seraient l'emblème.

On doit savoir gré à Marc Pol d'avoir recueilli si soigneusement des traditions qui, au premier abord, peuvent paraître puériles, mais qui deviennent cependant une source de renseignements précieux pour l'histoire. Ces régions, dans lesquelles notre voyageur nous a conduits, faisaient partie, il y a deux mille ans, de cet empire grec de la Bactriane, fondé après la mort d'Alexandre, où, selon Justin, on comptait mille villes (4), et qui subsista de 254 à 126 ans avant notre ère. Près de six siècles après Marc Pol, un autre habile et intrépide voyageur, mais qui a eu une destinée fatale, Alexandre Burnes, a retrouvé les mêmes traditions dans les mêmes contrées (5). Il

---

(1) Chap. XLIII, p. 105.
(2) Chap. LIV, p. 108.
(3) Chap. XLVI, p. 116 et suiv.

(4) « Opulentissimum mille urbium Bactrianum imperium. » (L. XLI, c. I.)
(5) Voir notre commentaire, e. 117 et suiv.

rapporte que son ami, le docteur Lord, avait acheté dans le Badakhchân deux patères d'un travail grec, qui provenaient d'un chef du Khanat de Koundóuz, récemment détrôné, et que l'on avait conservées longtemps dans la famille de ce chef, qui prétendait aussi descendre d'Alexandre. Les nombreuses médailles des anciens rois de la Bactriane, que l'on a découvertes dans ces derniers temps, ont déjà permis de restituer en grande partie la liste des souverains du royaume gréco-bactrien ; mais il était réservé aux écrivains chinois de nous faire connaître à peu près tout ce que l'on a pu recueillir jusqu'ici sur son histoire.

Après les traditions concernant Alexandre le Grand, ce qui avait le plus frappé Marc Pol dans le Badakhchân, c'étaient les riches mines de *rubis* et de *lapis-lazuli*, par lui décrites avec des détails si circonstanciés qu'il dut les visiter lui-même. On lit dans la rédaction italienne de son livre, publiée par Ramusio, que « Marc Pol étant tombé malade dans ce pays, il y resta « près *d'un an*, et que ce fut seulement *en respirant l'air sain des montagnes* « *où on lui conseilla de se rendre, qu'il guérit* (1) ». Ce passage ne se trouve pas dans notre rédaction originale, ni dans aucune autre que celle de Ramusio ; mais c'est une addition qui, comme quelques autres que nous avons eu occasion de signaler, paraît avoir été puisée à de bonnes sources.

Du Badakhchân, Marc Pol nous conduit dans une province qu'il appelle *Baciam*, et dans laquelle nous avons cru reconnaître le Kâfiristân (2) actuel. Il décrit ensuite le Cachemire (3), qu'il nomme *Chesimur*, et que nous a mieux fait connaître, depuis, le Français Bernier, médecin d'Aureng-Zeb, qui y séjourna trois mois. Il est douteux pour nous que Marc Pol l'ait visité ; car, dans ce cas, il nous en aurait décrit plus au long les merveilles.

Du Cachemire, où, dans tous les cas, notre voyageur n'a dû faire qu'une simple excursion, Marc Pol revient sur ses pas pour continuer sa route vers la Chine, en traversant toute l'Asie centrale. Il n'a pas voulu entamer ici la description de l'Inde, parce qu'il décrit le grand continent asiatique, dans le sens qu'il l'a parcouru et visité. Plus tard, nous rentrerons avec lui dans l'Inde par l'île de Ceylan (4).

Nous arrivons maintenant avec Marc Pol dans des régions où aucun Européen n'avait encore pénétré, sur ce haut et célèbre plateau de l'Hin-

---

(1) « E M. Marco affermò averlo provato, perciocchè ritrovandosi in quelle parti stette ammalato circa un anno, e subito che fu consigliato d'andar sopra detto monte, si

risanò. » (Édition Baldelli Boni, page 74.)
(2) Voir les notes des pages 123 et 124.
(3) *Ib.*, p. 125-128.
(4) Chap. CLXVIII, p. 582.

dou-Kouch, l'ancien Caucase indien, le Khoùen-lùn des Chinois, et sur les versants duquel prennent naissance ces grands fleuves : le Sihon, ou ancien Iaxartes, le Djihon ou Oxus, l'Indus et le Gange, etc. Ce plateau, ou « *plain,* « comme le nomme Marc Pol, par lequel l'on chevauche bien douze jour-« nées, s'appelle *Pamier* (1). Et en toutes ces douze journées, ajoute-t-il, « n'a nulle habitation, ne nul herbage, fors désert. »

Marc Pol fait ici des observations curieuses qu'aucun voyageur ancien ou moderne n'avait faites (ou du moins consignées) avant lui : c'est que « l'on « n'y voit nul oiseau volant pour le grand froid qu'il y fait », et que « le feu, à cause de ce même froid, n'y est pas si clair, ne donne pas autant de chaleur qu'ailleurs, et ne peut pas si bien cuire les aliments. »

Le capitaine Wood, le second Européen connu après Marc Pol qui ait pénétré dans ces régions en quelque sorte aériennes (2), a confirmé, par des expériences physiques, les faits avancés par son prédécesseur. « L'aspect du « paysage, nous dit-il, présentait l'image d'un hiver dans toute sa rigueur. « Partout où le regard se portait, une couche éblouissante de neige cou-« vrait le sol comme d'un tapis, tandis que le ciel au-dessus de nos têtes « était partout d'une couleur sombre et désolante. Des nuages eussent re-« posé les yeux ; mais il n'y en avait nulle part. Pas un souffle ne s'agitait « sur la surface du lac; pas un animal vivant, pas même un oiseau ne se « montrait à la vue. Le son d'une voix humaine eût été une musique har-« monieuse à l'oreille; mais aucune, en cette saison inhospitalière, ne « s'aventurait dans ces domaines glacés. Le silence régnait tout autour de « nous, — silence si profond qu'il oppressait le cœur. — Et comme je « contemplais les blancs sommets des montagnes éternelles, où aucun pied « humain ne s'était jamais posé, et où demeuraient entassées les neiges « accumulées des siècles, ma chère patrie et tous les bonheurs qu'y pro-« cure la société se présentèrent à ma pensée avec une vivacité de souve-« nirs que je n'avais jamais éprouvée auparavant. »

Après avoir dit quelques mots des habitants et du pays de *Bolor*, Marc Pol nous parle de Kâchghar, la première ville de l'Asie centrale (qu'il ap-pelle « *la grant Turquie,* » aujourd'hui le *Turkistân chinois*), alors sou-mise à l'empereur mongol de Chine. « Cascar, nous dit-il, fu jadis

(1) Chap. XLIX, p. 130-134. On trouve une carte du *Badakhchàn,* des monts *Bolor* et *Pa-mir,* dans l'ouvrage chinois publié par ordre de l'empereur Khien-loung et intitulé : *Kin ting hoàng yù Si'yù thou tchi,* lequel est excessi-

(2) On peut voir le récit de son ascension que nous avons traduit de l'anglais et inséré dans notre commentaire sur ce chapitre de Marc Pol, p. 130 et suiv.

vement rare en Europe et même en Chine.

« royaumes, mais orendroit est suspost au grant Kaan. » Aujourd'hui même cette ville de Kâchghar, située à plus de 42 degrés de longitude à l'ouest de Pé-king, appartient encore à l'empire chinois. Puis de là il fait une excursion à Samarkand (1), ville qui était alors soumise à Kaïdou, neveu de Khoubilaï-Khaân, appartenant à la branche d'Ogodaï, l'un des fils de Dchinghis-Khaân. Marc Pol rapporte ici, sur les chrétiens de Samarkand, une de ces histoires merveilleuses, comme il nous en a déjà racontées, à propos de Baudas ou Baghdâd (2), et qui doivent être classées parmi les choses, dont il nous dit, dans son Prologue, que, n'ayant pas été *vues*, mais *entendues*, elles sont rapportées dans son livre, non comme *vues*, mais *comme entendues*. De Samarkand, Marc Pol nous ramène à Yarkand, où il nous dit qu'il y avait des chrétiens Nestoriens et des Jacobites. Puis il parle de Khotân, où croissent la vigne et le coton; de Pein ou Paï, dans la rivière de laquelle on trouve le jaspe; de Kharachar, qu'il nomme Siarciam (3), et dans les rivières de laquelle contrée toute sablonneuse on trouve aussi la calcédoine et le jaspe dont il se fait un grand commerce en Chine. Il arrive ensuite à la cité de *Lop*, près du lac de ce nom, située à l'entrée du grand désert, « qui est appelé, dit-il, le grand désert de *Lop* (4) », mais nommé *Gobi* « désert » par les Mongols, et *Chă-mŏ* « sables mouvants » par les Chinois. On mettait alors un mois à le traverser dans sa partie la moins large.

Après avoir décrit les particularités de ce désert, Marc Pol nous conduit à la ville de Saciou (*Cha-tcheou*), dans la province de Tangkout (5), sur les habitants de laquelle il nous donne de curieux détails. Vient ensuite celle de Camul (6) ou 'Hamil, dont le territoire, situé entre le grand et le petit désert, sert de passage aux caravanes qui suivent la route du nord (*thiân chân pĕ loŭ*) et à celles qui suivent la route du midi (*thiân chân nân loŭ*). De 'Hamil, Marc Pol nous transporte dans la province de Chingin-talas (7) (*Saï-yin-ta-la*), située au nord des monts Célestes (*thiân-chân*), et faisant aujourd'hui partie du gouvernement d'*Ouroumtsi*, dans la Dzoungarie chinoise, dépendant de la province actuelle de Kan-sou.

De la province de Chingin-talas, Marc Pol nous ramène à celle de Suctur (*Soŭ-tcheou*), située à dix journées à l'est-nord-est de la précédente; puis il nous conduit à la ville de Campicion (8) (*Kan-tcheou*), « moult grant cité et

(1) Chap. LI, p. 136 et suiv.
(2) Chap. XXV, p. 52 et suiv.
(3) Chap. LV, p. 146.
(4) Chap. LVI, p. 149.
(5) V. le ch. LVII, p. 152, n. 2, et p. 162, n. 1.
(6) Chap. LVIII, p. 156.
(7) Chap. LIX, p. 159.
(8) Chap. LXI, p. 165.

noble, qui est dans le Tangut meismes. « La population, de son temps, était composée d'idolâtres, de Sarrasins et de chrétiens ; ces derniers y avaient trois grandes églises ; et les *idolâtres*, c'est-à-dire les bouddhistes, y avaient « maint moustier et maintes abbaies. » C'est dans cette ville, qui est comme située à l'entrée de la Chine proprement dite, en y arrivant par les routes de l'ouest, que Marc Pol séjourna un an avec son oncle Maffe Pol : « Et si demourèrent en ceste cité, ledit messire Maffe et Marc Pol, bien un an *en légation* (1). »

Après avoir passé par la ville d'Ezanar ou Ezina (*I-tsi-naï*), située à l'entrée du grand désert (en venant de Chine), Marc Pol nous fait traverser ce désert pour nous conduire à Caracorum, ville célèbre alors, et qui fut le premier siége de la puissance mongole, d'où elle s'élança à la conquête de la plus grande partie de l'Asie. C'est dans cette ville de Caracorum (2) que

(1) Chap. LXI, p. 169.

(2) La situation géographique de cette ancienne ville n'a pas encore été déterminée jusqu'ici d'une manière satisfaisante. M. Abel Rémusat, dans ses *Recherches* sur la ville de *Kara-Korum* (Paris, 1825, 58 pages in-4°), a réuni toutes les autorités qu'il a pu découvrir dans les historiens et géographes chinois pour fixer d'une manière à peu près certaine le véritable emplacement de l'ancienne capitale des tribus mongoles ; et il est parvenu, tout en rectifiant les erreurs de ses devanciers, à restreindre considérablement les limites dans lesquelles cet emplacement devait être circonscrit. « Le résultat général (dit-il, p. 55) des passages que j'ai rassemblés sur *Ho-lin* (Kara-Korum), les itinéraires, la carte de la Tartarie, les descriptions géographiques, la marche des troupes, tout enfin nous montre cette ville à une assez grande distance des frontières chinoises, au nord du désert, au midi de la Sélinga, sur la rive septentrionale de l'Orkhon, à l'ouest du pays des Mongols et à l'orient des monts Altaï. *Une détermination plus précise ne peut être que conjecturale, à moins qu'on n'acquière de nouveaux renseignements.* »

Depuis que nous avons rédigé les *notes* du chapitre de Marc Pol sur *Caracorum* (p. 171) nous avons pu nous procurr plusieurs ouvrages chinois, parmi lesquels il s'en est trouvé qui nous ont mis à même de déterminer d'une manière précise l'ancien territoire de cette ville. Voici comment. — Lors de l'avénement de *Woutsoung* à l'empire (en 1309), il fut ordonné de changer le nom de *Hŏ-lin*, qui n'était que la transcription du mot turk ou mongol *Korin* ou *Korum* (qui signifie « ville » et *Kara* « noir »), et qui fut changé en celui de *Hŏ-níng*, qui veut dire en chinois *paix et concorde*.

Or, nous avons trouvé dans l'ouvrage chinois intitulé : *Li taï ti li tchi* (« Dictionnaire de géographie historique » de Li Tchao-lo, édition de 1837, K. 10, f° 13 v°) la notice suivante :

« *Hŏ-níng* ; du temps des *Yuen* (Mongols), « c'était un département de premier ordre (*loŭ*), « dépendant du grand Gouvernement (*Sìng*) du « *Nord des montagnes* (*ling-pĕ*). — Aujour-« d'hui c'est le territoire qui a les monts 'Hăng-« '*aï* des Khalkhas à l'est et qui est situé entre « les rivières Orkhon et Tamir. »

Ce territoire est placé dans une grande carte en huit feuilles de l'Empire chinois, publiée récemment à Pé-king, entre les 45° 30′ et 46° 30′ de latitude nord, et entre les 12° et 14° de longitude ouest de Pé-king, ou 100° 7′ et 102° 7′ du méridien de Paris. Il est probable qu'il ne reste aucuns vestiges de l'ancienne capitale mongole, car il n'y en a pas de signalés sur les cartes chinoises. C'est donc une pure supposition que de donner à cette ville une position géographique précise et déterminée. Tout ce que l'on peut dire, c'est qu'elle ne devait pas être éloignée de la rivière ou fleuve Orkhon, ainsi qu'il résulte d'un passage de Rachid-ed-din (voir la

l'envoyé de saint Louis près de Mangou-Khân, Guillaume de Ruysbroeck (dit Rubruquis), rencontra un orfévre parisien, nommé Guillaume Boucher, et une femme de Metz en Lorraine, nommée Pâquette, qui avait été faite prisonnière en Hongrie par les Mongols. Le Parisien était l'orfévre du grand Khân. Le peu de mots que Marc Pol nous dit de cette ville nous fait croire qu'il n'y fut pas envoyé en mission par Khoubilaï, et qu'il n'a introduit le nom de cette ville dans son Livre, que comme un épisode naturellement amené pour décrire, dans huit chapitres (1), les origines de cette puissance mongole qui avait débordé soudain comme un torrent impétueux sur l'Asie et une partie de l'Europe.

Les nombreux détails que donne Marc Pol sur les origines des Mongols, ou *Tatars*, comme il les nomme, sur les premières années de Témoudjin, devenu le célèbre Dchinghis-Khaàn, sur les premiers rapports avec Oung-Khân, le chef de la puissante tribu des Kéraïtes, appelé par lui : Prestre Jehan, et au service duquel fut Témoudjin ; sur les guerres qu'ils eurent en-suite entre eux, parce que le Khân des Kéraïtes lui avait dédaigneusement refusé sa fille en mariage ; sur les usages et coutumes de ces mêmes Tatars ; ces détails, disons-nous, compris dans huit chapitres, sont encore jusqu'à ce jour ce que l'on possède de plus curieux et de plus instructif sur ce sujet ; et on ne doit pas hésiter à les ranger au nombre des documents les plus importants sur cette partie de l'histoire asiatique. On y voit que Marc Pol a puisé ses informations à des sources contemporaines et en quelque sorte officielles, qui le placent sur la même ligne que les historiens chinois et persans.

Après nous avoir conduit dans la plaine de Bargou, à l'est du lac Baïkal, et à quarante journées de marche de Caracorum, Marc Pol nous ramène près de son point de départ, en-deçà du grand désert, à une contrée qu'il appelle « le royaume d'Erguiul », lequel était alors le grand département

note de la page 171); et si son emplacement de-vait être cherché quelque part, ce serait près de la jonction de ce fleuve avec la rivière Tamir (et non avec la Sélinga à laquelle il se réunit beaucoup plus au nord); sa latitude aurait été alors d'environ 46° 30′, par 101°40′ de longitude du méridien de Paris. Cet emplacement paraît confirmé par la carte chinoise du Supplémeut à l'Histoire des Mongols, de Chao Youan-ping, pu-bliée par M. Rémusat (*Mémoire* cité) qui place *Hö-ning* entre les rivières Orkhon et Tamir, et

aussi par une « Carte des frontières nord-ouest de la Chine, à l'époque mongole, » publiée récem-ment dans le *Haï koüe thoü tchi*, ou Géographie historique universelle (moins la Chine) composée par Weï Youen, de Chao-yang, et l'ancien vice-roi de Canton, Lin (édition de 1853, K. 3, f° 17), où *Ho-lin* est placée entre les deux rivières en ques-tion, et où il est dit qu'anciennement les *Naï-man* y avaient établi leur principal campement. Voir la *Carte* qui accompagne ce volume.

(1) Chap. LXIII-LXX.

administratif de *Young-tchang* (p. 2o3), où habitaient, nous dit-il, des chrétiens nestoriens et des mahométans. Puis il nous décrit les mœurs et les habitudes des habitants du territoire de la ville départementale de Singuy (*Si-ning-fou*, ch. LXXI), où il y avait aussi des chrétiens nestoriens et des mahométans. De là il passe à la « province d'Egrigaïa » (*Ou-la-haï, Oui-ra-ghaï*, ch. LXXII); puis à celle de Tanduc (1) où existaient encore de son temps les descendants du Prestre Jehan. Ce chapitre est un des plus curieux du Livre.

De la province de Tanduc, Marc Pol nous conduit à la résidence d'été de l'empereur Khoubilaï, dans la Mongolie, au-delà de la Grande Muraille, et qu'il nomme Ciandu (*Chang-tou*, « résidence du souverain »). On est étonné que Marc Pol, qui dut traverser plusieurs fois cette Grande Muraille, l'un des travaux les plus gigantesques faits de mains d'hommes, ne l'ait pas mentionnée une seule fois dans son Livre. Il est probable qu'à ses yeux, ce *mur d'enceinte*, qui embrasse une étendue de *vingt et un degrés et demi* de longitude, en décrivant un grand nombre de courbes, depuis le troisième degré et demi à l'est de Pé-king, jusqu'au dix-huitième degré à l'ouest, et que les Chinois nomment « la Muraille de dix mille *li* d'étendue » (*Wàn li tcháng tchíng*) (2), était une merveille peu digne d'être racontée à ses lecteurs, au milieu de toutes les autres merveilles qu'il avait à nous décrire; ou, plutôt, il put craindre qu'en la mentionnant il n'excitât au plus haut degré

---

(1) 大同 *Tá thoúng*. Depuis l'impression de notre commentaire sur le 73ᵉ chap. du livre de Marc Pol nous avons trouvé dans le grand ouvrage chinois intitulé *Tou ssè fáng yü kí*, ou « Mémoires géographiques pour la lecture des historiens, » en 130 *Kiouan* ou Livres, la confirmation de l'opinion que nous y avons soutenue : que le *pays de Tanduc* de Marc Pol était le *Tá-thoúng* des historiens et géographes chinois; l'Atlas en 4 livres, qui accompagne l'ouvrage en question, donne aussi la carte du pays de *Tá-thoúng* enfermé dans deux branches de la Grande Muraille, et qui a toujours été un des principaux points d'attaque et de défense de la Chine, du côté du nord. C'était, du temps des Mongols, un grand « Gouvernement militaire de pacification pour la province de Chen-si et les autres territoires situés à l'orient du fleuve Jaune (*Hô toúng Chén-sí tao siouén wéi*). » C'est ainsi que le pays de *Tá-thoúng* est qualifié sur la carte de ces « Gouvernements de pacifica-

tion » de l'époque mongole, dans l'Atlas historique chinois déjà cité (*Kou kin tchoúng wai thou*, 2ᵉ partie, fᵒˢ 21-22). Ce gouvernement convenait parfaitement aux descendants de *Oúng* ou Ouáng Khân (le Prestre Jehan), alliés à la famille de Khoubilaï-Khaân.

(2) C'est-à-dire une longueur de *mille lieues*, de 25 au degré; ce qui est une exagération; mais comme cette muraille fait beaucoup de sinuosités, qu'elle gravit souvent de hautes montagnes, et que dans beaucoup d'endroits elle prolonge de grandes ramifications pour couvrir des territoires au-delà de la première muraille, l'étendue véritable en est presque doublée, ce qui rapproche beaucoup sa dénomination de la réalité. Les murs de revêtement ont été construits en *briques* là où les pierres manquaient. Nous en avons vu des échantillons rapportés de Chine par des personnes qui faisaient partie de notre expédition, et ces *briques* sont d'une excellente fabrication.

l'incrédulité de ses contemporains, déjà passablement provoquée par la plupart de ses autres récits. Quoi qu'il en soit, il est impossible d'arguer de son silence à cet égard, comme quelques personnes prévenues l'ont fait, que cette Grande Muraille n'existait pas encore à l'époque où Marc Pol se rendit en Chine; car les historiens chinois sont unanimes à en attribuer la construction (au moins d'une grande partie, plusieurs autres ayant été ajoutées successivement à la première), à l'empereur *Thsin Chi Hoâng-ti*, l'incendiaire des livres, dans les années 214 à 204 avant notre ère (1).

Comme la construction de la Grande Muraille de la Chine est un des faits les plus surprenants de l'histoire orientale, et qu'elle peut être comparée à celle des pyramides d'Égypte; comme, de plus, l'opinion publique en Europe a de la peine à y ajouter foi (2), nous croyons devoir donner ici la traduction des passages des principaux historiens chinois qui y sont relatifs.

Le plus ancien de ces historiens, Sse-ma Thsien, qui vivait dans la seconde moitié du deuxième siècle avant notre ère, se borne à dire dans ses Mémoires historiques (3) :

« 34ᵉ année; on construit la Grande Muraille » *(tchoŭ tchâng tchíng)*.

Les Annales de Sse-ma Kouang (4), qui vivait dans le onzième siècle de notre ère, sont un peu plus explicites. On y lit, sous l'année 33ᵉ du règne de *Thsin Chi Hoâng-ti* (5) (214 ans avant notre ère) :

THÈME. « (Le général) Moung-tien s'empare du territoire « situé au midi du Fleuve (le *Hoâng hô*); on construit la « Grande Muraille. »

DÉVELOPPEMENT. « Moung-tien ayant repoussé et poursuivi les Hioung-« nou, s'empare de tout leur territoire situé au midi du Fleuve, consistant

---

(1) Voir à ce sujet notre *Description de la Chine*, partie ancienne, pages 10 et 221, dans l'*Univers* de MM. Didot.

(2) On comprend cette incrédulité quand on pense que, pour s'en faire une idée approximative, il faudrait se figurer le *mur d'enceinte* de Paris (qui a coûté, dit-on, environ 140 millions) développé sur une longueur d'environ *mille lieues*, avec des créneaux, des tours de défense pour lancer des flèches et autres projectiles, construites de distance en distance, des portes de passages et des ponts sur tous les cours d'eaux, fleuves et rivières. Que l'on ajoute à cela que cette muraille forme beaucoup de sinuosités et gravit des mon-

tagnes élevées, et on aura une idée des difficultés et des dépenses de sa construction.

(3) *Sse-ki*, K. 6. *Thsin Chi Hoâng pen ki*, à la trente-quatrième année du règne de Hoâng-ti, correspondant à 213 ans avant notre ère.

(4) Le *Thoung-kian khang mou*, éd. imp. de 1707; K. 2, fᵒ 39.

(5) Tous les historiens postérieurs à Sse-ma Thsien, que nous avons entre les mains, placent le commencement de la construction de la Grande Muraille à la trente-quatrième année du règne de Thsin Chi Hoâng-ti, et non à la trente-troisième, comme Sse-ma Thsien. Cette différence d'*une* année résulte de la rectification du Calendrier.

« en quarante-quatre districts (*hien*) ; il dirige la construction de la Grande
« Muraille, qui commence à *Lin-tiao* et se continue jusqu'au *Liao-toung*, se
« développant dans une étendue de dix mille *li*. L'armée fut employée de
« force à ces durs travaux pendant plus de dix ans. Tien (Moung-tien) ha-
« bita constamment à *Chang-kiun* (dans le Chen-si) pour commander et di-
« riger tous les travaux. »

Les « Fastes universels » de la Chine (1) reproduisent le fait dans les mêmes termes ; ils ajoutent seulement que ces grands travaux étaient entrepris
« pour tenir en respect les Hioung-nou, et leur inspirer de la crainte (2). »

On voit que les historiens chinois sont assez laconiques sur un fait d'une
importance aussi grande que celle de la construction, plus de deux cents
ans avant notre ère, d'un mur de défense, bien autrement considérable que
la muraille qui, selon Diodore de Sicile (l. I, § 57), fut construite en Égypte
par Sésoosis (Ramsès II, ou *Meïamoun*, « l'aimé d'Amoun, fils de Séthos »),
contemporain de Moïse, laquelle muraille s'étendait depuis Péluse jusqu'à
Héliopolis, à travers le désert, sur une longueur de quinze cents stades, ou
environ vingt-huit myriamètres ; et la muraille de Médie dont parle Xéno-
phon dans son « Expédition de Cyrus (l. II, ch. IV, § 12) », laquelle était
bâtie de briques cuites jointes avec du bitume, avait vingt pieds de largeur
sur cent de hauteur, vingt parasanges (environ vingt-cinq lieues) de longueur, et qui se trouvait non loin de la ville de Babylone.

Il fallait que les Hioung-nou, les ancêtres des Turcs d'aujourd'hui, et
qui habitaient alors les contrées situées au nord-ouest de la Chine, fussent
bien puissants, deux cent treize ans avant notre ère, pour que le souverain
de ce grand pays eût la pensée d'opposer à leurs incursions incessantes une
muraille d'une telle étendue. Mais ce rempart immense, s'il préserva la
Chine pendant des siècles des incursions et des ravages des barbares du
nord, n'empêcha pas plus tard, au douzième siècle, l'invasion et la conquête
des Mongols, sortis des mêmes contrées que les Hioung-nou, et guère plus
civilisés ; et au commencement du dix-septième siècle l'invasion et la conquête des Tartares Mandchou, actuellement régnants. Les peuples renommés par leurs richesses et le bien-être de leurs populations ont toujours
excité la convoitise des peuples pauvres et peu civilisés ; et, dans tous les
temps, cela a été l'une des causes les plus puissantes de ces invasions qui

(1) *Li taï ki sse nien piào*, K. 20, f° 23.
(2) Les mêmes faits sont rapportés avec les mêmes termes dans le *Kang kian i tchi loù*,

K. 8, f° 7 ; — dans le *Li taï ti wang nien piao*, trente-troisième année de règne de *Thsin Chi Hoàng-ti* ; etc., etc.

ont bouleversé le monde, en avançant toujours, ou presque toujours, du nord au sud, comme pour prendre aussi leur place au soleil !

Cette digression sur la Grande Muraille de la Chine, dont le voyageur Bell d'Antermony (qui la visita à la suite de l'ambassade envoyée par Pierre Ier à l'empereur Khang-hi, en 1721), ne craint pas de dire « qu'elle peut passer « à juste titre pour une merveille du monde, et que l'empereur qui la fit « construire mérite cent fois plus d'éloges que le prince qui fit bâtir les Py- « ramides d'Égypte, s'il est vrai qu'on doive préférer les entreprises utiles « à celles qui n'ont d'autre objet que de satisfaire la vanité (1), » était né- cessaire ici.

Mais reprenons l'analyse du Livre de Marc Pol, en nous bornant aux points les plus saillants.

La description que notre voyageur nous fait de la résidence d'été de

---

(1) *Voyages depuis Saint-Pétersbourg, en Russie, dans diverses contrées de l'Asie ;* trad. française, t. II, p. 6, Paris, 1766.

« Cette muraille, dit Bell (p. 2), qu'on ap- pelle communément « la Muraille sans fin », en- ferme tous les pays situés au nord et au nord- ouest de la Chine. Un empereur la fit bâtir il y a environ *six cents ans* (c'est-à-dire *mille neuf cent trente ans*, en 1721) pour s'opposer aux in- cursions fréquentes des Mongols (lisez *Hioung- nou*) et des autres Tartares occidentaux, qui avaient coutume de lever des corps de cavalerie nombreux et de pénétrer dans le pays par diffé- rents endroits à la fois. Les frontières de la Chine étaient trop étendues pour pouvoir se garantir des incursions d'un ennemi hardi et courageux qui, après avoir saccagé ce pays opulent, s'en retournait chez lui chargé de dépouilles.

« Les Chinois s'étant enfin aperçus que toutes les précautions qu'ils prenaient ne les mettaient point à couvert des insultes de ces barbares, pri- rent enfin la résolution de bâtir cette fameuse muraille. Elle commence dans la province de *Leao-toung*, au fond de la baie de Pé-king ; elle traverse plusieurs rivières et passe sur le sommet des plus hautes montagnes, sans interruption, suivant les contours circulaires des rochers sté- riles qui bordent le pays au nord et à l'ouest, et, tirant ensuite vers le midi, à la distance de douze cents milles d'Angleterre, elle va aboutir à des déserts sablonneux et à des montagnes inac- cessibles.

« Les fondations de cette muraille sont faites de gros quartiers de pierres carrées, liées avec du mortier ; le reste est bâti de briques. Elle est si forte et si solide qu'elle n'exige aucune répara- tion ; et d'ailleurs, le climat est si sec qu'elle peut subsister plusieurs siècles dans l'état où elle est. Sa hauteur et sa largeur ne sont pas égales par- tout, et il n'était pas nécessaire qu'elles le fus- sent. Dans les endroits où il y a des précipices, elle a environ quinze à vingt pieds de hauteur, et une épaisseur proportionnée, au lieu que dans les vallées et les endroits où elle traverse des ri- vières, on trouve une forte muraille d'environ trente pieds de haut, avec des tours carrées, éloignées les unes des autres de la portée d'une flèche, et des embrasures également espacées. Le haut de la muraille est terminé par une plate- forme, pavée de grandes pierres carrées, et, dans les endroits où elle passe sur des rochers ou des éminences, on y monte par des escaliers de pierre fort doux.

« Les ponts qu'on rencontre sur les rivières et les torrents sont d'une structure élégante et so- lidement bâtis. Ils ont deux rangs d'arches les unes au-dessus des autres pour faciliter l'écoule- ment des eaux dans les crues et les déborde- ments. »

Où trouver dans le monde un monument qui soit comparable à cette Grande Muraille ! Il fal- lait que la civilisation chinoise, 210 ans avant notre ère, fût bien avancée, pour pouvoir l'exé- cuter, surtout dans ces conditions.

Khoubilaï-Khaân (ch. LXXIV), est fort curieuse; on voit qu'il la connaissait parfaitement. C'est là qu'il fut reçu pour la première fois avec son père et son oncle par le grand Khaân, en arrivant de Venise (ch. XIV). Les détails qu'il nous donne sur   palais de marbre que le conquérant de la Chine y vait fait bâtir, sur sa ménagerie, sur les mœurs et coutumes des *Chamans* qui entouraient le souverain mongol, et pratiquaient la nécromancie, sur l'art avec lequel ces « enchanteurs », comme il les appelle, quand le grand Khaân était à table, faisaient mettre en mouvement les vases et les coupes pleines de vin « qui se leivent de leur lieu, sans que nul les touche, et s'en vont « devant le Seigneur », ces détails, disons-nous, de la manière dont ils sont présentés, nous font penser que Marc Pol croyait sincèrement à la puissance magique de ces religieux venus de l'Inde; car il ajoute : « Et ce puet « veoir chascuns qui est là, qui sont plus de dix mille personnes. Et ce est « voirs sans nulle mensonge, car bien le vous diront *les sages de nostre païs*, « qui sevent de nigromance, que il se puet bien faire. » Nous ne pouvons pas, vraiment, trop accuser Marc Pol de crédulité; il avait les croyances de son temps. Et, dans notre époque de *lumières*, ne voyons-nous pas beaucoup de personnes, même instruites, ajouter foi au *mouvement spontané* des tables obéissant dans nos salons à la volonté de nouveaux magiciens qui évoquent les esprits et leur font faire des choses bien plus surprenantes encore ?

Marc Pol consacre ensuite vingt-neuf chapitres de son Livre (ch. LXXV-CIII) à nous raconter « les faits et gestes » du grand Khaân Khoubilaï, et les « grandes merveilles » opérées par ce souverain mongol dans le pays qu'il avait conquis. Il faut lire ces chapitres pour s'en former une idée. Il n'y a qu'un homme intelligent et grand observateur comme Marc Pol, ayant été au service du souverain mongol et vécu longtemps à sa cour, qui ait pu savoir tout ce qu'il nous raconte. Les historiens qui écrivent leurs annales d'après les documents officiels que l'on veut bien mettre au jour, peuvent rédiger des ouvrages plus méthodiques, dans lesquels les événements politiques seront plus développés, mieux enchaînés, classés avec plus d'ordre, et donnant des dates plus certaines; mais on y trouvera beaucoup moins de détails sur la vie privée des personnages historiques, sur les mœurs et coutumes des populations, et sur une foule d'autres choses que l'on trouve dans les récits des témoins oculaires. Sous ce rapport, le Livre de Marc Pol est une mine inépuisable de renseignements curieux et instructifs que l'on chercherait vainement dans les histoires officielles.

Dans le cours de notre long commentaire sur le Livre de Marc Pol, nous avons été constamment frappé, par le contrôle des historiens et géographes orientaux, de l'exactitude extraordinaire des récits du voyageur vénitien. Nous en avons donné un très-grand nombre de preuves; nous n'en citerons ici qu'une seule.

Marc Pol parlant (chap. LXXX, p. 255) des « Tables de commandement que le grand Khaân donnait aux personnages élevés qui remplissaient des fonctions à sa cour, dit : « Celui qui a seigneurie de cent hommes (qui *commande à cent hommes*) a table d'argent; et qui a seigneurie de-mille, si a « tables d'or ou d'argent doré. Celui qui a seigneurie de dix mille, a table « d'or à tête de lyons... Et en toutes les tables y a escript un commande- « ment qui dist : « Par la force du grant dieu et de la grant grâce que il a « donnée à notre empire, le nom du Kaan soit beneoit, et tuit cil qui ne « l'obéiront soient mort et destruit. »

Il y a une quinzaine d'années seulement, on a découvert dans la Russie méridionale une de ces « tablettes de commandement » en *argent*, sur laquelle on lit une inscription en langue mongole, dont voici la traduction littérale : « Par la force et la puissance du Ciel (*Tengri*, « Ciel et Dieu »), « que le nom de Mong-ké Khan soit honoré, béni; qui ne le respec- « tera pas périra. » Il est impossible de désirer une exactitude plus frappante dans un historien.

Après nous avoir décrit le palais que le grand Khaân avait fait construire à Cambaluc (*Khân-balikh*, la « Ville du Khân » , aujourd'hui Pé-king), ceux de ses fils, les murs d'enceinte de la capitale, avec des créneaux, douze portes et des rues en ligne droite qui font apercevoir ces portes d'une extrémité à l'autre; l'organisation de la garde du grand Khaân, la manière dont ce souverain tenait sa cour, l'étiquette observée à sa table, la magnificence de sa vaisselle d'or, le raffinement de propreté extraordinaire de ses « grands barons » maîtres d'hôtel, qui « se couvraient la bouche et le nez de belles serviettes d'or et de soie, de crainte que leur haleine ne souillât les mets et les vins qu'ils présentaient à leur maître » (p. 280-281); les fanfares sonnant chaque fois que le grand Khaân portait la coupe à ses lèvres, et les salutations profondes de tous les convives; après ces descriptions, disons-nous, Marc Pol passe à d'autres récits, non moins curieux, sur la fête que le grand Khaân donnait le jour anniversaire de sa naissance (ch. LXXXVI), sur celle de la nouvelle année, plus solennelle encore, que Marc Pol décrit avec une grande exactitude, comme le prouve la traduction que nous avons donnée en *note*, d'après l'Histoire officielle de la dynastie mongole de Chine, du *Cérémonial* observé dans la célébration annuelle de cette fête (p. 291-295). Les largesses de Khoubilaï-Khaân, dans ces fêtes, étaient fort grandes. Marc Pol nous dit qu'il donnait, trois fois (1) l'an, à chacun des douze mille « barons et chevaliers » qui formaient sa garde, une robe richement ornée de perles et de pierres précieuses (chaque fois d'une couleur différente), une ceinture de fils d'or et des brodequins de peau de chameau brodés de fils d'argent. Il faisait aussi des largesses à ses grands fonctionnaires. D'un autre côté, Marc Pol nous apprend (p. 289) qu'à cette même fête du jour de l'an, « toutes les genz de toutes provinces et régions et royaumes « et contrées, qui de lui (le grand Khaân) tiennent terre, li portent grans « présenz d'or et d'argent et de perles et de pierres (précieuses) et de mains « riches draps. » Les largesses de Khoubilaï, quoique grandes, étaient donc, pour lui, faciles à faire.

Mais où le grand Khaân montrait peut-être le plus de magnificence, c'était dans sa vénerie. Nos grandes chasses d'Europe, qui reviennent aujourd'hui si à la mode parmi nous, sont bien mesquines, en comparaison de celles de Khoubilaï-Khaân. Marc Pol les décrit (ch. cx, cxi et cxii) de manière à faire croire qu'il y a quelquefois assisté. Le grand Sire, comme il l'appelle, avait des *léopards*, des *loups* et des *lions* « plus grands que ceux de Babylone », dressés à prendre des sangliers, des ours, des bœufs et des ânes sauvages, et autres grandes bêtes de proie. Il avait deux grands veneurs qui avaient à leurs ordres chacun dix mille piqueurs portant la livrée de leur chef, l'une de couleur bleue et l'autre de couleur écarlate. Sur les dix mille piqueurs aux ordres de chaque grand veneur, il y en avait environ deux mille qui menaient chacun un ou deux gros chiens; de sorte que chaque troupe des grands veneurs en avait *cinq mille*, marchant, l'une à droite et l'autre à gauche. Les chasses ainsi conduites couvraient bien, en largeur, un territoire d'une journée de marche; et « ne treuvent nulle beste qui ne soit prise; si que, ajoute Marc Pol, c'est « trop (pour *très*) belle chose à veoir leur chace, et la manière des chiens « et des chaceours. Car quant le Seigneur chevauche avec ses barons parmi « les landes oiselant, si verriez venir de ces grans chiens courans : que der-

---

(1) Nos *trois manuscrits* et tous les textes imprimés en différentes langues du Livre de Marc Pol portent *treize* au lieu de *trois*. Nous avons conservé le mot *treize* dans notre édition; mais nous pensons (comme nous l'avons fait déjà remarquer dans la *note* 3, p. 284) que c'est une erreur des premiers copistes, d'autant plus que selon l'Histoire officielle des Mongols de Chine (p. 285), la distribution des *vêtements portés dans les cérémonies* et DONNÉS EN PRÉSENT par le souvrain mongol n'avait lieu que *trois fois* l'an, au lieu de *treize*.

« riere ours, que derrieres cers, que derrieres autres bestes chassant et
« prenant çà et là d'une partie et d'autre; si que ce est moult belle chose
« à veoir et délitable. »

Dans les chasses du printemps, Khoubilaï-Khaân menait avec lui *dix
mille fauconniers*. Il était porté par quatre éléphants dans un pavillon dont
l'extérieur était couvert de peaux de lions, et dont l'intérieur était garni
de draps d'or (p. 308). Il était escorté des grands de sa cour, qui, lorsqu'ils
voyaient des pièces de gibier, lui disaient : « Sire, grues passent! » —
Alors le grand Khaân prenait un des gerfauts qu'il avait près de lui et le lâ-
chait après le gibier; il arrivait rarement que le gerfaut revînt sans sa proie.

Après nous avoir raconté les grandes chasses du souverain mongol, Marc
Pol décrit la ville capitale du grand Khaân (aujourd'hui Pé-king), entourée de
douze faubourgs en dehors de chacune de ses douze portes, plus peuplés
que la ville même (1); c'est là seulement qu'il était permis à « toute femme,
« pécheresse de son corps, d'habiter. » La population de cette ville était si
grande, on y apportait tant d'approvisionnements de toutes sortes, « qu'il
« n'était jour en l'an que, *de soie seulement*, il n'y en entrât *mille charretées*
« (p. 317). » On peut juger par là de l'importance du commerce qui se
faisait, dans cette capitale, par celui de la soie seulement.

Un des chapitres les plus curieux du Livre de Marc Pol est celui qu'il a
consacré au papier-monnaie (ch. xcv). Dans les *notes* jointes à ce chapitre,
nous avons donné la traduction de l'exposé de ce système monétaire tel
qu'on le trouve rapporté dans l'Histoire de la dynastie mongole de Chine.
Ce document confirme en tous points le récit de Marc Pol. On n'y voit pas
sans surprise que les émissions annuelles de papier-monnaie, pendant le règne de Khoubilaï-Khaân, de 1260 à 1294 de notre ère, s'élevèrent à une
valeur égale à *un milliard huit cent soixante douze millions quatre cent sept
mille cent soixante-quinze francs* de notre monnaie ; somme énorme alors,
et qui serait plus que décuplée de nos jours.

Dans le chapitre suivant (p. 328-335), Marc Pol expose l'organisation du
gouvernement de Khoubilaï-Khaân. Ici encore son exactitude est admirablement confirmée par les documents que nous avons extraits des historiens
chinois. Cette organisation, d'ailleurs, n'était pas entièrement nouvelle ; elle

(1) Selon le *Tchin ming moung yu loü*
(k. 3, fol. 2) « les murs d'enceinte de cette ca-
« pitale, en 1267, la 4ᵉ année du règne de
« Khoubilaï, formaient un carré de 60 *li* d'éten-
« due, le *li* compté à 240 *pou* (378 mètres ; en-
« semble 2 myriamètres 2,680 mètres), sans
« compter les faubourgs, et 11 portes. » C'était
environ 4 lieues et demie de circonférence.

était basée sur celle qui avait lieu en Chine depuis un temps immémorial, et qui existe encore aujourd'hui. Lorsqu'il eut achevé la conquête de la Chine, Khoubilaï chargea le célèbre lettré et astronome Hiu-heng, de concert avec un autre lettré, de choisir dans les statuts administratifs anciens et modernes ce qui convenait le mieux au nouvel ordre de choses, et d'en former un système de gouvernement pour la cour et les provinces du nouvel empire. On peut voir cette organisation dans notre commentaire.

Dans le chapitre qui suit (p. 335-341), Marc Pol nous fait connaître une autre organisation importante, celle des postes, que l'on pourrait comparer à celle de l'empire romain, et même à celle qui existait en France avant l'établissement des chemins de fer. Mais l'organisation des postes de l'empire de Khoubilaï-Khaân, qui s'étendait du golfe de Pé-tchi-li aux monts Bolor, et du royaume d'Annam aux monts Altaï, était établie dans des proportions beaucoup plus grandes. Marc Pol nous dit même (ch. xcix) que Khoubilaï-Khaân avait fait planter de grands arbres à deux ou trois pas l'un de l'autre, sur les grandes voies de communication de l'empire, pour diriger les voyageurs et pour leur servir d'abri.

Marc Pol consacre ensuite plusieurs chapitres (les chap. xcviii, cii et ciii) aux établissements ou plutôt aux actes de bienfaisance du grand Khaân. On y voit que des messagers de ce souverain parcouraient annuellement les provinces de l'empire pour s'enquérir des souffrances des populations; par suite de l'intempérie des saisons, de calamités publiques, d'épidémies, ou de toute autre cause; ceux qui étaient reconnus avoir ainsi souffert étaient, d'abord, exemptés de tout impôt ou redevance en nature, et l'empereur leur faisait donner des grains pour subvenir à leur nourriture, et des bestiaux pour cultiver leurs terres (ch. xcviii). Sa sollicitude s'étendait encore plus loin. Dans les années d'abondance, Khoubilaï-Khaân faisait faire des approvisionnements de grains dans toutes les provinces de son empire, et, quand arrivaient des années de cherté, il faisait revendre ces grains à bas prix à ceux qui en manquaient, en proportion de leurs besoins (ch. cii). Enfin, comme complément à ces mesures charitables, l'Histoire officielle des Mongols nous apprend (voy. p. 346) que l'on avait établi, dans la capitale et dans dix grands départements, des pharmacies gratuites à l'usage des populations nécessiteuses; et Khoubilaï-Khaân, au rapport de Marc Pol, faisait loger, dans des maisons spéciales, les familles les plus nécessiteuses de sa capitale, par réunion de six, huit ou dix, plus ou moins; et chaque année il faisait distribuer, à chacune de ces familles, une quantité suffisante de grains pour suffire pendant toute l'année à leur nourriture. De plus, il faisait donner chaque jour, dans son palais, un pain chaud à tous ceux qui s'y présentaient pour en demander ; et Marc Pol nous dit qu'il s'y rendait journellement plus de trente mille personnes pendant toute l'année, pour avoir part à cette distribution.

D'après les Annales de la dynastie mongole de Chine, le mode de secourir le peuple sous cette dynastie était de deux sortes : le premier s'appelait « la remise des taxes » ; le second se nommait « le don de bienfaisance ». Le premier, comme son nom l'indique, consistait dans la remise, par le souverain, de tout ou partie des charges publiques. Le second consistait en des secours en nature, comme du riz, du millet, etc., *donnés* aux malheureux par la charité publique et privée. Les Annales énumèrent tous les actes publics de ce genre qui eurent lieu sous la dynastie mongole et au nom des souverains ; un volume suffirait à peine pour les transcrire. On y voit que Marc Pol a été loin d'exagérer les actes de cette nature attribués par lui à Khoubilaï. En l'année correspondant à 1260 de notre ère, ces Annales nous apprennent qu'un édit de l'empereur Khoubilaï fut rendu, portant : « Que « les lettrés âgés, les orphelins, les hommes abandonnés et sans asile, ainsi « que ceux qui étaient malades et infirmes, qui, tous, dans l'empire, ne « pouvaient pas pourvoir à leur subsistance, *étaient la population du Ciel* « (*thiên mîn*), laquelle n'était pas blâmable de l'état où elle se trouvait. » Cet édit prescrivait à tous les fonctionnaires publics de l'empire, en exercice, de leur donner secours et assistance. En 1264, un nouvel édit prescrivit de donner des médicaments à ceux qui étaient malades, et des secours en nature à ceux qui étaient dans le besoin. En 1271, il fut ordonné d'établir, dans chaque grand département de l'empire, des « Maisons d'assistance « publique » (*Tsĭ tchôung youán*) pour y donner un asile et la nourriture aux malheureux, et des secours au dehors en combustible (voir notre Commentaire, p. 346-347). On voit par là que, chez des nations païennes, que l'on considère ordinairement comme étrangères aux sentiments de charité des nations chrétiennes, ces sentiments n'y sont pas moins développés.

Et ils n'étaient pas nouveaux en Chine, à l'époque de Khoubilaï-Khaân et de Marc Pol, car on lit dans le « Livre des Magistratures des Tchéou », dynastie qui régnait onze cents ans avant notre ère :

« Les préposés aux *Secours publics* sont chargés des approvisionnements de l'État pour subvenir aux distributions des bienfaits ordonnés par le souverain. »

Ces approvisionnements étaient de plusieurs sortes : 1° pour nourrir les vieillards et les orphelins; 2° pour entretenir les visiteurs ou hôtes étrangers; 3° pour secourir les voyageurs; 4° pour les cas de calamités publiques et de disettes. C'est là un des témoignages historiques de ce grand système d'approvisionnement de grains dans des greniers publics, pratiqué de tout temps en Chine, pour subvenir aux disettes publiques; système qui les soulage souvent, mais qui ne les prévient pas toujours, parce qu'il est des calamités contre la rigueur desquelles toutes les précautions prises par les hommes restent impuissantes.

Marc Pol nous fait connaître (ch. cvi) le genre de boisson dont les habitants de la Chine du nord se servaient : c'était une boisson extraite du riz, et dans laquelle entraient certaines épices. On peut s'étonner qu'il ne parle pas de celle qui provient de l'infusion du *thé*, et dont on fait maintenant un si grand usage. Nous avons fait voir, dans notre commentaire (p. 243), qu'à l'époque dont il est question dans Marc Pol, c'étaient les provinces du Kiâng-sî et du Hoû-kouâng, situées au midi du Kiâng, qui le produisaient en plus grande quantité. Et, selon l'histoire de la dynastie mongole de Chine, la quantité de *thé*, produite annuellement dans ces provinces et portant l'estampille du gouvernement avec payement du droit auquel il était imposé, s'était élevée jusqu'à 13,085,289 *kîn*, ou 7,843,173 kilogrammes. La boisson extraite du riz était aussi imposée. Mais, en 1285, un édit de Khoubilaï-Khaân dispensa toute la population agricole de l'impôt établi sur cette boisson; ce qui la fit sans doute préférer à celle du *thé*.

Un autre produit de consommation des Chinois que Marc Pol nous fait aussi connaître (chap. ci), et qui peut nous surprendre pour l'époque en question, est celui du *charbon de terre*. On en faisait usage, alors, dans tout le nord de la Chine où il est abondant. Marc Pol appelle ce charbon de terre (que les Chinois nomment « charbon de pierre », *chǐ-thán*) : « une « manière de pierres noires qui se cavent des montagnes comme vaine (*par* « *veines*), et qui ardent comme buche. Car, se vous les mettez ou feu la « nuit, vous trouverez au matin le feu; si qu'elles sont si bonnes que, par « toute la province, n'ardent autre chose. »

Après avoir décrit ce qu'il avait observé dans la capitale de l'empire mongol de Chine et à la cour de Khoubilaï-Khaân, Marc Pol commence la description de la Chine proprement dite, selon l'ordre qu'il la parcourut, en allant dans les missions lointaines qui lui furent confiées, et en revenant de ces mêmes missions.

d

trois fils, voulut qu'après sa mort, cette grande ville fût divisée en trois parties, dont chacun de ses fils eut une part égale dans sa succession.

De cette ville, Marc Pol se dirige vers le Tibet dans lequel il pénètre après cinq journées de marche à travers une grande forêt (p. 370). La description qu'il fait de ce pays, rendu désert par la conquête des Mongols sous la conduite de Mangou-Khan « qui l'a destruit par guerre et moult gasté », est très-curieuse (voir les chap. CXIV et CXV). On s'aperçoit en la lisant qu'il en parle *de visu*. En terminant sa description, Marc Pol a bien soin de nous dire que la province du Tibet appartient à Khoubilaï : « Et de cest Tebet, « entendez qu'il est au grant Kaan ; et touz autres regnes, provinces et « régions, qui en cest livre sont escriptes, sont aussi au grant Kaan ; et « touz autres règnes, provinces et régions, au commencement de cest « livre, qui sont au fils d'Argon, le Seigneur de Levant (c'est-à-dire la Perse « et plusieurs contrées adjacentes), tout est au grant Sire. » En effet, toutes les régions de l'Asie décrites par notre voyageur, à quelques exceptions près, étaient placées sous la domination de Khoubilaï-Khaân, ou sous celle d'autres princes mongols dont il était le suzerain. Et il avait tenté de les conquérir toutes.

Du Tibet, Marc Pol se rend dans la province de Gaindu (p. 381), qu'aucun de ses commentateurs n'avait su reconnaître, comme beaucoup d'autres lieux dont il parle dans son livre. Klaproth plaçait ce pays (*Journal asiatique*, février 1828, p. 109) « dans la partie septentrionale du pays des « Birmans ou d'Ava », faisant ainsi faire à Marc Pol une longue pointe jusqu'au milieu de l'empire Birman, pour y décrire son « royaume de Gaindu », lorsque, dans les chapitres suivants, il va nous y conduire pour nous parler en détail de ce pays des Birmans ou de Mien. Ce pays de *Gaindu*, comme nous l'avons démontré dans notre commentaire (p. 382 et suiv.), était situé sur la frontière même du Tibet, aujourd'hui le pays des *Si-mong* (tribu des *Mong* occidentaux, par 28° 40′ de latitude, et 93 et 94° de lon gitude). Ces tribus de Mong, très-anciennes, se trouvent disséminées dans toutes les montagnes qui avoisinent le Tibet au sud-est, et le Tibet même ; dans le Yùn-nân, le nord de l'empire Birman et le Laos.

Une autre erreur de Klaproth, dans laquelle il a entraîné la plupart des géographes, est celle d'avoir fait remonter le cours de l'Irawady jusque dans le fond du Tibet, en le rattachant au *Yarou dzangbo*, nommé en chinois *Tá kín chă kiáng*, « le grand fleuve aux sables d'or », tandis que c'est le Brahma-poutra qui reçoit les eaux de ce grand fleuve du Tibet (voir notre

commentaire, p. 383 et suiv.). C'était d'après des géographes chinois mal
interprétés que Klaproth avait voulu rectifier à sa manière le cours de ces
fleuves. Des explorations faites par des officiers et des ingénieurs anglais
sont venues *rectifier* les erreurs de Klaproth, lesquelles erreurs l'ont été
aussi dans une grande Géographie historique publiée en Chine en 1848,
avec cartes, dont l'auteur est un ancien vice-roi de la province du Fo-
kien, nommé Siu. Ce géographe chinois appelle *Nou-kiâng* l'Irawady, qui
prend sa source dans les monts Khamti, tandis qu'il donne le nom de
Ya-lou-dzang-pou au Brahma-poutra, qu'il décrit comme prenant sa source
dans le Tibet occidental. « Ce fleuve, dit-il (1), vient des deux *Thsâng* (le
« Tibet antérieur ou oriental, et le Tibet postérieur ou occidental); en sor-
« tant de cette contrée, il se dirige au sud; traverse le territoire d'Assam
« en se dirigeant à l'ouest, et entre dans le Bengale. » C'est bien le Brahma-
poutra et non l'Irawady dont le cours est ici décrit, comme, d'ailleurs, la
carte chinoise le démontrerait suffisamment à elle seule, s'il en était besoin.

Marc Pol nous dit que, dans ce pays de Gaindu dont il vient d'être question, il y avait un lac dans lequel se trouvaient des perles en quantité si
grande que Khoubilaï-Khaân avait défendu d'y en pêcher au-delà d'une
quantité limitée, pour éviter le trop grand avilissement de cette substance
précieuse. C'est la première, et si nous ne nous trompons, la seule indica-
tion connue de perles qui se trouveraient en abondance dans les eaux inté-
rieures d'un lac. On ignore si cette mine précieuse existe encore; cela est
très-probable, car la cause qui faisait que, du temps de Marc Pol, des perles
se produisaient en abondance dans le lac du pays de Gaindu, n'a pas dû cesser d'agir. Mais ce qui a dû cesser d'exister dans ce pays, c'est une coutume
étrange de ses habitants, rapportée par Marc Pol (p. 384), et qu'il avait
déjà signalée chez les habitants du pays de Khamil (p. 157).

Du pays de Gaindu, Marc Pol nous conduit dans la province de Caraïan,
qui fait aujourd'hui partie de la province chinoise du Yûn-nân, et où était
anciennement le « royaume du Midi » (*Nân-tchâo*), sur lequel, dans notre
commentaire, nous avons donné des renseignements tirés des écrivains chinois. C'est là que notre voyageur trouve que les habitants sont presque
tous des cavaliers qui « chevauchent lonc comme François » (p. 395), c'est-
à-dire, qu'ils se servaient d'étriers longs comme ceux des Français. Il passe
ensuite à la province de Zardandan, c'est-à-dire, du pays où les habitants

(1) *Ying hoan tchi lio*, k. 3, fol. 7-8, et la carte des cinq Indes, fol. 1-2.

ont les « *dents d'or* », en chinois *Kin tchi*, qui a la même signification. Ce nom vient de l'usage pratiqué alors par les habitants de couvrir leurs dents d'une feuille d'or.

Marc Pol consacre ici trois chapitres de son Livre (les chap. cxx, cxxi et cxxii) à nous raconter les faits de guerre qui eurent lieu de son temps (et probablement dont il fut témoin) entre les lieutenants de Khoubilaï-Khaân et les troupes du roi de Mien (voir ci-devant, p. 9). Les extraits que nous avons tirés des Annales chinoises et birmanes confirment en tous points le récit de Marc Pol. Mais ce que ces Annales ne nous donnent pas, ce sont ces descriptions de batailles si pittoresques, si animées, dans lesquelles Marc Pol semble se complaire, comme s'il y avait pris part. « Et or peust l'en « veoir donner et recevoir grans coups d'espées et de maces, et veoir oc- « cire chevaliers et chevaux et sergeans ; et veoir couper bras, et mains et « cuisses et testes ; et maint en cheoient à la terre, mors et navrés, qui jamais « ne relevoient, pour la grant presse qui y estoit. La criée et la noise y « estoient si grant d'une part et d'autre que l'en n'y peust pas oïr Dieu ton- « nant. Et estoit l'estour (*le choc, la mêlée*) et la bataille moult grant et « moult pesme (*cruelle*), et moult perilleuse d'une part et d'autre ; mais les « Tatars en avoient le meilleur (p. 412). »

De la province de Zardandan (des hommes aux *dents d'or*), Marc Pol se rend dans le royaume de Mien (l'empire Birmân ou Ava) par une descente de deux journées de marche, en suivant la route que les ambassades envoyées par le roi d'Ava à l'empereur de Chine suivirent en 1833, et qui est la grande route du commerce entre la Chine et l'Indo-Chine. Marc Pol signale en passant un grand marché qui se tenait à certaines époques de l'année, où se rendaient une foule de négociants avec leurs marchandises, et des banquiers qui échangeaient *un* poids d'or fin contre *cinq* poids d'argent fin (p. 414) ; ce qui prouvait l'abondance de l'or relativement à l'argent. Ce grand marché se tient aujourd'hui dans la ville de Bamo, de l'empire Birman, sur l'Irawady, et non loin de l'ancienne ville de Bamo qui était située sur la rivière de ce nom, et où, du temps de Marc Pol, se tenait le grand marché en question.

La description que notre voyageur fait ensuite de la province de Mien ou Amien, comme il la nomme, la partie du haut Birman, voisine de l'Inde, et où, pendant quinze journées de marche « par moult desvoiables lieux et « par grans boscages là où il y a olifans et unicornes assez, et autres bestes « sauvages, » mais où il n'y avait alors ni hommes ni habitations, ne le retient pas longtemps. Il passe à celle de la ville capitale du royaume de Mien, qu'il dit être nommée de même, et qui était alors l'ancienne Pàghan (voir p. 417), située sur l'Irawady, et que l'on nomme aussi Ta-goung (en chinois *Taï-koung*). C'est là que, selon Marc Pol, se trouvaient deux tours ou plutôt deux tombeaux de construction bouddhique, dont les dômes étaient couverts, l'un d'or et l'autre d'argent. Les généraux chinois qui firent la conquête du pays firent demander à Khoubilaï-Khaân ce qu'ils devaient faire de ces grandes richesses. « Et le grant Kaan, ajoute Marc Pol (p. 420), qui « savoit bien que celui [qui] l'avoit fait faire [le tombeau] pour s'ame [son « ame], et pour que l'en l'eust en remembrance de lui de puis sa mort, si « dist qu'il ne vouloit pas qu'il fussent deffaites, mais qu'il les laissassent « en la maniere qu'il estoient. Et ce ne fu pas merveille, pour ce que je vous « di que nul Tatar du monde ne touche mie volontiers nulle chose du monde « qui touche mort. »

On garde encore le souvenir, dans l'empire Birman, de la conquête du pays par l'armée chinoise, du temps de Marc Pol, car il existe une ville située sur l'Irawady, au-dessous de Prôme, nommée *Taroup-môo*, nom qui signifie dans la langue du pays : « le point d'arrêt des Chinois. » On la voit encore aujourd'hui, disent les Annales birmanes; l'armée chinoise ne put aller plus loin, faute de subsistances.

Après avoir consacré un chapitre (p. 421) à la province de Bangala (le Bengale), que le grand Khaân n'avait pas encore soumise lorsque Marc Pol quitta sa cour, quoique ses troupes fussent parties pour en faire la conquête, notre voyageur se dirige à l'est et arrive à une province qu'il nomme *Cangigu* (p. 424). Aucun des éditeurs ou commentateurs de Marc Pol n'avait pu, jusqu'à ce jour, reconnaître la situation de cette contrée. Nous croyons l'avoir déterminée, dans notre commentaire, d'une manière qui ne peut laisser subsister aucun doute à cet égard. C'est le royaume de *Pă-pe-sŭ-foù* (des « huit cents belles femmes »), situé entre le Laos proprement dit et l'empire Birman, que l'on nomme aujourd'hui le royaume de Xieng-mâï (en chinois *Tching-maï*), du nom de sa capitale. On le trouve porté sur une carte chinoise de la grande « Géographie historique des pays situés en dehors de la Chine (1) », sous les noms de *Tá Pă-pĕ*, « grand Pă-pĕ », et *Siào Pă-pĕ*, « petit Pă-pĕ », entre le *Lao-tchoúa* (le Laos) et le *Noŭ-kiáng*, ou l'Irawady; et cette situation (indépendamment des autres preuves four-

(1) *Hai koŭë thoù tchí*, k. 3, fol. 4, 3ᵉ édition, de l'année 1853.

nies dans notre commentaire) répond parfaitement à celle que Marc Pol donne à son royaume de Cangigu.

De cette province, il passe à celle qu'il nomme *Aniu*, le royaume d'An-nâm, ou le Toung-king actuel, comme nous l'avons démontré aussi dans notre commentaire (p. 427 et suiv.). De cette dernière province il se rend dans celle de *Tholoman* (p. 430 et suiv.), qui était alors le pays de nombreuses tribus encore barbares (comme l'indique le nom), aujourd'hui département de Taï-ping, confinant au royaume d'An-nâm, et faisant partie de la province chinoise actuelle du Yûn-nân.

De là, Marc Pol se rend dans la province de *Cuguy*, qui est celle de Koueï-tchéou (p. 432), attenant à celle du Yûn-nân; les renseignements qu'il nous donne sur les habitants de cette province, comme sur la précédente, sont très-curieux.

En terminant ce chapitre (le cxxix⁰), Marc Pol ramène ses lecteurs à la ville de Tching-tou-fou (*Syndifu*), chef-lieu de la province du Sse-tchouan, décrite dans le chapitre cxiii. De là il suit, en sens contraire, pour retourner près de Khoubilaï-Khaân, la route qu'il avait d'abord suivie, en partant de sa cour pour se rendre en mission dans l'Hindo-Chine. Nous avons déjà fait ressortir plusieurs fois cette mission.

La suite du livre comprend la description de la partie sud-est de la Chine, partie la plus riche, la plus commerçante de cet vaste empire, et celle aussi sur laquelle, depuis le seizième siècle, on a obtenu en Europe le plus de renseignements. Ceux que nous donne Marc Pol ne sont assurément ni les moins intéressants, ni les moins instructifs.

Après avoir décrit (principalement, selon son habitude, sous le rapport des mœurs, des coutumes, des arts et de l'industrie, sans omettre toutefois les traits historiques les plus saillants) les principales villes de la province du Chân-toûng où naquit Confucius (chap. cxxx-cxxxviii), Marc Pol arrive sur les bords du fleuve Jaune qu'il nomme de son nom mongol: *Caramoran* («fleuve Noir», à cause de ses eaux troubles), lequel fleuve, dit-il, « vient de la terre Prestre-Jehan. » Cette détermination géographique du cours du fleuve Jaune confirme, ainsi que nous l'avons fait remarquer dans notre Commentaire (p. 209), la position que nous avons atribuée au pays de *Tanduc*, traversé par la grande courbure que fait ce fleuve dans la Mongolie, au-delà de la Grande Muraille, avant de rentrer en Chine, pour aller se perdre dans la mer Jaune. La description que Marc Pol fait de ce grand fleuve, sur lequel il y avait bien, nous dit-il, « quinze mille nefs, appartenant au grand Khaân, pour transporter ses « armées ès îles d'Inde et ailleurs » , est caractéristique. Ce fleuve formait la limite entre la Chine du Midi, que Marc Pol appelle *Manzi* et *Mangi* (1), et la Chine du Nord, appelée *Khataï* ou *Cathai* par la plupart des voyageurs du moyen âge.

Avant de nous faire pénétrer avec lui dans les provinces de la Chine méridionale, Marc Pol nous fait l'histoire de la conquête de cette grande région de la Chine qui constituait alors l'empire des Soung. Il décrit en même temps toutes les villes remarquables qu'il rencontre sur sa route, le grand Canal de transport, construit en grande partie antérieurement pour transporter les produits des riches provinces du midi dans celles du nord de la Chine moins favorisées, et que Khoubilaï-Khaân fit réparer, agrandir et prolonger jusqu'à la capitale de son empire, Khân-baligh (« la ville du Khân »), Pé-king de nos jours. Ici encore (comme d'ailleurs dans tout le cours de son livre) Marc Pol s'attache à faire connaître les mœurs, les coutumes, l'industrie et le commerce des habitants du pays ; et, sous ce rapport, aucun voyageur des temps anciens et modernes, pas même Hérodote, ne peut lui être comparé. Et l'on verra, dans notre commentaire, que tous les faits avancés par notre auteur se trouvent confirmés de la manière la plus frappante par les historiens chinois.

C'est dans une des villes importantes de cette partie de la Chine nouvellement conquise, à Yang-tcheou, que Marc Pol résida trois ans en qualité de gouverneur (voir ci-devant, p. x) Cette haute position qu'il dut à l'amitié de Khoubilaï-Khaân, et surtout à son intelligence, le mit à même d'acquérir sur le gouvernement et sur l'administration de ces contrées, par les Mongols, des renseignements précieux qu'il eût ignorés sans cela, et qu'il n'eût pas pu consigner dans son livre comme il l'a fait; renseignements tels qu'il n'y avait que les historiens officiels de la Chine, ayant à leur disposition toutes les Archives de la dynastie tombée dont ils sont chargés d'écrire l'histoire, qui aient pu être aussi bien informés.

De Yâng-tcheou, la ville de son gouvernement, située près du grand Canal et du Yâng-tse-kiâng, Marc Pol fait une excursion pour décrire les principales villes de ces régions, comprises entre les deux grands fleuves de la Chine, et qui forment aujourd'hui les provinces de Hoù-nân et de

_____

(1) Dérivé des mots chinois *mân-tsĕ* : « fils de barbares », parce que la Chine méridionale fut civilisée beaucoup plus tard que la Chine du nord.

Hoû-pĕ. La première qu'il décrit est celle de *Nanghin* (chap. CXLIV, pag. 469) que les commentateurs de Marc Pol, trompés par la ressemblance des noms, ont cru être la ville nommée depuis Nân-kîng (« la capitale méridionale »), et qui, du temps des Mongols, se nommait *Tsi-khing*. Celle que Marc Pol a voulu désigner était la ville actuelle de Ngan-khing, située sur la rive gauche du Kiâng, qui se nommait déjà ainsi du temps de Marc Pol, et qui est aujourd'hui le chef-lieu du département de ce nom, de la province de Ngân-hoeï. Vient ensuite la description de la célèbre ville de Siâng-yâng (chap. CXLV, p. 470) qui soutint, pendant plus de trois ans, le siége de l'armée mongole, et qui ne se rendit que lorsque ses fortifications et ses maisons furent battues en brèche par les nouveaux engins de guerre que Marc Pol nous dit avoir été construits sous la direction de son père et de son oncle. (Voir à ce sujet notre commentaire, *lieu cité*, et ci-devant, p. XI.) La relation du siége et de la reddition de la place, dans le livre de Marc Pol, est plus détaillée que dans tous les historiens chinois que nous avons pu consulter.

De la ville de Siâng-yâng, notre voyageur revient sur ses pas, en suivant la route que prit l'armée mongole, sous le commandement du célèbre général Pĕ-yèn, après la levée du siége de la ville en question, pour continuer, par les ordres de Khoubilaï-Khaân, la conquête de la Chine méridionale. Il traverse le grand fleuve Yâng-tse (« le Fils de la mer »), là où se trouve la ville de Tchi-tcheou (chap. CXLVI, p. 476) qu'il décrit en passant, ainsi que le fleuve sur la rive droite duquel elle est assise, lequel fleuve, nous dit-il, « a plus de cent journées de marche d'un chief à l'autre; c'est, « ajoute-t-il, le greigneur fleuve qui soit ou monde. » Marc Pol ne se trompait pas dans son évaluation, car il n'y a que le fleuve des Amazones et le Mississipi (qui n'étaient pas encore découverts de son temps), qui puissent lui être comparés pour le volume de leurs eaux et leur étendue. Le commerce était déjà si actif alors sur ce grand fleuve, la plus grande artère fluviale de la Chine, que Marc Pol en reste frappé d'étonnement : « Et si « vous dy que ce fleuve va si loings, et par tant de contrées, et par tant « de terres et de citez que, en vérité, il va, par ce fleuve, et vient, plus de « naviere (*navires*), et plus de riches marchandises et de richesses, qu'il « ne va (*en va*) par tous les fleuves et par toute la mer des Crestiens; et « ne semble mie fleuve, mais mer. Et raconte le dit Messire Marc Pol, « qu'il oy dire à cellui qui pour le grant Kaan gardoit la droiture (*perce-* « *vait les droits de navigation*) sur ce fleuve, que il passoit bien, amont

« le fleuve, chascun an, deux cent mille nefs, sans celles qui retournent,
« qui ne comptoient point. Et a bien sur ce fleuve quatre cens grans citez,
« sans les villes et les chasteaux, qui toutes ont navires. Et sont, leur nefs,
« faites ainsi : Elles sont moult grans, si que chascune porte bien onze à
« douze mille quintaux pesant (p. 477-478). »

L'importance de la navigation de ce grand fleuve, pour le commerce
européen, n'a pas été oubliée dans les derniers traités. C'est l'Angleterre,
toutefois, qui, par l'article 10 de son traité de Thien-tsin, a imposé à la
Chine le droit pour ses navires marchands de naviguer sur ce grand
fleuve, dans l'intérêt de leur commerce, jusqu'à la ville de Han-kheou,
province de Hoû-pĕ, au cœur même de la Chine ; et le ministre plénipo-
tentiaire français, M. le baron Gros, ayant stipulé, par l'article 40 du
Traité de 1858, que « les Français jouiraient de tous les droits, priviléges
« immunités et garanties quelconques qui *auraient été* ou qui seraient
« accordés par le gouvernement chinois à d'autres puissances, » les négociants français peuvent, comme les négociants anglais, envoyer des navires
sur le Yang-tse-kiâng, jusqu'à Han-kheou, dans l'intérêt de leur commerce ; mais, jusqu'à ce jour, ils ont bien peu profité de ce droit (1).

Après avoir fait son excursion dans les provinces de l'intérieur, Marc
Pol retourne à son point de départ pour continuer sa description des provinces maritimes du sud-est de la Chine. C'est d'abord Koua-tcheou (qu'il
nomme *Cuguy*, chap. cxlvii), petite ville, située sur la rive gauche du
Kiâng, et où l'on réunissait les grands approvisionnements de grains, provenant des provinces situées au midi du fleuve, et qui étaient transportés
de cette ville, par le Canal impérial, à la cour du grand Khaân. Ce Canal,

---

(1) On pourra se faire une idée de l'importance de la navigation commerciale du Yang-tse-
kiâng et du commerce de la Chine en général,
par les chiffres suivants, tirés des états publiés
en Chine par les commissaires préposés à la
douane étrangère, pour l'année commerciale
finissant au 1er juillet 1864.

1° HAN-KHEOU.

IMPORTATIONS,	Opium.....	750,000 taëls.	
	Cotonnades.	1,120,000 »	9,926,317 taëls.
	Divers.:....	8,056,317 »	
EXPORTATIONS......................			12,741,908 »

Total des affaires..........	22,668,225 taëls.
En francs...............	188,901,875 francs.

Et cela, dans un port depuis quelques années
à peine ouvert au commerce, par suite du bri-
gandage des *Taï-ping* qui avaient leur quartier-
général à Nan-king, dont ils viennent d'être heu-

comme nous l'avons déjà dit, commencé sous les dynasties précédentes, avait été restauré, agrandi et prolongé jusqu'à la capitale par Khoubilaï-

reusement chassés en n'y laissant que des ruines, et qui faisaient des excursions jusqu'à Han-kheou qu'ils avaient complétement ravagé il y a quelques années.

2° CHANG - HAÏ.

IMPORTATIONS, par 2870 bâtiments.   61,704,099 taëls.
     Opium..........   6,434,040   »
     Argent monnayé.   3,671,628   »

Total des *importations* ..   71,809,767 taëls.

EXPORTATIONS.   38,485,465   »

Total des affaires ....   110,295,232 taëls.
En *francs* (le *taël* à 7 fr.)...   772,066,624 francs.

Nota. Parmi les IMPORTATIONS l'*opium* figure pour la somme de 45,038,280 fr.
Les *droits* perçus par la Douane chinoise (y compris ceux sur l'*opium*, qui ont été de 717,104 taëls, ou 5,019,728 fr. sur 36,851 caisses) se sont élevés à 2,526,621 taëls ou 17,686,347 fr.

Parmi les EXPORTATIONS, le *coton* figure pour 11,081,181 taëls ou 77,568,247 francs.
     la *soie grége* pour 7,632,341   (53,426,387   »   ).
     le *thé* pour 12,809,693   (89,667,851   »   ).
     le *thé noir* comprend à peu près les 2/3 de la somme.

3° FOU - TCHEOU.

1° IMPORTATIONS *diverses* ....   5,669,066 dollars.
     opium..............   5,054,824   »

Total.......   10,723,890 dollars.
2° EXPORTATIONS *diverses*.   1,957,584 ⎫
     thé..... 16,583,888 ⎭ 18,543,472   »

Total des affaires ....   29,267,362 dollars.
En francs (à 5 fr. 50 c. le dollar) ..   160,970,491 francs.

4° TCHI-FOU.

1° IMPORTATIONS...... 2,359,742 taëls (16,518,194 francs).
2° EXPORTATIONS 1,545,632   (10,749,424   »   ).

Total des affaires.. 3,905,374 taëls (27,267,618 francs).

5° AMOY.

1° IMPORTATIONS...... 8,430,991 dollars (46,370,450 francs).
2° EXPORTATIONS...... 6,351,848   (34,935,136   »   ).

Il y aurait encore, pour connaître le mouvement général du commerce de la Chine avec les puissances européennes, à ajouter aux chiffres précédents, ceux des ports de *Canton*, de *Thien-tsin*, de *Nicou-tchang*, etc. Il suffira de savoir que le chiffre des IMPORTATIONS et des EXPORTATIONS de l'année commerciale finissant au 1ᵉʳ juillet 1864, faites *sous pavillon étranger*, s'est élevé à 196,619,700 *taëls* ou 1,376,337,900 francs, le *taël* au cours du change étant d'environ 7 fr.; 19,000 bâtiments de différentes grandeurs, jaugeant ensemble 6 millions de tonneaux, ont été enregistrés sur les tableaux de la navigation dans les ports chinois.

Khaân, comme nous le dit Marc Pol : « Et si vous dy que li grans Sires a
« fait faire telles voies et telles ordonnances par yaues douces et par lacs,
« de cette cité (de *Koua-tcheou*) jusques à Cambaluc, par grans fossés qui
« vont de lieu en aultre ; si que les grans nefs toutes chargées peuvent aler,
« de ceste cité de *Cucuy*, jusques à la grant cité de Cambaluc (p. 481). »

Les historiens chinois de la dynastie mongole de Chine confirment de
tous points le dire de Marc Pol. Nous avons fait connaître, d'après eux,
dans notre commentaire (p. 481-482), la quantité de riz et autres grains
transportée sur le grand Canal, de la ville en question jusqu'à Khân-baligh,
pendant tout le règne de Khoubilaï.

Marc Pol passe ensuite à la ville de Tchin-kiang-fou, l'une des villes ou-
vertes aujourd'hui au commerce européen, dont les insurgés Taï-ping
s'étaient emparés en 1853, et qui fut reprise par les troupes impériales
en 1857, dans un état de destruction complète. Marc Pol nous dit que, de
son temps, il y avait deux églises de chrétiens nestoriens. C'est un gouverneur
de cette ville, nommé Marsarguis, qui y avait été envoyé en cette qualité
par le grand Khaân, en 1278 de notre ère, et qui avait fait construire
ces deux églises, pendant les trois années de son gouvernement (1).

A propos de la ville de Tchang-tcheou qu'il décrit ensuite, Marc Pol nous
raconte comment les habitants de cette cité furent passés au fil de l'épée,
par le général mongol Bayan (en chinois Pĕ-yen), pour avoir massacré des
troupes au service mongol, composées d' « Alains crestiens », qui s'en
étaient emparées, et qui s'étaient ensuite enivrées. Le fait est confirmé par
les historiens chinois. (Voir notre commentaire, p. 484-488.)

De Tchang-tcheou Marc Pol passe à la ville célèbre de Sou-tcheou, qu'il
appelle « une très-noble cité et grande. Ilz ont, ajoute-t-il, grant planté de
« soie dont ilz font draps à or et autres. Et si y a si grant planté de gent
« que l'on n'en puet savoir le nombre. Et se ceulz de celle cité et ceulz de
« la contrée du Mangy feussent gens d'armes, ilz conquesteroient tout
« l'aultre monde ; mais ilz ne sont point hommes d'armes, ains (*mais*) sont
« marchans et gens moult soubtilz de tous mestiers. Et si a en ceste cité
« moult de philosophes et moult de mires (*médecins*). Et sachiez que en

(1) C'était déjà une règle de ne laisser que
trois ans un fonctionnaire en exercice dans le
même lieu ; c'est pourquoi Marc Pol ne fut également que *trois ans* gouverneur de Yang-tcheou
et des vingt-sept villes placées sous sa juridiction. Mais il ne nous dit pas qu'il y ait fait construire des églises catholiques ; c'est que, de son
temps, il n'y avait en Chine que des chrétiens
nestoriens. Du moins, il n'est fait mention dans
son livre que de ces derniers.

« celle cité a six mille ponts, tous de pierre ; et passe bien, soubz chascun
« pont, une galée (*galère*) ou deux (p. 489). »

Ce passage est frappant de vérité ; les Chinois sont encore aujourd'hui ce
qu'ils étaient alors, et même déjà du temps de Pline : « *Seres mites quidem...*
« *commercia exspectant.* » Quant au nombre de ponts que Marc Pol donne à
Sou-tcheou, il est plus difficile à admettre ; toutefois, comme cette ville,
que plusieurs Européens ont comparée à Venise, était coupée de même
de nombreux canaux, et était, de plus, d'une étendue très-considé-
rable, le nombre des ponts de toute nature devait être très-grand.

La description de la ville de Quinsay (King-sse, aujourd'hui Hang-tcheou
fou), l'ancienne capitale des Soung à laquelle Marc Pol passe ensuite (chapitres CLI et CLII), est assurément l'une des parties les plus curieuses de son
livre. On est frappé, à la lecture de cette description, de l'état avancé de la
civilisation où s'était élevé cet empire des Soung, sous le règne desquels
toutes les branches de la littérature chinoise brillèrent du plus vif éclat. Il
nous est impossible d'en donner ici l'analyse ; nous nous contenterons d'y
renvoyer les lecteurs qui voudront se former une idée de la civilisation chinoise, au douzième siècle de notre ère, avant la conquête des Mongols, en
la comparant avec celles des nations occidentales, à la même époque. Ils
verront que la Chine n'était pas alors aussi barbare qu'on le suppose ordinairement. Les nombreux documents, tirés des Annales officielles chinoises,
que nous avons donnés dans notre commentaire sur ces deux chapitres, confirment en tous points le récit de Marc Pol.

Après l'ancienne capitale des Soung, notre voyageur continue à décrire
les principales villes des provinces maritimes de la Chine, sur lesquelles nous
nous arrêterons peu. La plus importante était celle de Fuguy (*Fou-tcheou*,
p. 525), que Marc Pol nous dit être « la clef du royaume que l'on appelait
Concha (*Kien-kouë*) », ancienne dénomination de cette partie de la Chine,
qui est aujourd'hui la province de Fou-kien. Puis il arrive à la ville de
Thsiouan-tcheou, qu'il nomme Çayton, parce qu'elle portait aussi le nom
de *Thsé-thoûng*, d'une espèce d'arbre épineux (*thsé*) et d'un autre arbre qui
produisait des graines oléagineuses (*thoûng*), que l'on avait employés anciennement pour entourer la ville d'une clôture productive. « Sachiez que en
« ceste cité, nous dit Marc Pol (p. 529), est le port de Çayton, là où toutes
« les nefs d'Inde viennent, qui amènent les espiceries et autre chières mar-
« chandises. Et c'est le port où tuit li marchant du Mangy (la Chine méri-
« dionale, située au midi du Hoâng-hô) arrivent ; et de ce port se portent

« en la contrée du Mangy. Et vous di que, pour *une* nef de poivre qui va
« de l'Inde en Alixandre (*Alexandrie* d'Égypte), ou autre part, pour porter
« en terre des crestiens (en Europe) en vient, à ce port de Çayton, *cent* et
« plus. »

Cette observation de Marc Pol (sur l'exactitude de laquelle on n'a pas de
raison d'élever des doutes, parce qu'il était très au courant des affaires du
commerce qui se faisait alors dans toutes les parties de l'Asie visitées par
lui) nous fait connaître que, de son temps, le commerce que l'Europe et
une partie du nord de l'Afrique faisaient avec l'Inde, comparé à celui que
faisait la Chine avec la même région, était dans les proportions de *un* à *cent ;*
et il ajoute cette phrase : « Si que le grant Kaan reçoit à cest port moult
« grant droitures (*droits d'entrée*). » Effectivement, la douane de cette ville,
sur laquelle nous avons donné, dans notre commentaire (p. 531), des renseignements curieux tirés des Annales de la dynastie mongole de Chine,
devait donner annuellement de grands produits au gouvernement d'alors,
comme celle de Chang-haï en donne au gouvernement chinois d'aujour-
d'hui. Çayton (*Thsiouan-tcheou*) était, à l'époque des Mongols, le grand port
marchand de la Chine, comme Quinsay (*Hang-tcheou*) en était le grand
port militaire. C'est près de la première de ces villes, sur un bras de
mer, qu'existe un pont merveilleux sur lequel nous avons donné des renseignements curieux (p. 529 et suiv.), extraits des géographies chinoises.

Ici s'arrête la partie du livre de Marc Pol concernant la Chine, dont il
nous a fait parcourir presque toute la circonférence. Il nous prévient qu'il
lui reste encore plusieurs provinces de l'intérieur à décrire, et qu'il serait
à même de le faire : « Des autres royaumes vous en sarions nous bien
« conter, nous dit-il (p. 533), mais trop seroit longue la matière; si nous
« en tairons atant. » Puis il termine par ce petit épilogue :

« Et vous avez bien tout entendu le fait du Catay, et du Mangy et autres
« contrées maintes, si comme dessus est contenu ; et des manières des
« gens, et des marchandises ; de l'or et de l'argent, et de toutes les autres
« choses que l'on y treuve. Et pour ce que le Livre ne est mie encore ac-
« compli de ce que nous y voulons mettre : car il faut tout le fait des Yn-
« diens, et des grans choses d'Inde, qui bien sont choses de raconter ; car
« moult sont merveilleuses ; mais c'est des choses toutes véritables sans
« nul mensonge (qu'il veut parler). Et nous les mettrons en escript, ainsi
« comme Messire Pol le raconta, qui bien le sçot; car il demoura tant en
« Ynde, et tant encercha et demanda de leurs manières et de leurs condi-

« cions que je vous di que oncques un homme seul ne scot tant, ne ne vit
« tant comme il fist. »

On voit que Rusticien de Pise, le rédacteur du Livre de Marc Pol, ne
lui ménage pas les éloges, d'ailleurs bien mérités ; car tous ceux qui liront
attentivement ce même Livre s'en formeront la même opinion.

Avant de parler de l'Inde proprement dite, Marc Pol consacre deux chapitres de son Livre (ch. CLVIII et CLIX) au Japon, qu'il appelle *Sypangu* (en
chinois *Ji-pen-koŭe*, « royaume du soleil levant »). Il nous raconte l'expédition malheureuse tentée par Khoubilaï-Kaân, en 1281 de notre ère, pour
conquérir cette île, dont, avant Marc Pol, on n'avait jamais entendu parler
en Europe. L'armée expéditionnaire, de cent mille hommes, périt presque
entièrement avec la flotte par un typhon. Le récit que notre voyageur fait
de cette expédition est confirmé par les historiens chinois et japonais cités
dans notre commentaire. Du Japon Marc Pol passe à la description des
États maritimes de l'Indo-Chine, en commençant par celui de *Cyamba*
dont la province actuelle de Saïgon faisait partie, et que Khoubilaï-Khaân
avait voulu aussi annexer à son vaste empire. Voici comment Marc Pol raconte cette expédition :

« Il fu voir qu'en l'an 1278 ans de Crist, le grant Kaan envoya un sien
baron que l'on appeloit Sagatu atout moult grant gent à cheval et à pié sur
ce roy de Cyamba. Et commença, cil baron, à faire moult grant guerre au
roy et à sa contrée. Le roys estoit de grant aage. Et, d'autre part, il n'avoit
mie si grant povoir de gent comme cil baron. Et quant li roy vit que cil
baron destruisoit son règne (*ses États*), si en ot moult grant douleur. Si
fist appareillier ses messaiges et les envoya au grant Kaan. Et lui dirent :

« Notre Seigneur li roys de Cyamba vous salue comme son lige Seigneur ;
« et vous fait assavoir qu'il est de grant aage, et que loingtemps a tenu son
« règne en paix. Et vous mande par nous qu'il veult estre votre homme ; et
« vous donra (*donnera*), chascun an, treu (*tribut*) de tant d'oliphans comme
« il vous plaira. Et vous prie doulcement, et vous crie mercy, que vous man-
« dez (*ordonniez*) à vostre baron et à ses gens que il ne gastent plus son
« règne et qu'il se partent de sa terre, laquelle sera puis (*dorénavant*) en
« vostre commandement comme vostre, que il la tendra (*tiendra*) de vous. »

Khoubilaï-Khaân fut touché de cette supplique : « Il manda à son baron
« et à son ost (*ses troupes*) qu'ilz se partissent de ce règne, et alaissent en
« autre pays pour conquerre (p. 555). » L'empereur Tu-duc a été, de nos
jours, ou moins habile, ou moins heureux.

Les Annales chinoises confirment encore ici, sur tous les points, le récit de Marc Pol. On peut voir les citations que nous en avons faites dans notre commentaire (p. 552-558).

De la « grande contrée de Cyamba », Marc Pol passe à la « grande isle de Javva » qu'il décrit dans un seul chapitre (le CLXII⁰); puis, revenant sur ses pas, il parle des îles de Sandur et Condur (*Poulo-Condor*); puis de celle de *Soucat* qui n'avait pas été reconnue jusqu'à ce jour et que nous avons démontré, dans notre commentaire (p. 563), être l'île de Bornéo, dans laquelle se trouvait le royaume indien de *Soukhâdhana*, dans la partie de l'île où existe encore aujourd'hui la ville de *Soucat*. Il dit un mot, en passant, de l'île de Pontain (*Bintang*), du royaume de Maliur (*Malaïour*) habité par des tribus malaies, et situé sur la côte occidentale de la péninsule de Malacca. Puis il consacre un long chapitre (le CLXV⁰, p. 565-579), à la description de *six* royaumes, sur huit qui existaient alors dans l'île de Soumatra nommée par lui « Javva la meneur », ou la « petite Java. » Les historiens et géographes chinois nous sont encore venus ici en aide, pour confirmer le récit très-circonstancié de Marc Pol, en y ajoutant des détails fort curieux que l'on ne se serait pas assurément attendu à y rencontrer. On s'était étonné de ce nom de « Java la mineure » donné par Marc Pol à une île, dont la description qu'il en fait, d'ailleurs, ne pouvait convenir qu'à celle de Soumatra. Mais la découverte récente d'une ancienne inscription, en langue sanskrite, faite à Soumatra même, dans laquelle inscription cette île est nommé *Prathama Djava*, « la Première Java » (en venant de l'Inde; voir notre commentaire, p. 678), explique parfaitement la raison pour laquelle Marc Pol a aussi distingué *deux* îles de Java; l'une qu'il nomme « la grande », et l'autre « la petite ». Il connaissait très-bien cette dernière, parce qu'il y séjourna *cinq* mois, retenu qu'il y fut par les vents contraires, comme il nous le dit lui-même (p. 572). Les six royaumes qu'il décrit, sont ceux de Ferlec (*Tandjong Perlak*), Basman (*Pacem* ou *Pasey*), Samara (*Sama-langa*, celui dans lequel il résida cinq mois), Angrinan (*Indragiri*), Lambry et Fansour situés tous les six dans la partie nord-est de cette île.

Parti de Soumatra, Marc Pol touche en passant aux îles de Nécouran et Gavenispola, que l'on nomme aujourd'hui *Nicobar*, et dont l'une est aussi appelée par les Arabes : *Lendjebalous*, qui est la Gavenispola de Marc Pol; puis à celle d'Angamanain (*Andâmân*) dont les habitants « n'avoient « nulz roy, et avoient chief (*tête*) comme chiens; et dens (*dents*) et yeux « aussi (ch. CLXVII); » et il arrive à l'île de Ceylan, dont il fait une des-

e

cription curieuse sur laquelle on nous permettra de nous arrêter un instant.

L'île de Ceylan est, comme nous l'avons dit dans notre commentaire (p. 582 et suiv.), l'une des îles de la mer des Indes les plus anciennement connues du monde occidental. Ce fut, au rapport de Strabon et de Pline, par les relations d'Onésicrite et de Mégasthène, compagnons d'Alexandre, que l'on eut les premières notions de cette île célèbre, nommée par eux Taprobane (Ταπροβάνη), de son nom indien *Tâmraparn'a*, « feuille cuivrée ». C'est aussi dans cette île que le bouddhisme fut porté, 543 ans avant notre ère, et où il s'est maintenu jusqu'à nos jours. C'est là qu'était le principal foyer de celui du sud, comme le Népâl l'est devenu de celui du nord. Aussi Marc Pol, ce grand observateur des mœurs et coutumes des populations nombreuses qu'il eut occasion de visiter dans les contrées de l'Asie, n'a pas manqué de nous parler du bouddhisme, et de son fondateur célèbre, qu'il nomme *Sagamoni Borcam*, c'est-à-dire « le Dieu ou Divin Sakya mouni »; *borcam*, ou *bourkan*, étant un mot mongol qui signifie *Dieu, Être divin*, et *Sakyamouni* étant un nom sanskrit qui signifie *le religieux de la race de Sakya*, l'une des épithètes de Bouddha.

La manière dans laquelle Marc Pol s'exprime, à l'égard de ce grand réformateur de la religion brahmanique de l'Inde, est très-remarquable pour son époque. En parlant de la montagne célèbre dont on ne peut gravir le sommet qu'en s'aidant de chaînes de fer qui y existent encore de nos jours, il ajoute : « Et vous di que ilz dient que sur cette montaigne est le monument
« d'Adam, notre premier père; et ce dient les Sarrazins. Et les idolastres
« (les Bouddhistes) dient que c'est le monument du premier idolastre du
« monde, qui ot nom *Sagamoni borcam*, et tiennent que il feust le meilleur
« homme du monde, et que il fut saint, selon leur usage. Et fu filz, selon
« leur dit, d'un leur roy grant et riche. Et fu de si bonne vie qu'il ne voult
« (*voulut*) oncques entendre aus choses mondaines, ne ne voult estre rois.
« Et quant son pere vit qu'il ne voult estre rois, ne qu'il ne vouloit nulle
« chose entendre, si en ot moult grant ire, et l'assaya (*l'assaillit, l'obséda*)
« de grans promesses. Mais il n'en vouloit riens ; si que le pere en avoit moult
« grant douleur ; et, d'autre part aussi, pour ce que il n'avoit nulz autres filz
« que lui, à qui il peust laissier son royaume après sa mort. Si pensa, le roy,
« et fist faire un grant palais, et léans fist mettre son fils, et le faisoit servir
« à moult de pucelles les plus belles que il pouvoit oncques trouver... à ce que
« son cuer se peust traire (*laisser prendre*) aux choses mondaines. Mais tout ce

« n'y valoit riens; car il disoit qu'il vouloit aler cerchier celluy qui ne
« mourra jamais; et que il véoit bien que chascun qui est en ce monde
« convenoit mourir ou jeune ou viel. Si ne fist autre chose une nuit, fors
« que privéement se party du palais, et s'en ala aux grans montaignes et
« moult desvoiables. Et illec demoura moult honnestement, et moult me-
« noit aspre vie; et fist moult grans abstinences, ainsi comme s'il eust esté
« crestien. Car s'il l'eust esté, il feust un grant saint, avec nostre Seigneur
« Jhesucrist, à la bonne vie et honneste qu'il mena (p. 587-593). »

On peut voir, dans notre commentaire, par les citations qui y sont faites,
combien les écrits bouddhiques modernes, en reproduisant la même légende
que Marc Pol, sont éloignés de la simplicité onctueuse et naïve de ce dernier. Le contraste est des plus frappants par la comparaison du récit de
l'initiation de Sakya-mouni aux misères de la vie, fait par Marc Pol (p. 591
et suivantes), avec le récit de la même légende, tiré d'un ouvrage bouddhique.
« Le premier, avons-nous dit, est simple, naïf, sublime même, tandis que
le second est plat, délayé, vulgaire, comme le sont généralement tous les
Soûtras développés du bouddhisme, œuvre d'une époque de décadence où le
flux des paroles qui sont sur les lèvres remplace le sentiment qui est dans le
cœur; c'est la source vive qui, après avoir roulé un certain temps son onde
pure, se perd dans des terrains infertiles et marécageux. »

En présence du mouvement actuel des esprits qui se porte vers l'étude
des religions de l'Orient, et surtout du bouddhisme, nous ne pouvions nous
dispenser de signaler à l'attention du lecteur les passages qui précèdent; et
nous avons pu dire avec raison, dans notre commentaire, que Marc Pol
avait *devancé de cinq siècles* tous les Européens dans la connaissance de ce
grand réformateur dont la doctrine est maintenant répandue dans toute
l'Asie, et pratiquée par quatre cent millions d'âmes!

De Ceylan Marc Pol se rend sur la côte de Maabar, que nous appelons
Coromandel, et qui s'étend de l'embouchure de la rivière Krichna au cap
Comorin. Cette côte a été aussi nommée Maabar par les voyageurs et géographes arabes, de même que par les navigateurs et géographes chinois; et
le nom de Coromandel lui est probablement venu de la contrée de *Tchôla*
ou *S'or'a*, gouvernée longtemps par des rois dont le nom patronymique
était *Mand'ala*. Le nom de « Coromandel » signifie donc la côte des « rois
de la contrée de Tchôla ».

L'auteur chinois de la Géographie historique universelle, moins la Chine,
dans la carte qui y est donnée des possessions étrangères de la dynastie

mongole de Chine (1), carte que nous avons traduite et fait graver au bas de celle qui accompagne ce volume, place le *Maabar* et le *Kiŭ-lán* (dont il sera question ci-après), le premier au fond de la mer Rouge, où était le royaume d'Égypte (*Mi-si koŭë*) qui est aussi nommé, par quelques-uns, ajoute-t-il : « royaume des Ayoubites (*I-ye koŭë*) » et le second sur la même mer, dans le royaume d'Abyssinie (*A-hoen-sin-yu koŭë*). C'est là une erreur évidente; les voyageurs et géographes arabes que nous avons cités dans notre commentaire sur ces divers pays, ne peuvent laisser de doute à cet égard. Seulement, ce que l'auteur chinois dit de *Chi-tsou*, c'est-à-dire Khoubilaï-Khaân, qu'il fut le premier empereur chinois qui ouvrit des relations commerciales avec l'Égypte et l'Abyssinie, est parfaitement vrai.

Ces relations, c'est Marc Pol lui-même qui nous les fait connaître, car, très-certainement (ainsi que nous l'avons fait remarquer dans notre commentaire, p. 6o5), il fut chargé par Khoubilaï-Khaân, sinon comme *premier*, au moins comme *second envoyé* dans les États maritimes de l'Inde, de suivre les négociations avec les souverains de ces États. Il nous fait connaître même le nom de l'un de ces souverains indiens qu'il nomme *Sonder bandi davar* (p. 6o2), nom qui répond à l'un de ceux qui figurent sur la liste des rois de *Tchôla*, donnée par Wilson, *Sundara*, au règne duquel on ne pouvait assigner aucune date certaine, l'Inde n'ayant pas d'histoire; les quelques faits historiques que la critique européenne peut de temps à autre dégager des livres sanskrits étant comme des nuages légers qui flottent dans le vague illimité de leurs traditions. C'est uniquement par des synchronismes bien déterminés que l'on peut parvenir à fixer quelques anneaux de la chaîne des temps qui servent à reconstruire quelques séries chronologiques des nombreuses dynasties qui ont régné dans l'Inde antérieurement à la conquête musulmane. Marc Pol vient donc ainsi heureusement fixer la date du règne de *Soundara Pandion* à l'année 128o ou 1281 de notre ère, comme nous l'avons établi, dans notre commentaire (p. 6o3-6o6), par la traduction des Annales chinoises relatives aux négociations dont il a été question; lesquelles Annales confirment complétement le récit de Marc Pol. C'est ce que nous avons cru devoir consigner, dans les conclusions suivantes de cette partie de notre commentaire (p. 6o6) :

(1) 海 國 圖 志 *Haï koŭe thoŭ tchí;* k. 3, fol. 17, 3ᵐᵉ édition, de 1853, en 100 livres, par Weï-youen, de Chao-yang, ancien président du conseil des ministres (*neï-ko*) de l'empereur Tao-kouang.

« 1° Les relations politiques et commerciales de l'empire mongol de Khoubilaï-Khaân avec les États de l'Inde en question, rapportées par Marc Pol,
sont mises hors de doute.

« 2°. Le Maabar de Marc Pol, le Ma'bar des écrivains arabes et le *Mă-
pă-'rh* des historiens chinois sont des noms identiques par lesquels la côte
actuelle du Coromandel était désignée au moyen âge.

« 3° Le royaume de Maabar, dont il est question dans ce chapitre, était
l'ancien royaume de Pândion et de Tchôla ou Sôr'a réunis ; et celui de
Kiŭ-lan des historiens chinois était le Coilum de Marc Pol, dont il sera
parlé ci-après.

« 4° Le roi « Sonder Bandi Davar » de Marc Pol était le « Soundara Pândion » qui régnait sur l'ancienne contrée des Pandiâns, des anciens géographes grecs ; et les « cinq frères chefs ou rois du *Mă-pă-'rh*, des historiens
chinois, traduits dans les notes précédentes (p. 603 et suiv.) sont les
« cinq roys freres charnels » dont parle Marc Pol. Cette concordance inat-
tendue de l'histoire officielle chinoise avec le récit de notre voyageur ne
sera pas l'un des rapprochements les moins curieux de nos recherches. »

Nous regrettons de ne pouvoir donner ici un aperçu des faits si nombreux
et si intéressants sur les mœurs, les usages, les coutumes des diverses populations de l'Inde que Marc Pol a su observer avec son exactitude et sa pénétration habituelles. Nous ne craignons pas de dire qu'après les nombreux
ouvrages qui ont été publiés sur l'Inde, depuis qu'elle a été ouverte aux
Européens, le Livre de Marc Pol est encore assurément le plus curieux et le
plus utile à consulter pour l'époque à laquelle il l'a visitée ; aucun autre
même ne peut le remplacer. Nous sommes convaincu que les lecteurs qui
liront les chapitres CLV à CLXXXV, éprouveront comme nous autant d'admi-
ration que de surprise devant l'étendue et l'exactitude des observations de
notre voyageur, qui semblent inépuisables. La confirmation perpétuelle que
nous en donnons dans notre commentaire est un tribut, qui nous a coûté
beaucoup de peines, mais que nous avons été heureux de lui rendre.

Marc Pol nous dit (ch. CLXXXVI, p. 689) que, de son temps, « l'Inde majeure » comprenait *treize* grands royaumes ; « l'Inde mineure », *huit*, les
uns et les autres situés en terre ferme. Ceux des « îles » étaient en « *grande
quantité* » et il n'en fixe pas le nombre. Il donne le nom de « Inde moyenne »
à l'Abyssinie. Cette division de l'Inde en trois grandes régions, comme nous
l'avons dit dans notre commentaire (p. 689), a été conservée en partie de
nos jours. L'Inde proprement dite, de nos cartes modernes, ou « l'Inde en-

deçà du Gange », répond à « l'Inde majeure » de Marc Pol, et « l'Inde au-delà du Gange » répond à son « Inde mineure »; le nom de « Inde moyenne », donnée par lui à l'Abyssinie, reposait sur d'anciennes traditions qui ne manquaient pas de certains fondements, comme nous l'avons fait voir dans notre commentaire sur l'Abyssinie (p. 693-695), où nous avons rapporté les opinions des anciens historiens à cet égard. Ce que l'on peut en dégager de plus clair, avons-nous dit, c'est que le nom d'*Éthiopiens* était donné généralement à tous les habitants à teint fortement bruni qui peuplaient les contrées de l'Afrique avoisinant l'entrée de la mer Rouge, et même une portion de l'Asie qui n'en était pas éloignée; et que les uns, tenant de la race nègre, avaient les cheveux « crépus », tandis que les autres, tenant de la race primitive indienne, les avaient « droits ». C'est probablement par un reflet de ces idées, fondées sans doute aussi sur des traditions locales, qui ne sont pas à dédaigner, que Marc Pol nomme l'Abyssinie « l'Inde moyenne ».

Parmi les diverses preuves que nous avons fournies à l'appui de cette opinion, se trouve celle de l'écriture abyssinienne ou éthiopienne (déjà signalée par nous dès 1838) qui se dirige de « gauche à droite » comme les écritures indiennes, contrairement au système de toutes les écritures africaines, et dont l'alphabet est en quelque sorte calqué sur l'alphabet sanskrit; et celle de l'origine indienne ou plutôt « indo-scythe » des anciens rois de l'Abyssinie dont le nom patronymique, *Za*, serait le même que celui des rois hindous de *Sourácht'ra*, qui régnèrent dans les deux ou trois premiers siècles avant notre ère, et qui portèrent aussi celui de *Sâha* ou *Sâh*. Ce royaume de *Sou-rácht'ra*, ou *Sâh-rácht'ra* (le royaume des rois *Sou* ou *Sâh*), s'étendait de l'extrémité méridionale du Goudjarate jusqu'au pied de l'Himâlaya (voir notre commentaire, p. 695). Une preuve que les rapprochements que nous y avons faits ne sont pas imaginaires, comme on pourrait le supposer, c'est qu'un peuple du nom de Σεσέα ἔθνος, *Sesea gens*, est cité dans l'inscription grecque d'Adulis, comme ayant été vaincu par le roi de cette dernière contrée. Le fait que l'envoyé de l'empereur Constance près du roi d'Abyssinie (en 356) était un *Indien*, vient encore à l'appui de nos rapprochements.

L' « Inde mineure » de Marc Pol comprenait, nous dit-il, « huit royaumes, » dont le premier (en suivant son itinéraire, qui est celui de son retour de Chine), était *Cyamba* (aujourd'hui province de Saïgon) et le huitième *Moutfili* (où se trouve aujourd'hui Masulipatam) qui, à l'époque de Marc Pol, était le « royaume d'*Andhra* » des écrivains indiens (v. p. 628), ou de *Télingân'a*, comme on nomme la langue qui est encore en usage dans ia contrée. Plus tard, on l'a nommé : le royaume de Golconde. Sa capitale était *Ourangol*. Les six autres n'ont été ni énumérés, ni décrits par lui ; ce devaient être les royaumes de Cambodje (en chinois *Kan-pou-tche*), de Siam (*Sin-lo*), de Pégou (*Piao-koüë*), d'Arakan, d'Orissa, et de Kalinga : le Bengale, dont a parlé Marc Pol (ch. cxxv), n'était pas classé par lui au nombre des royaumes de l'Inde, parce qu'il avait été conquis par Mahmoud le Gaznévide, dès 1017 de notre ère, et qu'il n'y avait alors que certains districts situés aux embouchures du Gange, comme Tchittagoung, Tchandra-nâgara (la « ville de la Lune », ou *Chandernagore*) appartenant aujourd'hui à la France, qui étaient restés soumis à des *râdjás* indiens des souverainetés voisines.

L' « Inde majeure » comprenait treize royaumes dont *dix* ont été décrits par Marc Pol. En voici l'énumération :

1° Le royaume de *Maabar* (ch. CLXIX). Il était situé au sud de la péninsule de l'Inde, à l'est de la chaîne des Gâths, et comprenait les anciens royaumes des Pândions et des Tchôlas. Les capitales de ces deux anciens États étaient Madhoura (aujourd'hui *Madouré*), et Kantchi (*Condjiveram*). La langue de cette contrée de la péninsule est le *Tamil*.

Au nombre des coutumes singulières que Marc Pol rapporte des habitants du Maabar est celle qui concernait un de leurs rois. Ce dernier avait cinq cents femmes et beaucoup d'enfants. « Et si a pluseurs barons, ajoute-t-il « (p. 613), qui servent le roy, et chevauchent avec lui, et li sont entour ; et « ont grant seigneurie par le regne, et s'appellent *féels du Seigneur*. Et si « sachiez que quant le roy meurt, et l'en le met au feu pour ardoir (*brûler*) « si comme est leur usage, *ses féels* se getent el feu avec lui et li sont entour « et se laissent ardoir. Car il dient qu'il ont esté ses compaignons en ce siècle, « si le doivent estre aussi en l'autre, et faire lui compaignie. »

Cet usage, d'origine scythique, est confirmé par le récit d'un voyageur arabe nommé Soleyman (voir p. 614) qui vivait au neuvième siècle de notre ère. Diodore de Sicile nous apprend (liv. III, § 7) qu'un usage semblable existait chez les anciens Éthiopiens. C'est une présomption de plus à ajouter à celles que nous avons présentées sur l'origine commune des anciens souverains de l'Abyssinie et de certaines dynasties royales de la péninsule de l'Inde.

2° Le second royaume de l'Inde majeure décrit par Marc Pol (ch. CLXXII) est celui de *Lâr*. Il était situé à l'ouest de la partie nord du précédent, dans l'ancien pays de Kérala, qui s'étendait jusqu'à la côte du Malabar. D'après une chronique du pays, écrite en Malayalam (le *Kérala-Outpatti*), un ancien

roi du pays, *Parasou-Rama*, ayant défait les Kchatriyâs, ou caste des guerriers, introduisit des *Arya-Bramins* (Brâhmanes de la race aryenne du nord
de l'Inde), et leur distribua en dons soixante-quatre villages dans lesquels
ils s'établirent, et qu'ils gouvernèrent eux-mêmes par une assemblée générale nommé dans leur sein, en affermant leurs terres à des individus des
classes inférieures. Le pouvoir exécutif était placé entre les mains d'un
Brahmane élu tous les trois ans, et assisté d'un Conseil de quatre autres
personnes nommées pour trois ans par les Brâhmanes des soixante-quatre
villages en question (voir notre commentaire, p. 690).

Cet établissement d'un gouvernement de Brâhmanes dans le pays de Kérala, ou de Lâr, nous explique ce que nous dit Marc Pol (p. 632) : « que touz
« les Abramains du monde sont nez de ci. Et sachiez que les Abramains
« sont des meilleurs marcheans du monde, et des plus véritables, car il ne
« diroient mensonge pour riens du monde. Il ne menguent char, ne ne boi-
« vent vin, et vivent moult de honneste vie ; ne ne font luxure, fors avec leur
« moulliers ; ne ne toldroient (*prendraient*) riens de l'autrui pour nul chose
« du monde, selon leur loy. »

3° Le troisième royaume de l'Inde majeure (ch. CLXXIV), celui de *Coilum*
(en chinois *Kiû-lân*), était limitrophe, au nord du précédent, et occupait
la province actuelle de Travancore.

4° Le quatrième royaume, celui d'*Ely* (ch. CLXXVI), était situé au nord
du précédent, sur la côte du Malabar. Il avait dû dépendre antérieurement
de l'État gouverné par les Brâhmanes, car toute la côte du Malabar faisait partie de l'ancienne contrée de Kérala.

5° Le cinquième royaume, celui de *Mélibar* (ch. CLXXVII), était également situé au nord du précédent, dans la contrée que l'on nomme Kan'ara,
par corruption du terme sanskrit Karn'ata, le Carnatic, dont la capitale, au
quatorzième siècle, était Vidjâyanagarî (*Bijnagar*), mais qui, au treizième
siècle, à l'époque de Marc Pol, était moins étendu.

6° Le sixième royaume, celui de *Gazurat* (ch. CLXXVIII) dont le nom en
sanskrit était *Sourachtr'a*, était l'un des plus célèbres de l'Inde. Il était connu
des Arabes, au neuvième siècle, sous le nom de « royaume du Balhara »
(voir notre commentaire, p. 691). A l'époque de Marc Pol, cet ancien
royaume n'existait plus dans son intégrité. Il s'était formé de ses débris plusieurs petits royaumes, comme celui de Goudjarat, qui furent promptement la proie des sultans de Déhli.

7° Le septième royaume, celui de *Tana* (ch. CLXXIX), ou *Tanaim*, comme l'écrit Marc Pol, comprenait une partie, sinon la totalité, de la province de Konkan, que l'on nomme aujourd'hui Aurengâbâd , et qui a la ville de Bombay pour capitale.

8° Le huitième royaume, celui de *Cambaïth* (ch. CLXXX) ou *Cambaye*, était situé au fond du golfe de ce nom, et fait aujourd'hui partie de la province comprise sous la dénomination de Goudjarate. La secte des Djaïnas, branche modifiée du bouddhisme, fut autrefois nombreuse dans la ville de Cambaye et son territoire. Les ruines des monuments qu'ils y avaient élevés à l'époque de leur puissance, en témoignent suffisamment.

9° Le neuvième royaume, celui de *Semenat* ou *Somanât* (ch. CLXXXI) en fait aujourd'hui également partie. Leur importance, à l'époque de Marc Pol, consistait moins dans l'étendue de leur territoire que dans les édifices religieux dont ils étaient en possession, surtout Sòmanât. C'est là qu'existait le temple célèbre élevé en l'honneur du dieu *Siva*, qui fut détruit en partie, et sa statue colossale brisée, à l'époque où le fameux Mahmoud le Gaznévide s'empara de Sòmanâth, en 1204 de notre ère (voir notre commentaire, p. 667-8).

10° Le dixième royaume, celui de *Quésivacuran* (ch. CLXXXII), était, comme nous l'avons démontré (p. 669), situé sur le golfe de Katcha, ou *Quès*, et non dans le Mékran, comme les précédents commentateurs de Marc Pol l'avaient prétendu. Il ne s'étendait pas jusqu'à l'Indus, qui forme en quelque sorte la limite naturelle de l'Inde, mais jusqu'à l'État du Sind, qui, depuis que les Arabes en firent la conquête en 711 de notre ère, ne fut plus indépendant ; c'est pourquoi Marc Pol n'a pas compris le royaume du Sind au nombre des royaumes de son « Inde majeure. » Les « *trois* » royaumes qu'il dit ne pas avoir mentionnés et décrits, étaient vraisemblablement ceux de l'intérieur de l'Inde, dans lesquels il ne pénétra pas : Méwar, Djesselmir et Djeïpour, dans le Radjpoutana ; tous ceux qui étaient compris dans la partie de l'Inde, que l'on nomme le Dékhan (en sanskrit *Dakchina-dês'a*), ayant été mentionnés par lui.

Dans la description qu'il fait des mœurs et coutumes des populations de l'Inde, Marc Pol n'oublie pas de rappeler les relations commerciales que ces mêmes populations entretenaient avec les autres États de l'Asie. En parlant de la cité de Cail, sur la côte du Coromandel, près du cap Comorin, il dit (p. 640-641) : « Et à cette cité font porter (*aborder*) toutes les « nefs qui viennent de vers ponent : ce est de Hormès, et de Quis et d'Aden, « et de toute l'Arabie ; lesquelles viennent chargées de chevaux et d'autres

« marchandises. » En parlant du « royaume de Coilun » (*Kiũ-lán*, p. 644),
il dit : « Les marcheans du Manzi (de la Chine), et du Levant et d'Arrabe
« (Arabie), y viennent à toutes leurs nefs et leurs marchandises. » Sur
celui du Malabar (p. 654) : « Les nefs qui viennent du Levant leur appor-
« tent arain que il mettent en leur nef pour savoure (*lest*). Et si leur apor-
« tent encore draps à or, et cendaus, et soie, et draps de soie ; et or et
« argent, girofles et autres espices soutilz (*fines*), lesquelles il leur ven-
« dent, se il n'en ont ; et puis achatent de celles que il ont, se il veulent.
« Si que l'espicerie grosse qui ist (*sort*) et va à la grant province du Manzi
« (la Chine méridionale), et envers ponent (l'*occident*) que les marcheans
« portent en leur nef qui vont à Aden, celle (espicerie), va, puis, en Alixan-
« dre (Alexandrie d'Égypte). »

Marc Pol n'oublie pas, non plus, les pirates qui infestaient les mers de
l'Inde, sur la côte du Malabar, où se rendaient les navires marchands. C'é-
taient surtout les royaumes d'*Ély*, de *Mélibar*, de *Gazurat* (d'où chaque
année partaient plus de cent navires pour faire la course) ; de *Tanaim*
(ou Tanah, aujourd'hui province de Bombay) dont les corsaires devaient,
par conventions, remettre à leur roi tous les chevaux qui feraient partie
de leurs prises. Ces habitudes de piraterie de certaines populations de la
côte du Malabar n'étaient pas nouvelles à l'époque de Marc Pol ; elles
étaient déjà signalées par l'auteur du Périple de la mer Érythrée, et par
Ptolémée qui dit que ces populations étaient composées de pirates : ἀνδρῶν
πειρατῶν. Elles n'avaient pas dégénéré.

Dans la description que Marc Pol fait des pays si variés et si nombreux
qu'il avait visités, pendant les vingt-six ans qu'il passa à parcourir presque
toute l'Asie, il est peu de faits dignes de remarque qui aient échappé à son
esprit curieux et pénétrant.

Il n'est pas jusqu'au fameux oiseau *Ruc* ou Rokh, dont il est parlé si au
long dans les *Mille et une Nuits* et dans les *Voyages de Sindbad le Marin*,
que Marc Pol décrit dans son chapitre sur l'île de Madagascar (le CLXXXV[e],
p. 676 et suiv.), et que l'on avait considéré jusqu'à nos jours comme une
pure fable, qui ne commence aujourd'hui à entrer dans le domaine de la
réalité, sous le nom d'*Epyornis maximus*(1). Nous en avons retrouvé la tradi-

(1) Voir à ce sujet les deux mémoires déjà publiés d'un savant italien, M. le chevalier Giuseppe
Bianconi, professeur à l'Académie de Bologne,
intitulés : *Dello Epyornis maximus menzionato
da Marco Polo*, etc., dans le vol. XII des Mémoires de l'Académie des sciences de l'Institut de
Bologne, 1862 ; et : « *Studi sul Tarso-Meta-
tarso degli uccelli, ed in particolare su quello
dell' Epyornis Maximus*, Bologna, 1863 ; avec
planches anatomiques.

tion, et jusqu'à la *figure* dans les livres chinois (voir notre commentaire, p. 681), où c'est un cétacé d'une dimension démesurée, des mers australes, qui se transforme en oiseau gigantesque. Nous l'avons aussi retrouvé dans les livres sanskrits, sous le nom de *Garoud'a*, oiseau que les poëtes indiens représentent comme servant de monture au dieu Vichnou, et qu'ils décrivent, tantôt comme étant une grue gigantesque, tantôt comme un vautour ou un aigle. L'Académie des sciences de Paris s'en est aussi occupée à plusieurs reprises, à propos d'œufs gigantesques rapportés de Madagascar et conservés au Jardin des Plantes de Paris. Les prétendues fables de Marc Pol se rapprochent plus de jour en jour de la réalité que certaines histoires.

En parlant de l'île de Madagascar, Marc Pol a été le premier européen qui ait signalé les *courants* du détroit de Mozambique qui font que les navires, partant des côtes de l'Inde, ne mettaient, de son temps, que vingt jours de navigation pour se rendre à Madagascar, tandis qu'ils étaient obligés de mettre plus de trois mois pour en revenir (p. 678-680).

Après Madagascar, viennent les habitants de l'île, ou plutôt, de la côte de Zanguebar « qui sont touz noirs, et vont touz nus, fors de leur nature « que il cuevrent. Il ont les cheveus crespés et noirs si comme poivre. Et « si ont si grans bouches, et le nez si rebiffé, et les levres si grosses, et les « iex (*yeux*) si grans et si esroilliez (*éraillés*), et si rouges, que il semblent « tuit dyables ; et sont si hideus et si laiz, que il semblent la plus horrible « chose du monde à veoir. » Le portrait n'est pas flatté, mais il est fidèle ; on y reconnaît facilement les nègres de cette partie de l'Afrique dont la population, depuis le temps de Marc Pol, a été contrainte de reculer en grande partie dans l'intérieur des terres, pour faire place à une autre population mélangée d'Arabes marchands et autres, formant plusieurs peuplades au nombre desquelles celle des *Mongallos* est très-vraisemblablement descendue de quelques débris de ces armées mongoles que Khoubilaï Khân envoya à plusieurs reprises dans les mers de l'Inde, à Madagascar même, pour ranger tous les États maritimes et commerciaux de ces vastes contrées sous son immense domination ; la plus grande partie de ces mêmes armées fut perdue pour lui.

Marc Pol décrit ensuite l'Abyssinie, sous le nom d'Abbasie (ch. CLXXXVII); puis les villes principales et commerçantes, situées sur les côtes de l'Yémen, comme Aden, Dhâfâr, Kalhat, et enfin Hormuz (chap. CLXXXVIII-CXCII), où il nous avait déjà conduits précédemment, en décrivant la Perse,

qui pouvait toucher à la littérature et aux sciences chinoises, est encore un sujet d'étonnement pour tous ceux qui lisent son ouvrage. Mais on doit se rappeler, pour le justifier, ce que Marc Pol, à son lit de mort, répondit à ses amis qui l'engageaient à rétracter les choses incroyables qu'il avait racontées dans son Livre : — « Qu'il n'y avait pas consigné *la moitié des cho-* « *ses qu'il avait vues* (1). »

Quant à l'*imprimerie*, on lit ce qui suit dans l'ouvrage intitulé : *Analyse des travaux de la Société des Philobiblon de Londres* (2) :

« Il paraît qu'un certain Pamfilo Castaldi, de Feltre, aurait connu l'imprimerie xylographique, et l'aurait employée vers la fin du quatorzième siècle, d'*après l'idée que lui en avaient donnée des bois que Marco Polo rapporta de Chine à Venise, et qui avaient servi à l'impression de livres chinois.* La tradition nous apprend que Guttenberg (qui épousa une personne appartenant à la famille vénitienne des Contarini) avait vu ces bois à imprimer, et que, développant cette idée, il arriva à l'invention de l'imprimerie, qui, ainsi, se relierait directement, par l'intermédiaire de Marco Polo, à la pratique de cet art en Chine. »

Le même M. Robert Curzon parle ailleurs (3) du droit que pourrait avoir ledit Pamphilo Castaldi (né en 1398, et mort en 1490), à l'honneur d'avoir inventé l'imprimerie avec des caractères mobiles, et d'avoir, par ce moyen, imprimé plusieurs feuilles à Venise en 1426.

Quoi qu'il en soit, le Livre de Marc Pol, rédigé d'abord en français, comme on le verra ci-après, traduit ensuite en italien, en latin, en allemand, en portugais, en espagnol, et en d'autres langues encore, ne se répandit pas moins, sans le secours de l'imprimerie, en Europe, dans le monde éclairé ; et son apparition produisit alors une sensation très-grande. C'était, en effet, un nouveau monde, d'une étendue et d'une richesse merveilleuses, que Marc Pol révélait à l'Europe étonnée. La preuve la plus convaincante de l'influence de la lecture du *Livre de Marc Pol* sur l'esprit de ses contemporains, c'est que la découverte du Nouveau Monde par

(1) « Et quia ibi magna et maxima et quasi incredibilia reperiuntur, rogatus fuit ab amicis, in morte, quod librum suum corrigeret, et quæ superflue scripserat revocaret. Qui respondit : *Non scripsi mediantem de iis quæ vidi.* Et quia talia in morte dixit, magis creditur his quæ scripsit » (Chronique du F. Jacobo d'Aqui, citée dans notre *Appendice* 2, p. 767).

(2) Par Octave Delpierre ; Londres, 1862,

p. 23, à l'analyse de l'opuscule intitulé : « *History of printing in China and Europe,* » by the Hon. Robt. Curzon (6ᵉ vol. des Philobiblon), 34 pages. C'est à M. Ferd. Denis que je dois la communication de ce volume.

(2) *A short Account of some of the most celebrated Libraries of Italy* (1ᵉʳ vol. des Philobiblon, 59 pages). Cette question demanderait à être étudiée et approfondie.

Christophe Colomb est due à la lecture du Livre du célèbre voyageur.
« Comme chaque jour, a dit un savant géographe, M. Walckenaer, dans la
Notice qu'il lui a consacrée (1), les notions sur les pays décrits par Marco
Polo confirmaient de plus en plus ce qu'il avait dit, les cosmographes les
plus instruits s'en emparèrent ; ils *dessinèrent d'après elles, sur leurs cartes,
comme d'après les seules sources authentiques , toutes les contrées de l'Asie,
à l'orient du golfe Persique , et au nord du Caucase et des monts Himâlaya ,
ainsi que les côtes orientales d'Afrique.* De cette manière, les idées erronées
des anciens sur la mer des Indes furent corrigées, et leurs noms, depuis
longtemps hors d'usage, reparurent. La science se trouva régénérée ; et,
quoique encore imparfaite et grossière, elle fut en harmonie avec les progrès
des découvertes et les langues usitées à cette époque. On vit paraître, *pour
la première fois,* sur une carte du monde, la Tartarie, la Chine, le Japon, les
îles de l'Orient et l'extrémité de l'Afrique, que les navigateurs s'efforcèrent
dès lors de doubler. Le Cathay, en prolongeant considérablement l'Asie
vers l'est, fit naître la pensée d'en atteindre les côtes, et de parvenir dans
les riches contrées de l'Inde en cinglant directement vers l'occident. C'est
ainsi que Marco Polo et les savants cosmographes qui, les premiers, donnèrent du crédit à sa relation, ont préparé les deux plus grandes découvertes
géographiques des temps modernes : celles du Cap de Bonne-Espérance et
celle du Nouveau-Monde. Les lumières acquises successivement, pendant
plusieurs siècles ont, de plus en plus, confirmé la véracité du voyageur vénitien ; et lorsque enfin la géographie eut atteint, au milieu du dix-huitième
siècle, un haut degré de perfection, la relation de Marco Polo servit encore
à d'Anville pour tracer quelques détails du centre de l'Asie. »

Ce jugement, porté par un homme si profondément versé dans l'histoire
de la géographie, pourrait nous dispenser d'apporter ici d'autres témoignages en faveur de l'influence exercée par le Livre de Marc Pol sur ses
contemporains et sur les progrès de la géographie du moyen âge. Nous
citerons encore cependant celui d'un homme qui joignit à des connaissances
très-variées un jugement de saine critique.

« Lorsque le Livre de Marc Pol parut, a dit M. Delécluse (2), on le lut
avec une grande avidité , mais personne alors ne crut à la vérité de cette
relation. Les poëtes, les romanciers, s'emparèrent du personnage du grand

(1) *Vies de plusieurs personnages célèbres des
temps anciens et modernes,* 1830, 2 vol., article
Marco Polo.

(2) Notice biographique sur Marco Polo, dans
la *Revue des Deux-Mondes ,* livraison de juillet
1832.

Kan et du royaume de Cathay, pour embellir et égayer leurs récits. Cette machine poétique fut mise en usage jusqu'au temps de l'Arioste qui, comme l'on sait, parle souvent de la reine de Cathay. De la lecture du livre de Marco Polo résulta encore une opinion qui s'accrédita dans l'esprit de tous les peuples occidentaux : c'est qu'il y avait au milieu de l'Asie un grand monarque, que l'on désignait sous le nom de grand *Kan*, qui était chrétien... Les richesses immenses que possédait ce grand *Kan* n'étaient pas oubliées. Les croisades et les relations diplomatiques qui s'étaient établies entre saint Louis et les princes tartares avaient commencé à répandre toutes ces idées en Europe; la relation de Marco Polo les y fixa.

« Outre ces résultats, ce livre eut encore celui de porter l'attention de quelques savants, et particulièrement celle de Christophe Colomb, sur les études géographiques. On ne peut douter, en lisant la relation originale du premier voyage que fit Christophe Colomb, de 1492 à 1504, que toutes les études préliminaires, que toutes les spéculations qu'il avait faites sur l'étendue de la terre et la position relative des différentes contrées, ne fussent calculées d'après les renseignements que lui avait fournis l'ouvrage de Marco Polo. Voici les propres paroles du fameux voyageur, qui, lorsqu'il venait de découvrir ce nouveau monde, portant aujourd'hui le nom d'Amérique, croyait avoir trouvé un chemin, en traversant la mer dans la direction du couchant, pour arriver à l'extrémité orientale de l'Inde et pénétrer, par ce côté, dans l'intérieur de ce vieux continent :

« Très-hauts, très-chrétiens, très-excellents et très-puissants princes, Roi
« et Reine des Espagnes et des îles de la mer, notre Seigneur et notre Sou-
« veraine, cette présente année 1492, après que vos Altesses eurent mis fin
« à la guerre contre les Maures qui régnaient en Europe, et eurent terminé
« cette guerre dans la très-grande cité de Grenade, où, cette présente année,
« le deuxième jour du mois de janvier, je vis arborer, par la force des armes,
« les bannières royales de vos Altesses sur les tours de l'Alhambra, et où je
« vis le roi maure se rendre aux portes de la ville et y baiser les mains
« royales de vos Altesses; aussitôt dans ce présent mois, et d'après *les*
« *informations* que j'avais données à vos Altesses *des terres de l'Inde et*
« *d'un prince qui est appelé grand Kan*, ce qui veut dire en notre langue
« vulgaire : Roi des Rois, et de ce que, plusieurs fois, *lui et ses prédécesseurs*
« *avaient envoyé à Rome y demander des docteurs en notre sainte foi pour*
« *qu'ils la lui enseignassent* (voir le passage de Marc Pol, p. 13), comme
« le Saint-Père ne l'en avait jamais pourvu, et que tant de peuples se per-

« daient en croyant aux idolâtries et recevant en eux des sectes de perdi-
« tion, vos Altesses pensèrent, en leur qualité de catholiques chrétiens, et
« de princes amis et propagateurs de la sainte foi chrétienne, et ennemis
« de la secte de Mahomet, et de toutes les idolâtries et hérésies, à envoyer
« moi, Christophe Colomb, auxdites contrées de l'Inde, pour voir lesdits
« princes et les peuples, pour savoir de quelle manière on pourrait s'y
« prendre pour les convertir à notre sainte foi. Elles m'ordonnèrent *de ne*
« *point aller par terre à l'Orient, mais de prendre, au contraire, la route de*
« *l'Occident, par laquelle nous ne savons pas, jusque aujourd'hui, d'une*
« *manière positive, que personne ait jamais passé.* » (Vol. II, p. 3 et 4.)

Colomb voit le *Zipangu* (le Japon) de Marc Pol, dans l'île de Cuba, qu'il
découvre une des premières ; il croit que le roi de cette île, comme celui du
Japon, du temps de Marc Pol, *est en guerre avec le grand Kan.* Il dit qu'*il*
faisait tous ses efforts pour se rendre auprès du grand Kan ; qu'il pensait devoir habiter *dans les environs ou dans la ville du Cathay,* appartenant à ce
prince, laquelle est forte et puissante ; que l'on tirera beaucoup de coton de ce
pays de *Cipango,* et qu'*on le vendrait très-bien dans les grandes villes du*
grand Kan que nous découvrirons sans doute. Il dit encore : « Lorsque j'arri-
vai à l'île de la Juana, j'en suivis la côte vers le couchant, et je la trouvai si
grande, que je pensais que c'était la terre ferme, *la province de Cathay.* »

Enfin, M. Ernest de Fréville, dont la mort prématurée a été une grande
perte pour les sciences historiques et géographiques, a dit, dans un *Mé-*
moire (posthume) *sur la Géographie du moyen âge* (1), après avoir rappelé l'histoire de la copie du livre de Marc Pol, donnée par ce grand
voyageur à Thiébault de Cépoy, des copies de ce livre qui furent recueil-
lies avec tant d'ardeur et de soins par Charles V, dont Charles de Valois,
auquel Marc Pol avait voulu donner la *première copie* de son livre, *qui*
oncques fut faite, était le bisaïeul, ajoute : « Il résulte de ces particularités
« intéressantes que les savants français (comme Nicolas Oresme) purent
« étudier, dès le commencement du quatorzième siècle, *la plus véridique*
« *de toutes les relations de voyages, et la mieux faite pour opérer une révo-*
« *lution dans les sciences géographiques.* »

(1) *Revue des Sociétés savantes,* année 1860.

f

§ 3. *Langue dans laquelle le Livre de Marc Pol a été primitivement*
rédigé.

Dans quelle langue l'ouvrage laissé par Marc Pol a-t-il été primitivement
rédigé ? Les uns prétendent, comme Ramusio, qu'il avait été rédigé en latin
sous la dictée de Marc Pol, et que ce premier texte avait été ensuite traduit en langue italienne vulgaire. D'autres, comme Grynæus, ont cru que
le voyageur vénitien employa à la rédaction de son livre sa langue maternelle, c'est-à-dire le vénitien. Cette dernière opinion a été la plus générale.
Mais, chose remarquable, c'est un Italien, un éditeur de deux rédactions
différentes du livre du célèbre Vénitien, le comte Baldelli Boni, qui le premier, en 1827, dans les prolégomènes de son livre intitulé : *Il Milione di*
Marco Polo (1), a démontré, par la comparaison de son texte italien (remontant authentiquement à 1309, puisque l'auteur du manuscrit publié
par lui mourut cette année même) avec le texte en vieux français barbare
publié en 1824 par la Société de géographie de Paris, que le manuscrit
italien de 1309, le plus ancien connu, était une *traduction* du même livre
faite sur la rédaction française. Il montrait que là où la rédaction française
porte : « Et adonc voz conteron de les (pour *las, la*) *très* noble cité de
Saianfu » (2), le traducteur italien avait pris le superlatif *très* pour le latin
tres, « trois », et avait traduit : « E conterovvi delle *tre* nobili città di
Sajafu. » Ailleurs il prend le mot *bue*, « boue », pour le mot *bœufs*, et il
écrit *buoi* (bœufs); *jadis*, adverbe, pour un nom propre : « *Jadis*, uno
re (3). » Le texte même de Ramusio, publié deux cent trente-cinq ans
après la mort de Marc Pol, et auquel l'éditeur s'est attaché à donner un
cachet tout italien, porte encore des traces, cependant, de son origine française. Car dans la même phrase où le manuscrit Pucciano prend le mot
jadis pour un nom de roi, le texte de Ramusio prend le mot *dor* (*d'or*, nom
de la dynastie chinoise des Kin, ou d'or, en mongol, *Altoun Khan*) pour
un nom propre, et porte : *un re chiamato Dor* (2ᵉ livre, ch. xxxi).

---

(1) Florence, 1827, 2 vol. in-4°, t. I, p. xii-
xiv.

(2) Édition de la Société de géographie, chapitre 145, p. 161. Notre rédaction porte : « Et
vous conterons de *la très*-noble cité de Saianfu. »

(3) « Il codice Pucciano (cartaceo del secolo
XIV) dice : « Io quale (Castello) fe fare *Jadis*

uno re. » La voce *jadis*, che significa : *già un*
tempo, e che è presta francese, dimostra sempre
più che *Il Milione di Marco Polo* fù *dettato in*
francese, e che il transcrittore del codice Pucciano ritoccò la versione sull'originale francese. »
(*Il Milione di Marco Polo*, t. I, p. 98.) Voir
notre texte, p. 355

MM. Paulin Paris (1), d'Avezac (2), Hugh Murray (3), Thomas Wright (4), Vincenzo Lazari (5) ont aussi fourni des preuves en faveur de l'*antériorité* de la rédaction française sur toutes les autres. On en trouvera de nombreuses et de nouvelles preuves dans l'édition que nous publions. Nous n'en rapporterons ici qu'un seul exemple, mais frappant. Au ch. CLIX (p. 613) il est dit dans notre texte qu'un roi du Maabar avait autour de lui « plusieurs barons »

(1) *Bulletin de la Société de Géographie de Paris*, t. XIX, année 1833, p. 23 à 31. — *Nouveau Journal asiatique*, t. XII, année 1833, p. 244-254.

(2) *Recueil de Voyages et de Mémoires de la Société de Géographie de Paris*, t. IV, ann. 1839, p. 408-409.

Dans le *Bulletin de la Société de Géographie de Paris*, du mois d'août 1841, M. d'Avezac, dans un article intitulé : *Un mot sur la langue en laquelle a été écrite la relation originale de Marc Polo* (p. 117 à 120), après avoir rapporté les raisons données par Baldelli Boni et M. Paulin Paris à l'appui de leur opinion que le Livre de Marc Pol avait été primitivement rédigé en français, en donne lui-même une nouvelle preuve qui est péremptoire. Il cite une autorité presque contemporaine, celle de Jehan le Long d'Ypres, abbé de Saint-Bertin, extraite de sa Chronique imprimée au troisième volume du *Thesaurus novus Anecdotorum* (de dom Martène et de dom Ursin Durand), où, dans un chapitre intitulé : *de Legatis Tartarorum ad Papam missis*, il est dit : « Nuntii qui venerunt erant duo cives Venetiarum, nomine dominus Nicolaus Pauli et frater ejus dominus Maffeus Pauli, » etc. Et : « Dominusque Nicolaus Pauli filium suum, viginti vel circiter annorum, juvenem aptum valde, nomine Marcum Pauli secum adduxit ad Tartaros: » Ensuite : « Marcus Pauli cum imperatore retentus, ab eo *miles* effectus, sed et cum eo mansit spatio viginti-septem annorum; quem Chaam, propter suam habilitatem in suis negotiis, ad diversas Indiæ et Tartariæ partes et insulas misit, ubi illarum partium multa mirabilia vidit, de quibus postea LIBRUM IN VULGARI GALLICO COMPOSUIT, quem librum mirabilium cum pluribus similibus penes nos habemus. »

Les autres ouvrages du genre de celui de Marc Pol, que Jehan le Long dit *avoir en sa possession*, avec celui de Marc Pol, étaient sans doute ceux qu'il traduisit lui-même du latin en françois, pour les joindre à celui de Marc Pol *rédigé en françois*, comme il le dit très-positivement. Ces ouvrages sont :

1° Le *Traité de Hayton*, écrit en latin en 1310, puis « translaté du latin en françois, par « frère Jehan le Lonc, dit et né de Ypres, moyne « de l'abbaye de Saint-Bertin, en Saint-Omer, « en l'an de l'incarnation mil III.C.LI (1351). »

2° « *Itinérance de la peregrinacion de frere Ricult* (Ricold de Monte-Croce), translaté en l'an de grâce 1350; » par le même.

3° La *Relation du frère Oderic de Frioul*, « ce livre faiz en latin l'an de grâce 1330, et translatez de latin en françois, » par le même, en l'an de grâce 1351.

4° Le *Traicté de la Terre-Sainte et de l'Égypte*, etc., par Guillaume de Bouldeselle, en l'an de grâce 1336, et « translatez » par le même, en l'an de grâce 1351.

5° *Lettres de l'Empereur souverain des Tartres* (Tartares), « translatées de latin en françois » par le même, en l'an de grâce 1351.

6° *De l'estat du gouvernement du grant Caan*, par le même. Tous ces ouvrages sont réunis à la suite de Marc Pol, dans le magnifique manuscrit donné par Jehan, duc de Bourgogne, à Jehan, duc de Berry, dont nous nous sommes servi pour notre édition, et que nous avons coté B. Plusieurs de ces traités ont été imprimés dans *L'Histoire merveilleuse, plaisante et récréative du grand empereur de Tartarie, Seigneur des Tartres* (Tartares), *nommé le grand Caan*, etc., Paris, 1529, in-4° gothique.

(3) *The Travels of Marco Polo*, Édimbourg, 1844, p. 28-29.

(4) *The Travels of Marco Polo*, Londres, 1854. Introduction, p. 24 et suiv.

(5) *I Viaggi di Marco Polo*, descritti da Rusticiano di Pisa, tradotti per la prima volta d'*all'* originale francese ; Venezia, 1847, p. XXII-XXVIII.

qui s'appelaient » feels du Seigneur » lesquels, à la mort du roi, se jetaient sur le bûcher, pour mourir également et le suivre en l'autre monde. Le texte de la Société de géographie porte aussi : *feoilz dou Seingnor*. Les auteurs des premières versions italiennes, latines et autres, ayant cru que le vieux mot français *feoilz* ou *féels* signifiait *fils*, l'ont traduit dans ce sens, tandis qu'il signifie *féaux, compagnons dévoués à la vie et à la mort* (voir notre Commentaire, p. 614). Et dans toutes ces *versions*, prétendues *originales*, il est dit qu'après la mort du roi, tous ses *fils*, en quelque nombre qu'ils soient, se *brûlent* aussi sur un bûcher, excepté l'aîné qui doit régner ; ce qui est absolument contraire et au sens du texte, et au fait historique rapporté par Marc Pol ; nous ajouterons même, à la nature des choses.

Le texte que nous publions aujourd'hui peut donc être considéré comme le seul texte véritablement authentique de Marc Pol, puisque c'est celui qui fut donné en 1307, à Venise, par Marc Pol lui-même à Thiébault de Cépoy, ainsi que le constate le préambule placé en tête de notre édition.

Cette pièce importante pour l'histoire du *Livre de Marc Pol* ne se trouve dans aucune rédaction de ses voyages publiée jusqu'à ce jour ; elle n'existe, à notre connaissance, que dans deux manuscrits : l'un qui appartient à la Bibliothèque impériale de Paris (1), et l'autre (qui paraît en être la copie), à la Bibliothèque de la ville de Berne. Ce dernier provient de Bongars, le célèbre auteur du livre intitulé : *Gesta Dei per Francos*. Mais dans le manuscrit de Berne, ce préambule, qui est en tête de celui de Paris, se trouve placé à la fin.

En dégageant les faits du style un peu embarrassé du préambule, qui est comme un certificat d'origine, on y voit 1° que la *rédaction française* du livre de Marc Pol, jointe à cette pièce, fut donnée par Marc Pol à Thiébault de Cépoy, à Venise même, en l'année 1307 ; — 2° que ce n'était pas une *traduction*, mais une *copie*, et même la *première* donnée par Marc Pol, depuis la rédaction de son livre, (*puis qu'il l'eut fait*) pour être offerte en son nom à Charles de Valois, fils de Philippe le Hardi et frère de Philippe le Bel, dont Thiébault de Cépoy était le représentant à Venise ; — 3° que cette *première copie* donnée par Marc Pol à Thiébault de Cépoy fut apportée par lui en France, mais ne fut pas remise à Charles de Valois par lui-même ; — 4° que ce fut son fils aîné Jehan, qui donna à Charles de Valois

---

(1) Notre Ms. coté C. Ce Ms. ayant été copié à une date relativement éloignée de celle de nos deux premiers Mss. devait, plutôt que ceux-ci, porter avec lui son certificat d'origine.

la *première copie faite en France* de la *copie originale* faite à Venise (1), et donnée par Marc Pol à Thiébault de Cépoy; — 5° que sur la *première copie originale de Venise*, Jehan de Cépoy, après en avoir donné une *première copie faite en France*, à Charles de Valois, en donna ensuite d'autres *copies* à ceux de ses amis qui les lui demandèrent; — 6° que la *copie originale* de Venise, la *première de toutes*, donnée par Marc Pol lui-même, était restée entre les mains de Jehan de Cépoy, et lui servait à en faire des *copies* pour ses amis. Cette copie *originale* ne peut être le manuscrit publié par la Société de Géographie; la *mention de son origine* y serait indiquée comme elle l'est dans notre rédaction, qui, d'ailleurs, ne peut en être une *copie*.

Il résulte aussi de là que la *rédaction française* du *Livre de Marc Pol*, dont l'origine est ainsi constatée, doit être considérée comme la seule rédaction véritablement *authentique* que l'on possède. Toutes les autres : soit celle qui a été publiée en 1824 par la Société de Géographie de Paris, et que l'on considère comme la plus ancienne, et même comme la rédaction de Rusta Pisan, à la barbarie et à l'étrangeté du style; soit les anciennes rédactions (ou plutôt *versions*) latines et italiennes, ne sont que des rédactions et traductions plus ou moins fidèles, qui n'ont pas, et ne peuvent avoir l'autorité incontestable de la rédaction française qui a servi à notre édition.

On a donc lieu de s'étonner que cette même rédaction n'ait trouvé jusqu'ici, depuis cinq siècles et demi, dans ces *nobles parties de France* (où Marc Pol était si flatté de voir porter, par Thiébault de Cépoy, la *première copie* de son Livre rédigé en français), aucun éditeur pour répondre au vœu du célèbre voyageur. Nous avons entrepris de réparer cet injuste oubli, en publiant une édition française de cette même rédaction, d'après trois manuscrits inédits dont nous donnons ci-après la description. Le texte français de ces manuscrits, que nous publions aujourd'hui et qui peut être considéré comme un des monuments les plus curieux de notre vieille et naïve langue française, est accompagné, dans notre édition, des *variantes* principales de ces trois manuscrits inédits, et d'un *Commentaire géographique et historique* étendu, tiré en grande partie des écrivains orientaux, principalement des historiens chinois. Cette *première édition* du texte français original du Livre de Marc Pol donné par lui-même, sera digne, nous l'espérons, et du célèbre voyageur vénitien, et de cette *noble France*, comme

(1) « *Bailla la première coppie de ce livre qui oncques fut faite, puis que il fut apporté ou* royaume de France, à son très chier et très redouté Seigneur Monseigneur de Valois. »

il l'appelle, dont la langue naissante était déjà si belle et si répandue en Europe qu'il la préféra à toute autre pour faire rédiger sous sa dictée, par Rusticien de Pise, ce livre extraordinaire, qui fut nommé alors : *le Livre des merveilles du monde.*

Le fait d'une rédaction française du Livre de Marc Pol, au lieu d'une rédaction italienne ou latine, quoique reconnu sans réserve par les écrivains les plus intéressés à le contester s'il n'était pas démontré péremptoirement, est encore aujourd'hui même admis avec quelques difficultés parmi nous, qui devrions être les premiers à nous en glorifier. On se demande comment un Vénitien, qui revenait du fond de la Tartarie où il avait passé de nombreuses années, et qui n'avait jamais été en France, aurait pu écrire son voyage en français, au lieu de le rédiger ou faire rédiger en italien, sa langue maternelle, qu'il n'avait pas dû complétement oublier. Indépendamment de la circonstance historique qui donna à Marc Pol, retenu dans la prison de Gênes, pour compagnon d'infortune Rusta Pisan, ou Rusticien de Pise, l'auteur d'une rédaction des *Chevaliers de la Table Ronde* (1), et

(1) « Ce Rusta Pisan, ou Rusticien de Pise, dit M. Paulin Paris (dans une *Notice sur la relation originale de Marc Pol,* lue à l'Académie des Inscriptions et Belles-Lettres, en 1833, et reproduite en extrait dans le *Journal asiatique* de septembre 1833, p. 244-252) « est un nom recommandable dans l'ancienne littérature française. Quelques années auparavant (c'est-à-dire avant 1298), il avait compilé et réuni, en les abrégeant, toutes les histoires de la *Table ronde* disséminées jusqu'alors dans le *Saint-Graal,* le *Tristan,* le *Merlin,* le *Lancelot* et le *Brut.* Ce grand travail nous donne de Rusticien de Pise l'idée d'un homme habile dans les secrets de la langue romane française. Le préambule de cette compilation mérite d'être cité. » M. Paulin Paris cite, en effet, ce préambule ou exorde sur lequel semble avoir été calqué celui de la rédaction de Marc Pol, publié par la Société de Géographie de Paris, en 1824. Ce même préambule n'existe pas dans notre rédaction; et ce fait vient encore corroborer ceux que nous avons déjà exposés pour prouver que notre rédaction a été *revue* et *corrigée* par Marc Pol lui-même, ce préambule devant blesser sa modestie. Le même Rusticien de Pise, qui fut, dans la prison de Gênes, le secrétaire de Marc Pol, avait rédigé en français les romans de chevalerie imprimés depuis, en France, sous les titres suivants :

1° GYRON LE COURTOIS, *avecque la devise des armes de tous les chevaliers de la Table ronde.* — Imprimé à Paris pour Anthoine Vérard, marchant libraire demourant à Paris près le petit pont devant la rue neufve nostre Dame... (*sans date*). In-fol. gothique à 2 colonnes, fig. en bois. — Un ex. mar. r. fil. tr. d., rel. anc., provenant du duc de Roxburgh, a été acheté à la vente du prince d'Essling (en 1847, n° 164), 950 francs. — Un autre ex. du même ouvrage, aussi de cette première édition, n° 1123 du Catal. A. Bertin, a été vendu 630 fr. en 1854. — Une autre édition d'une date plus récente, imprimée à Paris, en 1519, par Michel le Noir, a été payée à la vente du prince d'Essling, 355 francs (n° 166).

2° MELIADUS DE LEONNOYS. Ensemble plusieurs autres nobles proesses de chevalerie faictes par le Roy Artus, Palamedes, etc. Galliot du Pré, Paris, 1518, in-fol. gothique, à 2 col., fig. en bois. — Un ex. de cette édition, n° 167 du Cat. du prince d'Essling, a été vendu 450 fr. — Un ex., n° 168, d'une édition de 1532, in-fol. à 2 col., a été vendu 320 fr.

Il est bon de remarquer, toutefois, que les deux ouvrages de Rusticien de Pise ne sont pas, pour *le style,* dans les éditions imprimées, conformes

d'autres romans écrits par lui en français de son temps, on pourrait répondre avec Brunetto Latini : « Et se aucuns demandoit por quoi cist livres « est escriz en romans, selon le langage des François, puisque nos somes « Ytaliens, je diroie que ce est por .ij. raisons : l'une, car nos somes en « France ; et l'autre *porce que la parleure est plus delitable et plus commune* « *à toutes gens* (1). »

Un autre auteur italien, Martino da Canale, qui vivait aussi dans le treizième siècle, écrivit en français une Histoire de Venise (dont le manuscrit existe à Florence) ; et la raison qu'il en donne était : « Pour ce que « la langue françoise *cort parmi le monde et est plus délictable à lire et à* « *oïr que nulle autre* (2). »

Effectivement, à l'époque en question, la langue française était la plus répandue de toutes les langues européennes ; celle dans laquelle la plupart des romans de chevalerie, si recherchés alors, étaient écrits. Mais cette langue se partageait en deux idiomes, la « langue d'oc » dans le midi, et la « langue d'oïl » dans le nord. « La grandeur croissante de la France, « dit M. Duruy (3), donna à son idiome la prépondérance. Nos Normands le « portèrent dans l'Italie méridionale où il ne prévalut point, et en Angleterre « où il s'établit pour trois siècles ; nos croisés partout. Il devint la langue de « la législation ; c'était celle des *Assises*, ou lois du royaume de Jérusalem « et des établissements de saint Louis. Villehardouin, l'historien de la « quatrième croisade ; Joinville, le biographe de saint Louis, l'avaient déjà « écrit, et nous lisons encore leurs histoires. »

Mais quel était ce Rusticien de Pise qui aurait rédigé en français le Livre de Marc Pol, sous sa propre dictée, en 1298, dans la prison de Gênes, comme il est dit dans le Prologue du texte (p. 4 de notre édition) ? Tout ce qu'on sait sur lui, c'est qu'il aurait rédigé ou compilé les deux romans de chevalerie ci-dessus cités. Mais, s'il faut s'en rapporter à M. d'Israëli, Rusticien de Pise aurait été un écrivain célèbre en son temps, et distingué spécialement par le patronage des rois d'Angleterre. Henry III lui aurait donné en jouissance deux châteaux (4), après sa compilation des Chevaliers

aux *copies manuscrites* que l'on en possède. Dans celles-ci le style est beaucoup plus barbare et d'un français inculte comme le texte de Marc Pol publié par la Société de Géographie de Paris.

(1) Éd. Chabaille, p. 3. Paris, 1863, 1 vol. 4°.

(2) Voir Génin : *des Variations de la langue française.* Introduction, p. 30.

(3) *Histoire du moyen âge*, p. 345.

(4) *Amenities of litterature*, vol. I, p. 103. Édition Baudry. Voici le passage en question :

« Our Henry the Third was a prodigal patron of these Anglo - Norman poets. This monarch awarded to a romancer, RUSTICIEN DE PISE, who has proclaimed the regal munificence to the

de la Table Ronde (1), qui remonterait ainsi à une date antérieure à celle de la mort de Henry III, arrivée le 16 novembre 1272. Le second ouvrage de Rusticien de Pise : *Méliadus de Léonnoys*, aurait été, selon la Préface, composé à la demande expresse d'Édouard I, successeur de Henry III. Ces deux compositions auraient donc précédé de plus de vingt ans la rédaction dans la prison de Gênes du Livre de Marc Pol ; et on ne peut que trouver très-naturel ce fait, au premier abord étrange et singulier, que le compilateur et le rédacteur si renommé alors de plusieurs romans de chevalerie, ayant appris (peut-être en Angleterre, dans un de ces châteaux que lui avait si gracieusement offerts Henry III), le retour en Europe de Marc Pol, ait eu aussitôt le désir d'entrer en rapport avec cet autre chevalier des grandes aventures, qui devait en connaître de bien plus grandes encore, et lui ait offert de les rédiger sous sa dictée, dans la *langue de la Chevalerie* la plus connue et la plus répandue alors en Europe. On est même obligé de convenir que la rédaction originale, primitive, du Livre de Marc Pol, dans une toute autre langue, et dans les conditions données, serait presque invraisemblable.

§ 4. *Deux rédactions françaises du Livre de Marc Pol ; différence de la langue de ces deux rédactions.*

Le style du compilateur pisan, a dit M. Paulin Paris(2), ressemble à celui des bons auteurs français du même temps, comme aujourd'hui la prononciation naturelle d'un Allemand, d'un Anglais, d'un Italien, peut rappeler celle d'un bourgeois de Paris ou de Blois. Rusticien est en lutte continuelle avec nos habitudes grammaticales ; il ne distingue ni sujet ni régime dans les noms ; il mêle, dans les verbes, les temps et les modes ; il prend le change sur le sens de certaines locutions communes aux deux langues, mais qui ne présentaient pas le même sens dans l'une et dans l'autre. Enfin, le français du quatorzième siècle était clair, harmonieux, énergique ; Rus-

---

world, a couple of fine « chasteaux » which I would not, however, translate, as has been done, by the English term « castle »... Who this *Rusticien de Pise* was, one can not be certain ; but he was one of a numerous brood, who stimulated by « largesses » and fair « chasteaux » delighted to celebrate the chivalry of the British Court, to them a perpetual fontain of honour and preferment. ▪

(1) Publiée sous le titre de *Gyron le Courtois*, et où se trouve l'apostrophe en forme d'exorde répétée dans le prologue de Marc Pol de la rédaction attribuée au même auteur.

(2) *Nouvelles Recherches sur les premières rédactions du Voyage de Marco Polo*, lues à la séance publique des cinq Académies, le 25 octobre 1850.

ticien en a fait un langage irrégulier, dur et grossier, qui réduisait même les lecteurs de son temps à deviner dans ce qu'il disait ce qu'il avait voulu dire (1).

« Nous exprimerons donc un regret : c'est que les savants et estimables membres de la Société de Géographie, éditeurs de la relation française de Marco Polo, préoccupés du désir de publier le texte le plus ancien, aient préféré ce travail de Rusticien de Pise à une *seconde rédaction* moins ancienne, de sept ou huit années, mais non moins authentique, non moins autorisée par le grand voyageur ; d'ailleurs *offrant le mérite d'une forme élégante, dégagée de toutes les obscurités qui défigurent le premier travail.* »

On a déjà vu précédemment l'histoire de cette *seconde rédaction* donnée par Marc Pol lui-même, en 1307, à Thiébault de Cépoy qui se trouvait alors à Venise comme l'envoyé de Charles de Valois, comte d'Artois, et frère de Philippe le Bel, marié à l'impératrice titulaire de Constantinople, Catherine de Courtenay. « Thiébault de Cépoy était à Venise en 1305 (dit aussi M. Paulin Paris), comme le prouvent des actes authentiques (2). » Il y séjourna donc plusieurs années ; et ce fut pendant ce séjour d'au moins deux ans, qu'ayant formé des relations avec le grand voyageur dont la réputation ne pouvait manquer de lui être connue, la pensée vint à Marc Pol de lui offrir une copie de son Livre pour le présenter de sa part à Charles de Valois. C'est sans doute alors, et sous les yeux de Marc Pol, que se fit la *nouvelle rédaction*, dans le langage choisi de la cour française du temps, qui devait être familier à l'envoyé du frère de Philippe le Bel. « Les phrases « obscures, dit à ce sujet M. Paulin Paris (3), et les contradictions nées de la « rapidité d'une première rédaction furent même soumises à la décision sou- « veraine de Marco Polo, et c'est ainsi que fut établi le *deuxième texte*, que « l'on pourrait dire, à la façon moderne, *revu, corrigé par l'auteur*, et entiè- « rement purgé des fautes de la première rédaction. Il est du moins certain « que ce texte est écrit d'un style très-net et très-facile, qu'il n'a pas été pu- « blié et qu'il mériterait grandement de l'être. »

---

(1) Nos lecteurs pourront juger eux-mêmes du style des *deux rédactions* du Livre de Marc Pol : celle de Rusticien de Pise ou de *Gênes*, et celle donnée par Marc Pol lui-même à Thiébault de Cépoy, ou *de Venise*, en lisant les passages que nous avons cités dans notre commentaire et les *chapitres historiques supplémentaires* de la première rédaction, que nous avons reproduits

(p. 740-764) à la suite des chapitres contenus dans la seconde rédaction.

(2) Nous tenons de M. Paulin Paris que ces actes authentiques sont des *chartes* et autres documents conservés au dépôt des manuscrits de la Bibl. imp. de Paris.

(3) *Lieu cité.* Les faits rapportés ci-dessus sont sans doute puisés aux mêmes sources.

C'est ce texte, *revu et corrigé par l'auteur,* que nous avons entrepris de publier en y ajoutant les éclaircissements de toute nature que nous avons été à même d'y joindre.

M. Paulin Paris dit encore, en terminant sa lecture : « Pour nous « résumer en quelques mots, Marco Polo, citoyen de Venise, dicta, en 1298, « la première relation de ses voyages à Rusticien de Pise, abréviateur déjà « célèbre des longs récits français de la Table Ronde. Rusticien rédigea la « dictée de Marco Polo en français ; huit ans plus tard, en 1307, Thiébaud « de Cépoy reçut de Marco Polo une relation des mêmes voyages *plus correcte, revue par lui-même* ; et toutes les autres rédactions latines, véni- « tiennes ou toscanes, sont des copies ou des abrégés du travail de Rusticien « de Pise, ou du texte de Thiébaud de Cépoy. »

Nous n'ajouterons que peu de mots à ces paroles d'un homme aussi versé que M. Paulin Paris dans la connaissance de notre ancienne littérature et des manuscrits du moyen âge. Nous dirons seulement que nous avons acquis la conviction profonde, dans le cours de notre long travail sur le Livre de Marc Pol, que notre rédaction, en la comparant à celle publiée par la Société de Géographie de Paris, porte sur beaucoup de points (que nous avons plusieurs fois signalés dans notre commentaire) des traces évidentes d'une révision de Marc Pol, et de modifications que lui seul pouvait opérer. Il y a un chapitre même (le XCIII^e, p. 311 de notre édition) qui manque totalement, excepté le commencement, dans le texte de la première rédaction publiée par la Société de Géographie, lequel chapitre ne peut être, dans aucun cas, l'œuvre d'un copiste. D'autres sont transposés et groupés différemment comme les ch. CLXXIV et CLXXVIII, sur Ceylan, qui n'en forment qu'un : le CLXVIII^e, dans notre rédaction. Nous dirons encore que des trois manuscrits en écriture gothique de la *seconde rédaction* du Livre de Marc Pol que possède la Bibliothèque impériale de Paris, désignés déjà précédemment (p. LXXXIV), celui que nous avons suivi de préférence et que nous avons pris pour base de notre édition (en donnant toutefois en notes, dans la plupart des cas, les *variantes* des deux autres), c'est le plus ancien des trois, celui auquel la signature encore visible de Jehan, duc de Berri, donne une date certaine. C'est aussi le plus correct, celui, chose surprenante, dont l'orthographe, dans la plupart des cas, se rapproche le plus de celle de nos jours et lui est quelquefois identique ; tandis que les autres, surtout le troisième (*coté* C), qui est plus moderne, lui est bien inférieur sous le rapport de la correction et même du style. Gustave Fallot, qui avait su démêler avec tant de sagacité et de pénétration les lois ainsi que les formes caractéristiques de notre ancienne langue française, et n'avait connu que ce seul manuscrit de Marc Pol (1), le juge bien (2), en disant que « ce « manuscrit est fautif, et que le langage paraît être du commencement du « quatorzième siècle. » Il ajoute, « qu'il est très-visiblement traduit de « l'italien (c'est une erreur), ce qui tranche fort nettement dans un langage « qui est de Normandie, ou tout au moins de Picardie occidentale, avec « empreinte de Normand. »

Ce qui put faire croire à G. Fallot que ce manuscrit de Marc Pol était *traduit de l'italien*, c'était l'opinion que l'on avait alors (et que l'on a généralement encore) que la rédaction originale du Livre de Marc Pol avait été faite en *italien*, tandis que c'est le contraire qui est la vérité. Seulement, comme le rédacteur de ce même Livre était *Italien* d'origine, ainsi que l'auteur même qui dut dicter le contenu du Livre, il s'était glissé naturellement dans sa rédaction française une foule de locutions et de tournures italiennes, dont la *seconde rédaction*, celle que nous publions, est loin d'être complétement dégagée. Mais si Fallot avait connu notre ancien manuscrit (*coté A*) et même le second (*coté B*), qui est à peu près de la même époque, il en eût porté un tout autre jugement.

§ 5. *Description des manuscrits du Livre de Marc Pol qui ont servi pour cette édition.*

1° Manuscrit coté A. Bibliothèque impériale, anc. 10,260. — FR. 5,631. In-folio vélin, de 87 feuillets.

Ce manuscrit, d'une écriture gothique fort belle, à deux colonnes, a pour titre : *Marc Pol, Du Devisement du Monde.* Il ne renferme que deux miniatures : l'une, au folio 3 *verso*, représente l'Empereur Khoubilaï-Khaân dans un pavillon porté par 4 éléphants, et allant en chasse avec ses « grant barous » ; l'autre, au folio 8 *verso*, représente la lutte de la fille du roi *Caïdou* avec un des princes mongols aspirant à sa main, décrite dans le ch. cxcvi (p. 727). Il porte au bas de la première page du texte l'*Ecusson de France* (trois fleurs de lis d'or sur fond d'azur), peint posté-

---

(1) Manuscrits français, n° 10,270ª ; auj. FR. 6549.

(2) *Recherches sur les formes grammaticales de la langue française et de ses dialectes au treizième siècle.* Paris, 1839, p. 465, ouvrage posthume.

rieurement aux enluminures ; et au dernier feuillet (numéroté 87), à la fin
du texte, il portait la mention suivante encore lisible quoique effacée au
grattoir : Ce Livre est au Duc de Berry; et, au dessous, la signature avec le
paraphe bien connu de : Jehan.

2° Manuscrit B. Bibliothèque impériale. Anc. 8,392 ; — FR. 2,810.
Magnifique manuscrit, grand in-folio vélin, de 0^m,42^c de hauteur, et 0^m,30^c
de largeur. Il comprend 299 feuillets de beau vélin blanc, avec beaucoup de
miniatures, plus 4 feuillets vélin blanc sans écriture, au commencement,
et 3 à la fin. On lit sur le dernier feuillet blanc, de garde, en lettres gothiques, de la même écriture que le corps du manuscrit :

« En ce Livre a III C.X. feuilles ; istoires (*miniatures*) : II CLXVI.

On lit en tête, de la main et de l'écriture fantasque de Nicolas Flamel,
les lignes suivantes :

« Ce Livre Est Des Merveilles Du Monde. C'est assavoir De La Terre Saincte. Du
Grant Kaan, Empereur Des Tartors Et Du Pays D'Ynde ; Le Quel Livre JEhan Duc
de Bourgoingne Donna A Son Oncle Jehan Filz De Roy de France, Duc de Berry Et
D'auviergne, Conte de Poitou, D'estampes, de Bouloingne, et D'auvergne. Et Contient
Ce dit Livre, Six Livres ; C'est assavoir : Marc Pol. Frère Odric de l'ordre des Frères
Meneurs. Le Livre fait à La Requete Du Cardinal Caleran de Pierregort. L'Estat du
Grant Kaan. Le Livre de Messire Guillaume de Mandeville. Le Livre de Frère JEhan
Hapton de L'ordre de Premonté. Le Livre de Frère Bieul De l'ordre des Frères Prescheurs.
Et Sont en ce dit Livre : Deux cens Soixante six Histoires (*miniatures*). »

(Signé) N. Flamel.

Ces deux précieux manuscrits, qui comprennent la même rédaction
française du Livre de Marc Pol, et qui ne diffèrent entre eux que dans quelques formes orthographiques des mots, appartenaient effectivement tous
deux à Jehan, duc de Berry, comme le portent la mention raturée du premier, et la note du fameux Nicolas Flamel, placée en tête du second. On lit
en outre dans le *Catalogue de la Librairie du Duc de Berry*, *au Château
de Mehun sur Yèvre, en* 1416, publié par M. Yver de Beauvoir (1) :

N° 116. « Un Livre, appelé *Marc Pol*, en françois, escript de lettres de
« fourme (*gothiques*) historié (*enrichi de miniatures*) et richement enlu-

_____

(1) Paris, Aubry, 1860.

« miné, couvert de satin vermeil figuré empraint, à deux fermoers d'argent
« doré, armoyés aux armes de Mons. de Bourgogne, cloués de quatre
« clous dorés. 125 livres (*taux de l'estimation d'alors*). »

— C'est notre manuscrit B.

Nº 117. « Un autre petit livre appelé *Marc Pol, du Devisement du Monde*,
« escript en françois de lettres de fourme ; et au commencement du second
« feuillet, après la premiere histoire (*miniature*), a escript : *Fist retrere* ;
« couvert de cuir vermeil empraint, à deux fermoers de laiton. 6 livres
« 5 sols. »

— C'est notre manuscrit A, dont le second feuillet commence effectivement par les mots « : *fist retrere* (*retracer, rédiger*) par ordre (*dans un
ordre méthodique*) à Messire Rusta Pisan, etc. » (Voir notre édition, p. 4.)

3º Manuscrit C. Bibliothèque impériale. Anc. 10,270; FR. 5,649. Petit
in-4º, vélin. Il porte sur un des premiers feuillets de garde : «*Cod.* cxxxv. »
Puis cette mention en bas : « Des Mss. de Mgr l'archevêque de Reims (1)
37. »

Ce manuscrit, comme l'avait bien jugé Gustave Fallot (*lieu cité*), est très-
incorrect, sous le rapport du style. Trompé par la notoriété qu'on lui avait
donnée, en laissant les deux autres dans l'oubli, nous l'avions d'abord entièrement copié pour le publier, lorsque, en voulant le collationner avec les
manuscrits A et B, nous nous aperçûmes que ces deux derniers, quoique
plus anciens, et d'un style en apparence plus vieilli, lui étaient de beaucoup
supérieurs ; ce qui nous fit recommencer complétement notre tâche.

Les faits authentiques, rapportés ci-dessus, donnent à nos deux premiers
manuscrits (A et B) une date certaine (celle de 1416, qui est celle de la
mort de Jehan, Duc de Berry), *au-dessous* de laquelle on ne peut pas les placer. Mais le second (que nous avons coté A), porte des marques évidentes
d'une plus grande ancienneté que le premier (coté B). Celui-ci n'en est cependant pas une copie, car, dans le manuscrit A, il y a une *lacune* de *six*
chapitres (les ch. cxliv—cxlix) au milieu du folio 50 *recto*, laquelle lacune
n'existe pas dans le manuscrit B, plus moderne. Ce dernier a donc été copié
sur un autre manuscrit, resté inconnu (2).

---

(1) Maurice Le Tellier, frère puîné de Lou-
vois, mort en 1710.

(2) On lit dans une *note* en écriture moderne
ajoutée au ms. B. : « Ce beau volume doit avoir
« été exécuté de 1404, époque de l'avènement de

« Jean Sans-Peur, à 1417 (*lisez* 1416), date de la
« mort du duc de Berry. Voyez la miniature
« frontispice de la Relation de Hayton où le duc
« de Berry est représenté recevant le volume
« dans une salle dont la porte est ornée de l'écu

Le manuscrit A paraît avoir fait partie de la Bibliothèque de Charles V, puisque, comme nous l'avons déjà dit, il porte au bas de la première page du texte l'*Écu de France*, que ce prince ami des lettres, l'élève de Nicolas Oresme, faisait peindre sur les ouvrages dont se composait son cabinet. La possession de ce manuscrit, comme celle du manuscrit B, par Jehan, duc de Berry, était utile à constater. Tous les deux ne comprennent pas le *Préambule* ou *Certificat d'origine*, comme nous l'avons dit précédemment, qui se trouve en tête du manuscrit C, et à la fin de celui de Berne qui n'en est qu'une copie. Mais ce fait ne peut pas les faire considérer comme n'appartenant pas à la *seconde rédaction* du Livre de Marc Pol; cette omission, jointe à leur ancienneté plus grande bien constatée, serait même une preuve qu'ils sont une *copie directe*, et sans intermédiaire, de l'original rapporté de Venise, conservé sans doute dans la famille de Thiébault de Cépoy, et qu'ayant été destinés à être offerts à de grands personnages par l'aîné des fils de Thiébault, celui-ci n'avait pas besoin d'y joindre ce même certificat d'origine, placé en tête de notre manuscrit C, provenant de l'Archevêque de Reims, mort en 1710, et qui en est une copie bien plus moderne.

Nous devons ajouter ici que l'on ne trouvera, dans le texte de notre édition, aucun mot, aucune forme de mots même qui ne se rencontrent dans nos manuscrits (principalement dans les manuscrits A et B). Ainsi, dans le manuscrit A, on lit toujours *conter*, *conteray*, tandis que, dans le manuscrit B, on lit aussi toujours *compter*, *compteray* (pour *narrare*); nous avons suivi avec toute raison la leçon du premier Ms. comme étant conforme à l'usage et, de plus, à l'étymologie.

Le manuscrit A porte partout *idles* et le manuscrit C *ydres*, là où le manuscrit B porte *ydolastres* ou *idolastres*; ici, c'est la leçon du second manuscrit que nous avons préférée. Il en est de même pour *sachies*, écrit ainsi dans

« de Bourgogne. L'artiste était flamand, comme « on peut en juger par la devise flamande d'un « grand nombre de vignettes. »

On lit aussi dans le même volume à la fin de la transcription de la *Relation de Hayton* (*fol.* 267) écrit en lettres gothiques à l'encre rouge :

« Cy fine le livre des Hystoires des parties d'O- « rient compilé par religieux homme frère Hay- « ton, frère de l'ordre de Premonstre, jadis sei- « gneur de Core, cousin germain du roy d'Arme- « nye, sur le passaige de la Terre Sainte, par le « commandement du souverain père, Nostre

« Seigneur l'Apostole Clement quint, en la cité « de Poytiers; lequel Livre, je Nicole Falcon « *escrips premierement en françois*, si comme « ledit frère Hayton le ditoit de sa bouche, sans « note ne exemplaire; et *de romans le translatay* « *en latin*, en l'an nostre Seigneur M.CCC. sept, « ou mois d'aoust. *Deo Gratias.* »

C'est cette *première rédaction française* du Livre de Hayton qui est transcrite dans le volume, laquelle diffère beaucoup de celle qui fut ensuite faite sur la *traduction latine* du même Nicolas Falcon.

le manuscrit A, et *sachiez*, avec un *z* final, dans le manuscrit B. Cependant on trouve quelquefois cette dernière forme dans le manuscrit A (V. fol. 71). On y trouve aussi les formes *hommes, mais, maison, draps, beau*, comme dans le manuscrit B, mais rarement ; les formes ordinaires sont *homs, mès, mèsons, dras, biau* ; nous avons cru pouvoir conserver partout les premières formes, comme étant les mêmes que celles de nos jours, et parce qu'elles sont ordinaires dans le manuscrit B. Nous avons conservé, cependant, du manuscrit A, des formes archaïques rationnelles, qui constatent l'ancienneté de la rédaction et l'époque où les lois grammaticales étaient mieux observées qu'elles ne le furent à une date postérieure. Nous en avons signalé plusieurs dans notre commentaire. Mais un fait remarquable du Ms. A, c'est qu'on y trouve presque partout écrit *Tatar*, qui est la véritable orthographe de ce nom, pour *Tartare*, qui en est une altération.

§ 6. *Bibliographie du Livre de Marc Pol.*

Quoiqu'on ait donné jusqu'à ce jour au moins cinquante-six éditions, en diverses langues, du Livre de Marc Pol, toutes ces éditions sont rares et même difficiles à trouver dans le commerce. On peut les classer ainsi par langues : Éditions en langue italienne 23 ; anglaise 9 ; latine 8 ; allemande 7 ; française 4 ; espagnole 3 ; portugaise 1 ; hollandaise 1. Total 56.

Nous nous dispenserons d'énumérer ici chacune de ces éditions, dont Marsden et V. Lazari, dans leurs éditions anglaise (1818) et italienne (1847) de Marc Pol, ont donné la nomenclature. Ces deux éditions, avec celle du comte Baldelli Boni (1827), sont les plus importantes, par les notes qui s'y trouvent jointes. Mais la plupart de ces notes sont ou des hors-d'œuvre ou des dissertations inutiles sur des suppositions erronées.

Nous ne pouvons mieux terminer cette partie de notre Introduction que par les paroles suivantes de M. Walckenaer(1) : « Il ne faut pas s'étonner si la courte relation de Marco Polo a tant occupé les savants. Lorsque, dans la longue série des siècles, on cherche les trois hommes qui, par la grandeur et l'influence de leurs découvertes, ont le plus contribué au progrès de la géographie ou de la connaissance du globe, le modeste nom du voyageur vénitien vient se placer sur la même ligne que ceux d'Alexandre le Grand et de Christophe Colomb. »

(1) *Histoire générale des voyages*, Paris, 1826, t. I, p. 52, et dans sa *Notice sur Marco Polo*.

III. — APERÇU DE L'ÉTAT POLITIQUE DE L'ASIE AU TREIZIÈME SIÈCLE
DE NOTRE ÈRE.

1° *Origine et développement de la puissance mongole.*

L'Asie, au treizième siècle, fut un foyer permanent de guerres et de ré-
volutions sanglantes. Un homme, né au fond de la Tartarie, dans un territoire situé entre les fleuves Onon et Kéroulun, où campait sa tribu, devait
y fonder l'un des plus grands empires qui aient étonné le monde. Cet
homme, c'était *Témoutchin*, nommé ensuite *Tchinghis Khaghán* (ou Dchinghis-Khaân, plus connu en Europe sous le nom de Gengis-Khan) (1). « Le
grand ancêtre (*Taï-tsou*), de la dynastie des Yuen (ou Mongols), dit un
écrivain chinois (2), s'éleva dans les plaines sablonneuses de *Ssö* (au nord-
ouest de la Chine). Les tribus dont il était le chef ne formaient, dans leurs
divers campements, que dix mille familles. Les troupes composant les différentes bannières décidaient des différends. Des magistrats dirigeaient l'administration civile, et appliquaient les châtiments en même temps qu'ils
maintenaient l'ordre dans la communauté.

« Au commencement du règne de Taï-tsoung (Ogodaï, en 1229), on
établit dix circuits (*loù*), et l'on plaça à leur tête des administrateurs expé-
rimentés. Ce souverain choisit pour ministres des lettrés habiles. Ce furent
principalement des fonctionnaires de la dynastie déchue des Kîn qui vinrent
offrir leurs services. C'est pour cela que ces anciens fonctionnaires, à cause
de leur expérience de l'administration, furent employés de préférence comme
fonctionnaires mongols, dans les principales administrations, au commencement de ce règne, et n'eurent point de repos. Ils furent constamment occupés à chercher dans les *Kîng* (les anciens livres sacrés des Chinois) des
règles de gouvernement.

« Chi-tsou (Khoubilaï-Khaân), dès l'instant qu'il fut arrivé à l'empire (en
1264), détermina d'une manière régulière et fixe les attributions des fonctionnaires publics du gouvernement central et des provinces. Ceux qui furent

---

(1) Selon l'*Histoire des Mongols* de Ssanang-
Ssetsen, publiée en mongol avec une traduction
allemande par Isaac-Jacob Schmidt (Saint-Péters-
burg, 1829), Témoutchin serait né en 1162 de
notre ère. Les Annales chinoises le font naître à

la même date et mourir en 1227. Voir Marc Pol,
p. 175-186.

(2) Dans le *Koù kîn yù ti thoù* (*hià kiouan*,
fᵒˡ 19-20) ; nᵒ 627 N. F. des livres chinois de la
Bibl. imp. de Paris.

chargés de l'administration générale furent nommés « Secrétaires d'État, ayant l'examen et la surveillance de toutes les affaires » (*Tchóung - chóu- sing*); ceux qui étaient revêtus de l'autorité supérieure militaire furent nommés : « Directeurs des affaires intimes de l'armée » (*Tchóu-mĭ yoŭen ssé*); ceux qui étaient chargés des promotions et des destitutions furent nommés « Les chefs les plus éminents des Censeurs impériaux » (*Yŭ ssé tháï*); ceux qui venaient en sous-ordre et qui résidaient dans l'intérieur du palais furent les « Eunuques » (*Ssé*), les « Inspecteurs » (*Kián*), les « Chefs de la garde impériale » (*Wéi*). Ceux qui résidaient dans les provinces étaient les « Gouverneurs de provinces » (*Híng sìng*); les « Censeurs en tournées » (*Híng tháï*); les « Commandants des divisions militaires » (*Sioŭen wéi ssé*); les « Directeurs des examens littéraires publics » (*Lién fang ssé*) (1). Ceux qui étaient chargés d'être les « Pasteurs (ou Gouverneurs) des populations » furent nommés du nom de leurs circonscriptions administratives : *Loŭ, Foŭ, Tchéou, Hién* (2). Les fonctionnaires supérieurs étaient Mongols (*Moung- kou jĭn*), et ceux qui venaient en second ordre étaient Chinois (*Hán-jĭn*) et méridionaux (*Nán-jĭn*).

« Au commencement de la dynastie mongole, les officiers supérieurs mi- litaires ayant observé que, dans l'armée, un nombre plus ou moins grand d'individus sans familles (3) étaient devenus des dignitaires titrés, établirent, dans ces dignités, des rangs supérieurs et inférieurs. Celui qui était le « Chef de 10,000 » eut le titre de *Wén hóu* (10,000 *portes ou familles*); celui qui était le chef de 1,000 eut le titre de *Thsiän hóu* (1,000 *portes*); celui qui était « chef de 100 » eut le titre de *Pĕ-hóu* (100 *portes*).

« Du temps de *Chi-tsou* (Khoubilaï), les « Magistrats régulateurs » (*Phŏ siéou kouán*) organisèrent dans la capitale cinq grands Postes ou « Cam- pements militaires », afin de relier entre elles, pour une commune défense, les casernes où logeaient les troupes. Toute l'armée de l'intérieur fut ainsi établie dans des positions fortes. La garde impériale, formée en grande par-

---

(1) Cette dénomination, comme plusieurs au- tres, a été spéciale à la dynastie mongole (voir l'*Inscription* imprimée à la suite du *Livre de Marc Pol, Appendice* n° 8, p. 768 et suiv.). On lit dans une histoire générale de la Chine de Foung tchéou (k. 21, f° 27) : « La 2ᵉ année *ta-te* (1298) à la 1ʳᵉ lune, un édit prescrivit aux *Lien fang ssé* de chaque grande circonscription admi- nistrative de former des hommes de talents pour aider le gouvernement dans le choix et les pro- motions de ses fonctionnaires. »

(2) Comme si nous appelions nos Préfets : *Départements*, nos Sous-Préfets : *Arrondisse- ments*; cet usage existe encore aujourd'hui en Chine. Voir aussi sur l'*Organisation du gouver- nement* de Khoubilaï, Marc Pol, p. 328-335.

(3) C'est-à-dire, « sans familles qui dépendis- sent d'eux », comme parmi les tribus mongoles.

tie de la parenté du souverain mongol, avait constamment des Officiers de ronde envoyés dans les postes pour donner les mots d'ordre.

« Dans les provinces, « 10,000 portes » ou familles étaient placées sous l'autorité et la surveillance d'un « Contrôleur général militaire » (*Tsòung kòuan*); « 1,000 portes » étaient placées sous l'autorité d'un officier militaire inférieur (nommé *Pà tsòung*); « 100 portes » étaient placées sous un chef dirigeant (nommé *Tán-yă*). On établit une « Cour martiale composée de Conseillers privés » (*Tchòu mĭ yuén*) pour avoir la haute direction de tous ces établissements. S'il se produisait quelque part un mouvement assez important pour attirer l'attention du gouvernement, alors on chargeait la « Cour martiale » d'agir. L'affaire finie, cette Cour prévôtale se démettait de ses fonctions, et l'action régulière de chaque juridiction reprenait son cours dans la province où le mouvement s'était produit. »

Cet aperçu de l'organisation successive du gouvernement mongol, passant de l'état de simple tribu nomade à celui de grand empire fondé par la conquête, est remarquable. Celui qui suit, tiré du même ouvrage chinois (fol. 19-20), nous a paru aussi mériter d'être traduit.

« Les Yuen (ou Mongols de Chine) s'élevèrent à l'origine dans les contrées sablonneuses du nord (*Sso-mŏ*). En même temps qu'ils portèrent la guerre dans les pays situés à l'occident (de l'Asie), ils conquirent les Hia occidentaux (1), anéantirent les *Niu-tche* (les ancêtres des Mandchous d'aujourd'hui), soumirent Kao-li (la Corée), s'établirent dans le Nân-tchao (le « Royaume méridional », aujourd'hui province du Yûn-nân) (2), réduisirent successivement sous leur domination tout le Kiâng-nân (les provinces de la Chine situées au midi du grand Kiâng); et alors tout l'empire ne forma plus qu'un seul et même tout.

« Leur territoire, au nord, dépassait les monts Yn-chán (au nord du *Hoáng hô*); à l'occident, sa limite extrême était le désert des sables mouvants; à l'orient, il comprenait toute la partie gauche du Liao-toung; au midi, il s'étendait jusqu'à la mer du royaume de Yŭë (la Cochinchine).

« Dans les commencements de leur puissance, la sixième année du règne de Taï-tsoung (Ogodaï) *kia-wou* du cycle (en 1234), ils anéantirent (le royaume de) Kîn, et se rendirent maîtres de la principauté de Tchoung-youan-tcheou. La septième année (en 1235), un édit fut rendu qui prescri-

---

(1) Petit royaume situé à l'ouest du fleuve Jaune, comprenant la province actuelle du Chen-si.

(2) Voir notre commentaire sur Marc Pol, p. 387 et 397.

vait un recensement de la population de Yen-king (un quartier de Pé-king), de Chun-tien (un autre quartier de la même ville), et autres lieux comprenant trente-six *Loù* (grands Circuits administratifs). Le nombre des portes (ou familles, feux) se trouva être de 873,781; celui des bouches de 4,754,975.

« La deuxième année du règne de Hien-tsoung (Mangou-Khan) *jin-tse* du cycle (en 1252), on fit un nouveau recensement et on trouva une augmentation de 200,000 familles et plus.

« La septième année *tchi-yuan* de Chi-tsou (septième du règne de Khoubilaï (en 1270), il y eut un nouveau recensement, et on trouva une augmentation nouvelle de 300,000 familles et plus. La treizième année (en 1276), le royaume des Soung ayant été entièrement conquis, on s'occupa de faire un recensement général de la population qui fut inscrite dans des tableaux spéciaux. La vingt-septième année (en 1290), les registres atteignirent le nombre de 11,840,000 portes ou familles. Depuis ce temps, les familles du midi et du nord de l'empire, portées sur les registres de la population, élevèrent ce chiffre à 13,196,206, et les bouches se trouvèrent être de 58,834,711. Mais la population qui s'était réfugiée dans les montagnes ou sur les lacs, pour se soustraire à la domination mongole, n'y était pas comprise.

« La première année *tchi-chun* de Wen-tsoung (en 1330), le nombre des familles qui payaient l'impôt, en argent et en nature, au ministère des finances, était de 13,400,699. Comparé au précédent recensement, c'était une augmentation de 200,000 familles environ. »

Telle était la population payant l'impôt de la Chine proprement dite, dans la première moitié du quatorzième siècle, après soixante-quatorze années de guerres sanglantes que dura la conquête mongole (de 1206 à 1280). On pourrait se faire une idée de la diminution considérable de la population chinoise pendant ces années de guerre, si l'on pouvait s'en rapporter à un historien chinois (1) qui dit que le nombre d'hommes que l'empereur Chi-tsou, c'est-à-dire Khoubilaï-Khaàn, fit périr pour établir son trône et pour le maintenir jusqu'à sa mort, s'éleva à dix-huit millions quatre cent soixante-dix mille et plus (2)! Le même écrivain reproche aussi à Khoubilaï de s'être abandonné aux pratiques superstitieuses et abstruses de prêtres occidentaux (les chrétiens nestoriens), et de les avoir élevés aux honneurs en grand

(1) L'auteur de l'*Abrégé* des vingt et un grands historiens de la Chine, intitulé *Nien-i-sse-p'iao* (sect. *Yuen-sse*, Chi-tsou, f° 1).

(2) *Ti tsï weï ì laï, chà jin koùng kà: ì tsiän pà pě ssì chà thsï wén yëou kà.* Ce chiffre nous paraît excessivement exagéré.

nombre (1). Il lui reproche également d'avoir favorisé et honoré, par-dessus tout, la religion de Fŏ ou de Bouddha, et d'avoir investi un prêtre de cette religion du titre de « Précepteur ou instituteur impérial »; ce qui lui donnait en quelque sorte un pouvoir absolu sur les résolutions de l'empereur lui-même (2).

Il ajoute, pour compléter son portrait, que Khoubilaï « composa un livre pour rabaisser l'empereur du Ciel (*Hŏ choù i wêï Thiân-Ti*); qu'il se fit le détracteur de Khoung-tseu (Confucius), afin de le faire considérer comme un sage de second ordre (*pièn Khoung-tseù i wêï tchoûng hiên*) (3); il conquit le royaume de Mien (Ava); il fit des expéditions dans le Camboge (*Tchen-tching*), en Cochinchine (*Kiao-tchi*), à Java (*Tchao-wa*), à *Pa-pè-si-fou* (le Cangigu de Marc Pol, p. 424), et autres royaumes, pour y chercher des perles et autres objets précieux; il publia un édit pour s'emparer du Japon, etc. » Les sentiments du patriote et du lettré ont rendu son jugement un peu sévère.

2° *Tentatives que fit Khoubilaï-Khaân pour transcrire la langue chinoise avec une écriture alphabétique. Culture des lettres sous son règne.*

Celui qui fut investi par Khoubilaï-Khaân du titre de « Précepteur ou Instituteur impérial » (*Ti-ssé*) était un jeune prêtre bouddhiste du Tibet, très-instruit, qu'il chargea de lui composer un *Alphabet* qu'il voulait employer, non-seulement à transcrire la langue mongole, sa langue maternelle, que l'on écrivait depuis peu au moyen des caractères ouïgours empruntés au syriaque, mais encore à transcrire tous les mots de la langue chinoise avec ces nouveaux caractères alphabétiques. Ce fait curieux a été exposé par nous tout au long dans un *Mémoire* publié dans le *Journal asiatique* de Paris, du mois de janvier 1862, avec l'Inscription reproduite dans notre *Appendice* n° 3 (p. 768 et suiv.), imprimée avec les caractères *pa'-sse-pa*, du nom de leur inventeur. On nous permettra d'insérer ici quelques passages de ce Mémoire.

— « La sixième année *tchi-yuên* du fondateur de la dynastie mongole de

---

(1) *Tsoùng Si-séng ssé tchén miáo káo tchi ki.*

(2) *Thsoùng cháng Fŏ kiáo, foùng séng-jin wêï Ti ssé; Ti ssé tchi míng.*

(3) Cette accusation est injuste, du moins appliquée aux dernières années de sa vie. Voir l'Inscription publiée dans notre *Appendice* n° 4, p. 769 et suiv. Nous avons en France une petite école, qui voudrait bien faire parler d'elle, et qui professe les mêmes idées qu'aurait soutenues Khoubilaï Khaân, au dire de son accusateur, sur le grand philosophe chinois; elle va même beaucoup plus loin. *Oh siào jin!*

Chine (1) (en 1269), à la deuxième lune, un décret ordonna de répandre et de faire circuler, dans tout l'empire, les caractères mongols nouvellement formés. A la septième lune, on établit des écoles d'écriture mongole dans toutes les divisions administratives de l'empire (tchoŭ-loŭ) (2).

« Ce fait se trouve rapporté en détail dans les *Mémoires officiels de Chi-tsou, des Annales des Yuên.*

« On remarque, dans la Notice sur Pa'-sse-pa (3), que le précepteur de l'empereur, Pa'-sse-pa, était natif de Ssa-sse-kia du Tou-fan (ou Tibet), et que sa famille était de la tribu nommée *Khouán.* On rapporte, de son aïeul Tŏ-li-tch'i (*Dortchi*), qu'avec sa loi (bouddhique) il aida le chef de ce royaume à étendre ses possessions jusqu'à la mer occidentale (4), il y a plus de dix générations. Pa'-sse-pa, n'ayant encore que sept ans, lisait couramment les livres sacrés, et il pouvait résumer complétement les doctrines les plus élevées contenues dans quelques centaines de mille sentences. Les habitants du pays l'appelèrent le *saint enfant*; c'est de là que lui vient le

(1) En chinois *Chi-tsou* dont le nom mongol était *Khoubilaï.*

(2) Sous les Mongols, la Chine fut divisée administrativement en *Sing*, au nombre de 12 ; ceux-ci furent subdivisés en 185 *loŭ*, 33 *foŭ*, 359 *tchéou* et 1127 *hièn.*

(3) *Pa'-sse-pa tchhodan*, faisant partie de la même histoire officielle. Je ferai remarquer, à ce propos, que dans la nouvelle édition de la même histoire officielle, publiée la quatrième année *tao-kouang* (1824), le nom de *Pa'-sse-pa* est écrit *Pha-kh-sse-pa* : en mongol *Baghscha.* Les éditeurs chinois disent (*Fu-kiaï*, K. 2, fol. 6), que ce nom signifie *saint* en langue thangutaine ou du Tibet. Effectivement, ce nom s'écrit en tibétain : *Aphagspa*, que l'on prononce *Phagpa*, et qui signifie *vénérable, saint.* Je n'ai pas cru devoir changer l'orthographe ordinaire de ce nom. Il suffit d'avoir signalé la véritable.

(4) *Si hǎi.* Les écrivains chinois désignent par ce terme un grand bassin d'eau situé à l'occident de la Chine, tantôt le lac *Khou-khou-noor*, voisin du Tibet ; tantôt le lac *Balkhach*, ou la mer Caspienne, selon les circonstances de temps et de lieux. Je pense qu'il est question, dans le texte qui nous occupe, du lac *Khou-khou-noor* et non de la mer Caspienne ou du lac d'Aral, c'est-à-dire de *Kharisme*, à l'époque du royaume de ce nom,

dans le douzième siècle de notre ère, époque qui correspond à l'existence de plusieurs autres États situés entre la Chine et la mer Caspienne, ou des *Khazars*, tels que l'empire des *Kara-khitaï* ; les royaumes de *Kachgar*, de *Bichbalik*, de *Khatan* et des *Ouïgours*, à l'ouest du Tibet.

On lit dans le grand dictionnaire *Pŭ-wen-yun-foū*, à l'article *Si-hǎi* (K. 40, fol. 36), les citations suivantes :

« Selon l'histoire traditionnelle du *Sè-yu*, ou des « contrées occidentales de la Chine » (*Si-yu tchhouán*), le royaume des *Thao-tchi* (*Tadjiks* ou *Sartes*, nation persane), confinait à la mer occidentale (*tin si hǎi*). » Le *Si hǎi* est évidemment ici la mer Caspienne.

« Selon la *Description géographique* faisant partie des *Annales des Soui* (581-617 de notre ère), dans la principauté de la mer occidentale (*Si hǎi kiün*), était située l'ancienne ville fortifiée de *Foŭh hiaou* ; cette principauté dépendait alors du royaume des *Thou-kou-houén* (nation turque), dans lequel se trouve le lac *Salŭ*, ou mer d'orient (aujourd'hui lac *Lob*) de *Clü hliŭ*, la mère du roi occidental (dont il est question dans l'histoire de *Waï-wáng*, mille ans avant notre ère). »

Ici le *Si hǎi* paraît être le lac appelé aujourd'hui *Khou-khou-noor*, au nord du Tibet. Il est compris dans les possessions de l'empire chinois.

nom de Pa‘-sse-pa. En grandissant, il enrichit son esprit de l'étude des cinq compréhensions ou sciences, ce qui le fit qualifier du surnom de *Pan-mi-tan* (en sanskrit *páramita*, « transcendant »).

« L'année *kouëï-tcheou* du cycle (1253), n'ayant encore que quinze ans, il demanda une audience à Chi-tsou (Khoubilaï), qui était alors dans un lieu retiré. L'empereur fut si charmé de sa conversation, qu'il voulut l'avoir journellement près de lui.

« La première année *tchoung-thoung* (1260), Chi-tsou étant monté sur le trône, il l'honora du titre de « Précepteur du royaume » (*Koüe-ssê*), et il lui donna un sceau de pierre de jade (comme signe de ses fonctions). Il lui ordonna de former de nouveaux caractères mongols (1). Les caractères étant achevés, Pa‘-sse-pa les présenta à l'empereur.

« Ces caractères étaient à peine au nombre de mille, mais les éléments générateurs (2) ne s'élevaient en tout qu'à quarante et un. Ceux qui, par leur seul enchevêtrement, formaient un mot complet, n'avaient alors d'autre règle de position que celle de leur propre consonnance; ceux qui, par la réunion de deux, de trois, de quatre, formaient un mot complet, avaient alors pour règle de position le son des expressions mêmes. En résumé, le grand but de ce mode d'écriture avait pour principe fondamental l'agrégation des sons (3).

« La sixième année *tchi-yuên* (1269), un décret impérial prescrivit l'usage de ces caractères dans tout l'empire. Le décret portait :

« Nous avons pensé qu'il n'y avait que les caractères de l'écriture qui
« pussent servir à peindre la parole, la parole qui, elle-même, sert à enre-
« gistrer les actions mémorables des hommes, ainsi que cela a été compris
« par l'antiquité et les temps modernes qui se sont approprié ces moyens
« de communication. Notre État, à l'époque de sa fondation dans la
« région de Sŏ (4), ne faisait usage que de simples planchettes de

(1) *Ming tchi moûng-koŭ sin tseŭ.*
(2) *Moù.* Ce sont, à proprement parler, les *signes* ou caractères alphabétiques.
(3) *Hiăï ching wéi tsoŭng yè.*
(4) *'O koŭe kiá tcháo ki Ssŏ fāng soŭ chăng kién.* Ce passage est important pour déterminer la région de l'Asie septentrionale, où, d'après Khoubilaï-Khaân lui-même, l'État mongol prit naissance. Cette région est nommée *Ssŏ-fāng*, « la région *Ssŏ* ou de *Sŏ*. » Le P. Mailla (*Histoire générale de la Chine*, t. IX, p. 310), qui

cite le décret de *Khoubilaï-Khaân*, traduit : « *Le Nord* est le berceau de l'empire des Mongols. » M. Abel Rémusat, qui a donné aussi un extrait du même décret dans ses *Recherches sur les langues tartares* (p. 75), se borne à traduire également : « Notre dynastie a pris naissance dans *les pays du Nord*. » M. D'Ohsson n'est pas plus précis.

L'expression *Ssŏ-fāng*, dans l'esprit des Chinois désigne bien effectivement une *région du Nord*, par rapport à leur empire ; elle est donc

« bois (1). Anciennement, on n'avait pas senti la nécessité de former des
« caractères propres à notre langue. Tous ceux dont on s'est servi n'é-
« taient que les caractères chinois nommés *kiáï* (ou à formes carrées,
« employés sous les Soung), avec l'écriture des Ouïgours (2), et c'est par
« leur usage que l'on a propagé la langue de notre dynastie.

« En examinant attentivement l'histoire, on voit que les Liao et les Kin,
« en y comprenant même tous les royaumes des contrées les plus éloignées,
« se sont approprié chacun des caractères qui leur étaient propres.

« Maintenant la culture des lettres fait chaque jour de nouveaux progrès ;
« mais les caractères d'écriture, qui n'étaient pas assortis aux lois constitu-
« tives du génie de la nation, ne peuvent réellement plus lui suffire. C'est
« pour ce motif seulement qu'il a été ordonné au précepteur du royaume,
« Pa'-sse-pa (3), de former de nouveaux caractères mongols avec lesquels
« on pût transcrire d'autres langues et reproduire en général toutes les
« compositions littéraires (4). Ces caractères ont pour but, en déterminant

---

quelquefois prise pour *pĕ fáng* (*Yü p'iĕn*, sub voce *ssŏ*) qui est la véritable expression ; mais elle désigne aussi une *région du nord détermi-née*. Il en est déjà question dans le *Choŭ-king*. chap. *Yaó tiĕn*. C'est la contrée connue mainte-nant sous le nom de pays des *Ortous*, occupé par les Tartares, et située au-delà de la grande muraille. Elle est nommée *Ordŏs*, dans l'Histoire des Mon-gols de *Ssa-nang-Ssetsen* (p. 187 et *passim*), et y figure comme étant une des possessions des Gen-giskanides.

'La grande Géographie impériale de la Chine (K. 165, fol. 1, édit. de 1764) dit que le pays de *Ssŏ-fáng* est situé au nord-ouest à l'extrémité de la province actuelle du *Kan-sou*, dans le dé-partement de *Ning-hia* (latitude du chef-lieu : 38° 32' 40" ; longitude : 103° 47' 30"). Sous les *Tháng* (618-900) c'était le siége d'un comman-dement militaire qui dépendait de la *Direction générale du Chen-si* (voir mon édition de l'*Ins-cription syro-chinoise de Si-ngan-fou*, p. 29 et note p. 64). A cette époque des *Tháng*, le pays de *Ssŏ-fáng*, comme d'ailleurs une grande partie de l'Asie, était sous leur domination. Les peu-plades mongoles, que l'on place, dès l'origine la plus reculée, dans le voisinage du lac *Baïkal*, ont dû avoir des établissements plus rapprochés de la grande muraille, là où le décret de *Koubilaï Khaán* dit que l'empire mongol prit naissance.

(1) *Kiĕn.* On sait de diverses sources que des planchettes de bois entaillées remplaçaient l'écri-ture chez plusieurs nations tartares. *Ma Touan-lin*, en parlant des *Ou-houan*, Tartares orientaux qui, deux siècles environ avant notre ère, furent attaqués par les *Hioung-nou*, et virent leur royaume anéanti par ces peuples belliqueux, dit (K. 342, fol. 1, r°) que les chefs de cette nation, quand ils avaient des ordres ou des missions de confiance à donner, *faisaient des entailles sur un morceau de bois pour servir de lettres de créance.*

(2) *'Ouĕ-'oŭ tsoù.* On peut consulter sur cette écriture : Klaproth, sur les *Ouïgours* ; Abel Ré-musat, *Recherches sur les langues tartares*, p. 29 et suivantes, et Ahmed-Arabchah, que Le Roux Des Hauteraies a fait le premier connaître (*Ency-clopédie* de Petity, 1767, t. III, p. 551), en don-nant la traduction d'un passage de cet auteur arabe concernant l'écriture des *Ouïgours*, dont l'alphabet consistait en quatorze consonnes seu-lement, sans gutturales ou aspirées, et ne dis-tinguant pas non plus le *b* du *p*, le *z* du *s*, ou *ss*, le *t* du *d*, etc.

(3) *Koŭe ssé Pá'-sse-pa.*

(4) *Yi siĕ.* Le premier de ces caractères si-gnifie ordinairement *traduire*, « ex uno in aliud idioma transferre, » comme dit Basile. « *Trans-férer, traduire* les paroles des étrangers des qua-tre côtés (*ssĕ i*) et les exprimer par des termes

« fidèlement les paroles, de faire pénétrer partout la connaissance des faits ;
« et, à dater d'aujourd'hui, à l'avenir, toutes les fois qu'il sera publié des
« documents revêtus d'un cachet officiel, on ne se servira plus, dans tous
« ces documents, que des nouveaux caractères mongols. En conséquence,
« chacun les expliquera (1), ou les enseignera, avec les caractères et l'écri-
« ture de son propre pays. »

« Par suite de cela on éleva en honneur Pa'-sse-pa, en lui donnant le titre
« de « Roi de la loi du grand joyau (2) » et, de plus, il fut gratifié d'un
« sceau de jade.

« On fait observer ici que, selon l'ouvrage intitulé : *Chĭ mĕ tsioúan hôa*
« Fleurs ou choix d'Inscriptions, gravées en noir, sur pierres (3) » ; les règles de formation des caractères mongols n'étaient absolument qu'une trans-
formation du *dévanâgarî* de l'Inde (4). C'est pourquoi ils ont tant d'analo-
gie avec les caractères des écritures bouddhiques.

« Toutes les inscriptions mongoles du palais des « dix mille longévités »
de Tchoúng-yâng (5) sont tout entières en caractères de l'écriture mongole
(caractères pa'sse-pa). Pour l'endroit où l'on place l'année et le mois (la
date de l'inscription), on emploie une écriture à double trait comme les caractères à fond blanc volants des « Mémoires du temps présent (6) ».

équivalents, » comme dit le *Choŭĕ-wên* ; *sièi*, signifie proprement *écrire, former des linéaments*.
Les deux caractères réunis ont, à notre avis, le
sens exprimé dans notre traduction.

(1) *Fóu tchĭ*. *Fóu*, signifie ordinairement *ad-
juvare, auxiliari*. On doit entendre ici l'opération
de *transcrire* ou de *traduire*, chacun dans sa propre langue, les *documents officiels* publiés avec
les nouveaux caractères, afin de bien les faire
connaître et entrer dans la pratique.

(2) *Tá pào fǎ wâng* = roi de la religion bouddhique.

(3) *Chĭ mĕ tsioúen hoá*. Cet ouvrage nous
est inconnu. C'est celui d'où a été tirée l'Inscription mongole en caractères pa'-sse-pa, publiée
par MM. de la Gabelentz et A. Wylie et que l'on
trouvera dans notre *Appendice*, n° 4.

(4) *Fán thiân kiá-loú tchĭ pién*. Le premier
caractère, *fán*, est toujours employé dans les livres chinois pour désigner l'*Inde* ; le second,
thiân, signifie *ciel* et, par extension, *divin*, en
sanskrit : *déva* ; les deux qui suivent, *kiá-loú*,
doivent être la transcription, par aphérèse, de

nâgara, masculin de *nâgari*, ville ; l'*alphabet*
étant né dans la *cité divine*, étymologie ignorée
sans doute des écrivains qui ont *transcrit* et non
traduit les deux caractères en question. Cela
forme une phrase hybride comme on en rencontre souvent dans les livres bouddhiques traduits
du sanskrit.

(5) *Tchoúng-yâng wéu chéou kouúng yuĕn pí*.
Ce « palais » est vraisemblablement le même qui
est mentionné dans la Grande Géographie impériale (K. 139, fol. 25, v°) sous le nom de *Tchoúng
yang koúng*, dans le département de *Si-ngan*, de
la province de *Chen-si*, et qui est situé à 60 *li*
du côté oriental de la ville cantonale de *Tcheou-
tchi*. Il est dit que ce monument fut construit du
temps de la dynastie mongole. Cette citation tirée du *Chĭ mĕ tsioúdn hoá*, se trouve aussi dans
le *Choú hoá poù*, (K. 2, fol. 15, r°).

(6) *Kin chĭ tchhoúan fĕi pĕ tscú*. Ces caractères à « fond blanc volants, » sont dans le genre
des lettres majuscules, autrefois à la mode chez
nous pour les titres d'ouvrages, et dont les traits
évidés font paraître un *fond blanc*. La date de

« La neuvième année *tchi-yuen* (1272), Hŏ-li-hŏ-sùn (2) présenta une requête à l'empereur pour que les fils de tous les magistrats ou fonctionnaires publics entrassent dans les collèges où l'on enseignait les caractères mongols.

« On fait observer que, dans les *Mémoires officiels de Chi-tsou des Annales des Yuên*, à la septième lune de la neuvième année (1272), Hŏ-li-hŏ-sùn présenta une requête à l'empereur pour demander que l'on établît des collèges de l'État (*Koŭe-tseù-hiŏ*), destinés à l'enseignement des caractères mongols, et que les fils des fonctionnaires publics chinois (*Hán koŭan tseù*), qui n'avaient pas encore étudié ces caractères, ainsi que les fonctionnaires dépendants du ministère des finances (*Koŭan-foŭ*), apprissent cette écriture, au lieu des caractères *Weĭ-ou* (ouïgours) adoptés auparavant; et qu'enfin un édit impérial en prescrivît dorénavant l'usage exclusif. Un décret impérial ordonna, en effet, à toutes les personnes occupant des fonctions publiques, de ne faire usage que des caractères mongols, et, comme conséquence de cette mesure, d'envoyer auxdites écoles les fils de tous les fonctionnaires publics.

« La douzième année *tchi-yuen* (1275), on établit une division dans l'académie des Han-lin pour y cultiver la littérature et l'écriture mongoles.

« On fait observer que, dans les *Mémoires officiels de Chi-tsou des Annales mongoles*, à la troisième lune de la douzième année (1275), une requête fut présentée par Wâng-pan et Téoumĕ, demandant qu'on établît une division dans l'académie des Han-lin pour cultiver la littérature mongole. Le ministre des commandements, docteur ès lettres, membre de l'académie des Han-lin, Sǎ-ti-mĕ-ti-li (2), fut placé à la tête de cette section.

« La dix-neuvième année *tchi-yuên* (1282), en été, à la quatrième lune, on procéda à la gravure des planches en caractères ouïgours-mongols, avec lesquels on avait écrit l'histoire intitulée : *Thoûng-kién* « Miroir universel ».

« On fait observer que ce fait se trouve rapporté en détail dans les *Mémoires officiels de Chi-tsou des Annales des Yuên.*

« La vingt et unièmě année *tchi-yuên* (1284), un ordre impérial prescrivit

l'Inscription mongole, publiée par MM. de la Gabelentz et A. Wylie, offre un échantillon de ce genre d'écriture qui a été aussi employée par fantaisie dans l'écriture chinoise.

(1) Ces mots sont évidemment la transcription d'un nom arabe ou persan, comme *'Ali-Haçan*. On sait que Khoubilaï-Khaân réunit à sa cour tous les hommes de mérite qu'il put y attirer et

de quelque nation qu'ils fussent : *Ouïgours*, *Persans*, habitants du *Turkistán*, même des Européens, comme Marc Pol qui nous a laissé la relation si curieuse de son séjour près du *Grant-Kaan* et dont nous publions ici la rédaction originale.

(2) Ce nom est encore celui d'un personnage étranger.

que, dans toutes les requêtes présentées au gouvernement, on employât l'écriture mongole (de Pa'-sse-pa).

« On fait observer que, dans les *Mémoires officiels de Chi-tsou des Annales des Yuên*, la vingt et unième année, en été, pendant la quatrième lune, un ordre impérial défendit à tous les employés comptables de l'administration publique, dans toutes les provinces, de se servir soit dans leurs requêtes, soit dans leurs registres d'écriture, des caractères ouïgours; et il leur fut ordonné que, dans tous les documents publics, ils fissent usage de l'écriture mongole.

« La vingt-troisième année *tchi-yuen* (1286), l'académie des Han-lin demanda l'autorisation de traduire et rédiger des ouvrages en langue et en caractères ouïgours. Les historiens officiels de l'empire se conformèrent à cette autorisation.

« On fait observer que, dans les *Mémoires officiels de Chi-tsou, des Annales des Yuên*, à la troisième lune de la vingt-troisième année (1286), le Han-lin ministre des commandements, Să-li-mân (1), dit que le bureau des historiens officiels de l'empire, s'occupant de rédiger les mémoires authentiques de la cour du grand ancêtre (Taï-tsou, c'est-à-dire Dchinghis Khaân), il demandait que ces mémoires fussent traduits en langue et en caractères ouïgours, pour répondre au désir de ceux qui préféraient les lire en cette langue. Par la suite, lorsque la rédaction en fut achevée, on se conforma à cette disposition.

« La vingt-sixième année *tchi-yuen* (1289), le président du conseil des ministres (2) demanda que l'on fît usage des caractères *i-ssé-thi-féi* (3); il demanda en même temps que les fils des grands personnages de l'État entrassent dans le collège (destiné à cet enseignement) pour s'y former à l'usage et à la pratique de cette écriture.

« On fait observer que ce fait n'est point rapporté dans les *Mémoires officiels de Chi-tsou* (Khoubilaï), *des Annales des Yuên.*

« On remarque de plus que, dans le *Supplément au Wên-hiên-thoûng-khao* (4) (de Ma Touan-lin), la vingt-sixième année *tchi-yuen* (1289), le

(1) Ce nom de *Să-li-mân* est une transcription aussi exacte que possible, de *Soleiman*, nom très-commun chez les musulmans.

(2) *Châng chou sing.*

(3) *I-ssé-thi-féi wên tseu.* Il est probable qu'il est ici question d'un alphabet arabe.

(4) J'ai consulté ce grand ouvrage à la Bibliothèque impériale de Paris pour savoir si j'y trouverais quelques éclaircissements sur le genre d'écriture dont il est parlé dans le texte. On n'y donne, à l'article *Collège* (K. 47, fol. 20), que ce qui est cité ici.

président du conseil des ministres exposa qu'il conviendrait que les caractères de l'écriture *i-ssé-thi-féï* fussent mis en usage. A cette époque, un membre de l'académie des Han-lin, I-foù-tí O-loù-tïng (1), pouvait comprendre
cette écriture. On le pria de prendre la direction du collége. Tous les fils
des grands dignitaires, avec les Chinois des familles de distinction, qui y
consentirent, entrèrent dans ce collége pour y apprendre l'usage de cette
écriture (2).

« Dans la onzième année *ta-te* de Wou-tsoung (1307), le ministre de la
droite, secrétaire intime, Phou-lò Thië-mou-'rh (Poùlo-Timour), présenta
à l'empereur la traduction, en caractères du royaume (écriture de Pa‘sse-pa),
du *Livre de la piété filiale* (Hiáo-kïng). Un décret ordonna que cette traduction fût gravée sur des planches de bois, et qu'on en distribuât des exemplaires dans l'empire.

« On fait observer que dans les Mémoires officiels de Wou-tsoung des
Annales des Yuen, à la huitième lune de la onzième année *tái-tă* (1307), le
jour *sin-haï*, le ministre de la droite, secrétaire intime, Poulo-Timour, présenta à l'empereur la traduction, en caractères du royaume, du *Livre de la
piété filiale*. Le décret qui l'annonça portait : « Cet ouvrage renferme les
« préceptes admirables de Khoung-tseu, que tout le monde doit suivre et
« pratiquer, depuis les rois et les princes jusqu'aux dernières classes du
« peuple (3) ». Le même décret ordonnait au secrétaire d'État de l'intérieur
de faire graver la traduction en question sur des planches en bois, de la
faire imprimer et d'en distribuer des exemplaires en présent à tous les
princes et autres fonctionnaires inférieurs de l'empire (4).

« Dans la quatrième lune de la troisième année *tchi-chun* de Wên-tsoung
(1332), l'ordre fut donné à Kouéi-tchang, principal du collége impérial, de

---

(1) La dernière partie de ce nom est sans doute
"Alâ-eddîn. Quant à la première, les caractères
chinois qui signifient *bonheur augmenté* peuvent
être la traduction d'un surnom ayant cette signification. Cependant la continuation de Ma
Touan-lin l'écrit avec des mots différents, qui se
prononcent *y-phou-tí*.

(2) Il y avait alors, à la cour de Khoubilaï,
un grand nombre d'étrangers de distinction, entre autres des Arabes, qui demandèrent sans doute
l'établissement d'un collége pour y enseigner leur
langue. Beaucoup de familles mahométanes sont
restées en Chine depuis cette époque et y ont
fondé de véritables colonies.

(3) Le même fait, ainsi que le décret, sont
aussi rapportés, avec les mêmes termes, dans le
Hi-tái-Hi-sen. K. 98, fol. 39 v°; dans le *Hai-táli
San Thsang-Hiän-hiäng-mai.* K. 24, fol. 27; dans
le *Käng Hiän ü tálli hái.* K. 91, fol. 110; dans le
Käng Hiän Hoái tsuán de Wang Chi-tchin, de
Fung-tchéou. K. 24, fol. 32.

(4) Si dix exemplaires de cette édition de 1307
existaient encore, ils seraient assurément un des
plus curieux monuments de l'imprimerie orientale. Des nombreux livres chinois que nous possédons, le plus ancien est une édition de Ma
Touan-lin, de l'année 1524, en 80 vol. Nous
avons aussi une édit. du Y-King de l'ann. 1596.

traduire en langue et en caractères de l'empire (mongols), l'*Abrégé des rè-glements administratifs* de l'époque *tching-kouan* (627-650 du règne de l'empereur Taï-tsoung des Thâng); de le faire graver sur des planches en bois, de le faire imprimer et d'en distribuer les exemplaires à tous les fonctionnaires de l'empire.

« On remarque que ce fait se trouve consigné en plusieurs endroits des Mémoires officiels de Wên-tsoûng des Annales des Yuên (1). » —

On vient de voir, par la traduction intégrale des documents cités dans l'*Histoire de l'Écriture*, pour l'époque mongole, combien de tentatives furent faites, combien d'ordonnances et de décrets furent rendus pour prescrire et faire adopter, par les Chinois et tous les fonctionnaires publics de l'empire, une écriture alphabétique, surtout celle inventée par le grand Lama Pa'-sse-pa. Mais la population chinoise fut si réfractaire à cette innovation, que toutes les tentatives faites alors pour *alphabétiser* leur écriture, si nous pouvons nous exprimer ainsi, restèrent sans résultats : et il est probable que toutes celles que l'on pourra tenter encore, à moins d'une révolution radicale dans les mœurs et les habitudes de la population, n'auront pas plus de succès.

C'est un fait qui peut surprendre d'abord, mais qui est conforme à la nature des choses, que pendant et après la conquête de la Chine par les Mongols les lettres furent très-cultivées, et l'époque des Mongols est une de celles où elles furent le plus florissantes en Chine. On peut voir dans les articles de M. Bazin, intitulés : le *Siècle des Youen* (2), que jamais la littérature dramatique ne fut autant cultivée en Chine que pendant le règne de la dynastie mongole. « J'ai choisi, pour objet de mon travail, dit-il, « l'époque des Youên, parce que la littérature chinoise a été poussée à sa « perfection sous les Mongols, depuis l'avénement de Khoubilaï-Khan, « petit-fils de Gengis-Khan, l'an 1260 de notre ère, jusqu'à la restauration « des Ming en 1368 ». — « Sous la dynastie Yven (Yuên), a dit Voltaire, et « sous celle des restaurateurs nommés Meng (Ming), les arts qui appartien-

---

(1) L'*Histoire générale de l'écriture et de la peinture* intitulée : *Chou hŏa pôu* (en 100 *kiouan* ou livres, rédigée et publiée en 1708, sur l'ordre de Khang-hi, par l'Académie des *Han-lin*), donne avec moins de détails (K. 2, fol. 4 et suiv.) les renseignements qui précèdent; elle y en ajoute d'autres qu'il serait trop long de reproduire ici. Cette histoire de l'*écriture* et de la *peinture*, non-

seulement en Chine, mais encore dans toutes les contrées de l'Asie parvenues à la connaissance des Chinois, commence aux *cordelettes nouées* et aux huit *kŏua* de Fou-hi, pour ne s'arrêter qu'à l'époque de sa rédaction. On y trouve une foule immense de renseignements dont on n'a pas, en Europe, la moindre idée.

(2) *Journal asiatique de Paris*, année 1850.

« nent à l'esprit et à l'imagination furent plus cultivés que jamais (1). » —
« Voltaire, qui jugeait si bien de ces sortes de choses, ne s'est pas trompé.
« On cultiva les arts de l'esprit sous les Ming, mais l'époque des Yuên a ét
« le grand siècle de la Chine, le siècle distingué par les plus grands talents. »

Il y a, dans ce jugement de M. Bazin, comme dans la plupart de
ceux qu'il a portés sur ce qui concerne la Chine, beaucoup de partialité et
d'exagération. Parce que la littérature dramatique et celle des romans avaient
été très-cultivées sous les Mongols, de préférence à l'ancienne littérature
classique dont Confucius est le plus grand représentant (et que M. Bazin a
toujours cherché à rabaisser comme ayant, « à l'exemple de Platon et d'A-
ristote en Grèce, *altéré* les anciens dogmes religieux de la Chine », ce qui est
absolument contraire à l'histoire et aux faits, comme nous l'avons prouvé
ailleurs) (2), M. Bazin, disons-nous, place le siècle des Yuên ou Mongols
au-dessus de tous les autres. Et cependant l'époque des Han (de 202 *avant*
à 220 *après* notre ère), qui fut celle de la restauration des lettres après l'incendie et la destruction des anciens livres par l'empereur Thsin-chi, celle
des Thâng (618-905), celle des Soung, détrônés par les Mongols, lui sont,
selon nous, bien supérieures.

L'astronomie fut très-cultivée en Chine sous la domination mongole. Indépendamment du célèbre lettré Hiu-heng, dont nous avons déjà parlé ailleurs (3) comme ayant concouru pour une grande part à la nouvelle organisation du gouvernement des Mongols, et qui était en même temps très-versé
dans l'astronomie, deux autres savants lettrés : Yé-liu Thsou-tsaï, dont il
sera question par la suite, et Kouo Cheou-king, rédigèrent des traités spéciaux sur cette science. Le dernier, qui avait été placé par Khoubilaï à la
tête du « Tribunal des mathématiques », l'Observatoire de Pè-king, tra-
vailla soixante-dix ans à son traité d'Astronomie. Il avait envoyé des ma-
thématiciens dans les différentes provinces de la Chine, dans la Tartarie, en
Corée et ailleurs, pour déterminer les degrés de longitude et de latitude de
plusieurs lieux, en prenant la « hauteur du pôle » pour fixer les degrés de
latitude (4).

(1) *Essais sur les mœurs et l'esprit des nations*,
chap. CLV.

(2) Voir le *Dictionnaire des sciences philoso-
phiques*, articles *Confucius* et *Chine moderne*,
section de la *Philosophie chinoise*, p. 370.

(3) Voir notre Commentaire sur Marc Pol,
p. 328 et suiv., et pour plus de détails, notre

premier volume de la *Description de la Chine*,
p. 354-355 et 363, Paris, Didot. Nous renvoyons
aussi à cet ouvrage pour ce qui concerne les établissements littéraires et autres de Khoubilaï,
p. 351-366.

(4) Voir ce qu'en dit le P. Gaubil, dans les
Observations mathématiques, astronomiques,

Quant à Yé-liu Thsou-tsaï, qui accompagna Dchinghis-Khaân dans son expédition en Occident (1), un historien chinois, qui a écrit sa vie, raconte que « des Occidentaux (sans doute des astronomes arabes ou persans) pré-« sentèrent à l'empereur mongol un calendrier d'après lequel il devait y « avoir, à la cinquième lune, la nuit de l'opposition, une éclipse de lune.— « Il n'y en aura pas, dit Thsou-tsaï, — et effectivement l'éclipse annoncée « n'eut pas lieu. L'année suivante, à la dixième lune, Thsou-tsaï prédit une « éclipse de lune ; les astronomes occidentaux assurèrent qu'il n'y en aurait « pas, et cependant, au temps fixé, la lune fut éclipsée de huit dixièmes (2). »

3° Conquêtes des Mongols dans l'Asie centrale et occidentale.

Avant de faire connaître, d'après les historiens chinois, les principaux événements dont l'Asie centrale et occidentale fut le théâtre au treizième siècle de notre ère, il peut être très-utile, croyons-nous, pour l'intelligence de ces mêmes événements, de jeter un coup d'œil rapide sur le nombre et l'étendue des différents États qui existaient en Asie à l'époque où le célèbre Dchinghis-Khaân résolut d'en faire la conquête, en 1218 de notre ère.

A l'extrême Orient, l'empire chinois était divisé en plusieurs États ; les Soung ne possédaient plus que la partie située au midi du Hoâng-hô ; les Kîn (ou la dynastie d'Or, les Altoun-Khans) avaient conquis la partie septentrionale, et avaient formé un grand empire qui s'étendait jusque très-avant dans la Tartarie. Un autre État, celui des Hia occidentaux, s'était formé à l'ouest du Hoâng-hô, à la fin du neuvième siècle, et s'étendait sur la partie nord du Tibet (comprenant les provinces actuelles du Chen-si et de Kan-sou) ; c'était le pays de Tangout de Marc Pol. Au midi, enfin, existait le petit royaume de Nân-tchao ou de Ta-li, formant aujourd'hui la province du Yûn-nân ; puis le Tibet. Plus au midi se trouvaient les royaumes de 'An-nân (le Toung-king), de Tchen-tching et de Tsiampa (la Cochinchine), de Mien (Ava), et, en se dirigeant à l'occident, du Bengale, alors dépendant des sultans Pathâns de Déhli, qui y avaient des gouverneurs.

Dans l'Inde du Nord existaient les très-anciens royaumes du Népal et du Cachemire, qui se sont conservés jusque dans ces derniers temps, sous

géographiques, etc., publiées par le P. Souciet, t. II, p. 106 et suiv. Paris, 1729, in-4°.

(1) Voir les documents chinois sur cette expédition, traduits ci-après.

(2) Vie de Yé-liu Thsou-tsaï, dans les Nouveaux Mélanges asiatiques de M. Abel-Rémusat, t. II, p. 66. On verra ci-après que Dchinghis Khaân le nomma gouverneur civil de Samarkand.

différentes dynasties. Ceux de Mârwâr ou de Kanoudje, d'Adjemir, de Djeïpour, de Djesselmir, de Méwar (Oudeypour), de Manikpour où se trouvent aujourd'hui les villes de Luknow et de Feyzâbâd ; tous six dans le Râdjapoutana habité par des populations guerrières (dont quelques-unes sont supposées descendre des anciens Parthes), se maintenaient contre les invasions mahométanes et se sont même maintenus jusqu'à nos jours, dans une certaine indépendance. Le royaume de Malwa, dont la capitale était Oudjdjayanî (Oudjéin), où se trouvait anciennement un temple du feu détruit par des Bouddhistes, 840 ans avant notre ère, et rétabli plus tard, existait encore ; il ne finit qu'en 1390, absorbé par les sultans de Déhli.

Dans la péninsule de l'Inde, le Dakchin'â-patha, ou Dékhan, il y avait le royaume d'Orissa (l'*Ourddhâ-dês'a*), sur la côte orientale, dans les montagnes duquel habitent encore des hordes (plutôt *ordous*, mot mongol) ou populations d'origine scythique. Le royaume d'Andhra ou Télingan'a, subjugué en 1821 par les Mahrattes habitants des montagnes. Puis, plus au midi, dans le Karn'ataka, ou Carnatic, le royaume des Tchalukyas, qui cessa d'exister en 1232 ; celui des Râdjas ou rois de Vidjâyanagarî, qui a subsisté jusqu'en 1756 ; celui des Râdjas de Tchôla, dans le Carnatic, capitale Tandjore, qui absorba l'ancien royaume des Pandions et qui subsista jusqu'en 1406.

Depuis les grandes conquêtes de Mahmoud le Gaznévide, tous les pays arrosés par l'Indus étaient restés soumis à ses successeurs ou aux sultans de Déhli.

A l'ouest de l'empire des Kîn et des Hia occidentaux, dans l'Asie centrale, existait le royaume des Ouïgours, occupant le pays de Tourfân, de Kharachar, de Khamil et de Bichbalik (les cinq villes). A l'ouest de ces derniers était l'empire des Kara-Kithaï (les Khitans noirs) ou Liao occidentaux, venus des frontières nord de la Chine. Cet État comprenait, entre autres, les villes de Othrâr, Chach, Khodjend, Kachghâr, Samarkand et Bokhâra. Mais une partie des possessions de ce dernier État avait déjà été conquise par le sultan de Khârism, Cothb-eddin-Mohammed, qui s'était aussi emparé, sur les Turks Seldjoukides, d'une grande partie de la Perse. Il possédait alors l'Irân, le Khoraçân, et tout le pays jusqu'à l'Indus : l'Irak Adjémi (ou Persan) était aussi en sa possession. Les autres provinces de la Perse, comme le Fars dont Chiraz est la capitale, le Laristân, étaient alors gouvernées par des princes Atabeks (anciens gouverneurs), qui lui payaient tribut.

Le khalife abbasside Naser régnait à Baghdâd sur l'Irak Araby, l'ancienne

Chaldée, sur une partie de la Mésopotamie, sur les trois Arabies et sur quelques parties de la Perse; les princes Atabeks de Mossoul possédaient presque tout le reste de la Mésopotamie. Les successeurs de Saladin y étaient aussi très-puissants; une partie de la Syrie leur était soumise, et l'Égypte les reconnaissait pour souverains.

Les sultans d'Iconium, de la troisième branche des Turks Seldjoukides, régnaient dans l'Asie Mineure ou l'Anatolie. La Géorgie et l'Arménie avaient leurs rois qui étaient encore indépendants. Les Ortokides Turkomans, les Ortokides de Mardin, les Ayoubites de Méïaférékin, étaient des princes musulmans qui régnaient sur certaines provinces de l'Arménie; il y en avait aussi qui régnaient à Kélath; d'autres à Alep en Syrie; d'autres à Damas, et d'autres en Égypte avec le titre de Sultans.

Telle était la situation politique de l'Asie lorsque Dchinghis-Khaân, du fond de la Tartarie, résolut d'en faire la conquête.

L'Asie, au treizième siècle, ayant été envahie sur presque tous les points par les Mongols, nous avons pensé que l'on verrait ici avec plaisir la traduction des *Relations* que les écrivains chinois ont faites de ces mêmes conquêtes. La première a été rédigée dans ces derniers temps par un personnage qui fut président du Conseil des ministres de l'empereur Tao-kouang (1821-1850); la seconde est un *Bulletin* de l'expédition de Houlagou, par un des deux généraux qui commandaient son aile droite; et la troisième est un *Rapport* du Commissaire civil qui accompagnait cette même expédition, lequel Rapport fut porté par un courrier envoyé exprès à Mangou-Khan.

A. 元代征西域考

Exposé critique de la conquête de l'Asie centrale et occidentale par les Mongols (1).

« Emploi des armées de Taï-tsou (le « Grand ancêtre de sa dynastie », c'est-à-dire Dchinghis Khaân), à la conquête des contrées occidentales (de l'Asie).

« On rapporte que ce furent les Hoeï-hoeï (peuples mahométans)(2), qui levèrent les premiers l'étendard de la guerre. Ces Hoeï-hoeï étaient les Khi-

(1) *Yuén taï tching Si-yü khào;* par Weï Youen, président du conseil des ministres (*Neï-khŏ*) de l'empereur Tao-kouang (1821-1850), extrait de sa grande Géographie historique, intitulée *Hàï-koŭe-thoŭ-tchí*, en 100 kiouan ou livres; K. 32, fol. 6-11, dans la 3e édition, de 1853 (la

première étant de 1844, et la seconde de 1847). La troisième édition est très-augmentée.

(2) Connus en Europe sous le nom de Boukhares, parlant une langue qui a beaucoup d'affinités avec la langue persane. Les Chinois encore aujourd'hui appellent *Hoeï-hoeï* (littérale-

tans occidentaux (1). Leur territoire comprenait les pays situés au midi des « Monts célestes » (2) jusqu'aux frontières du *Ngao Kan* (Khan de Bokhâra), à l'ouest des monts Tsoung-ling (les Monts Bolor); de même que les pays situés au nord des « Monts célestes » (3) formaient le territoire des Hoeï-kou (les Ouïgours), que quelques-uns nomment Weï-ou (4). A cette époque, le roi des Weï-ou (Ouïgours), nommé I-tou-'hou-k', fit sa soumission. C'est pourquoi Taï-tsou (Dchinghis-Khaân) ne porta pas la guerre et les calamités qui en sont la suite chez les Hoeï-kou (Ouïgours), de la « Route septentrionale » (*pĕ-loú*) (5), mais il résolut de porter ses armes dans le royaume des Hoeï-hoeï, et d'attaquer leur capitale située à l'ouest des « Monts Tsoung-ling ». De plus, quand il envoya son fils aîné Djoutchi avec différents corps d'armée pour attaquer les Hoeï-hoeï, et s'emparer de

---

ment : « qui tourne et retourne sur soi-même ») tous ceux qui, en Chine comme ailleurs, professent la religion mahométane.

(1) On les appelait ainsi parce que, après la chute de la dynastie des Liao, ou « Khitans septentrionaux », qui avaient formé un empire au nord de la Chine, vers le commencement du dixième siècle de notre ère (lequel empire fut détruit au commencement du douzième par les ancêtres des Mandchous actuels : les *Kin* ou « Althoun-kans »), un certain nombre de Khitans émigrèrent sous la conduite d'un de leurs princes, Ye-liu Ta-che, dans les pays occidentaux, chez les Ouïgours, dont le prince leur donna l'hospitalité. Ces Khitans, aidés du prince Ouïgour Bélik, et conduits par ce dernier, conquirent les pays de Kachghar, de Yarkand et de Khotân, ainsi que le Turkistân. Le prince Khitan prit alors le titre de Gourkhan (« grand Khan »), en 1125 de notre ère. Il était très-versé dans la littérature chinoise et zélé sectateur de Bouddha. Il fit construire un grand nombre de temples et monastères bouddhiques dans la partie de l'Asie centrale qu'il avait réunie sous sa domination. Un de ses descendants, Tchiloukou, qui régna de 1167 à 1208, époque à laquelle Dchinghis-Khaân détruisit la puissance des Naïmans, donna asile au fils du Khan de cette tribu mongole, qui s'était réfugié dans ses États. Le prince Naïman, auquel Tchiloukou donna aussi sa fille en mariage, profita de sa nouvelle position pour détrôner plus tard son beau-père et s'emparer de ses États. C'est ce prince Naïman qui régnait sur les Khitans occi-

dentaux, sous le nom de Goutchlouk, lorsque Dchinghis-Khaân résolut de porter la guerre dans l'Asie occidentale, et de le détrôner. On comprend par là les motifs de préférence qui le déterminèrent à prendre la route qui passe au midi des « Monts célestes » plutôt que celle du nord.

(2) *Thiân chân nân loú*, par où passait la grande Route méridionale (*nân-loú*) des caravanes qui se rendaient de l'Asie occidentale en Chine, et *vice versa*.

Ces « Monts célestes » sont aussi nommés par les Chinois « Monts neigeux » (*siŭë-chân*) comme étant une ramification de l'Himâlaya, qui, en sanskrit, signifie également « séjour des neiges. »

(3) *Thiân chân pĕ loú*, par où passait la grande Route septentrionale (*pĕ loú*) des mêmes caravanes.

(4) C'étaient des tribus turques, lesquelles à cette époque avaient déjà reçu un degré de civilisation plus avancé que les tribus mongoles ou tartares. Les Nestoriens y avaient porté l'écriture syriaque que ces tribus avaient adoptée, pour écrire leur langue, en la modifiant légèrement. Une grande partie de ces tribus avaient adopté la religion nestorienne, et l'autre partie professait l'Islamisme.

(5) Cette « Route septentrionale » (ou *Marche*, dans le sens ancien) comprenait les gouvernements chinois actuels d'*I-li*, de Tarbagataï, et de Kour-kara-oussou; comme la « Route (ou *Marche*) méridionale » comprend la Petite Boukharie, ou le Turkistan chinois. C'est cette dernière route que suivit Marc Pol en se rendant en Chine.

h

toutes leurs villes situées au midi des « Monts célestes »; tous ces corps d'armée reçurent l'ordre de ne pas traverser le pays des Hoeï-kou (Ouïgours).

« Ces Hoeï-hoeï étaient les « Khitans occidentaux ». Car après la chute des Liao, dans le commencement du règne des Kîn, une multitude des premiers s'enfuit en Occident et s'établit d'abord au nord du désert de sable, au milieu de la tribu des Naïmans (1). Ensuite, ayant trompé les Hoeï-kou (Ouïgours) par des paroles artificieuses et mensongères, ils allèrent au midi (avec leur aide) attaquer les Hoeï-hoeï (les populations mahométanes qui habitaient ces contrées), et s'emparèrent de tout leur territoire. Ce royaume avait deux capitales : l'une était située à l'ouest des « Monts Tsoung-ling »; c'était *Tsin-sse kan*, qui est la ville de *Saï-ma-'rh-kan* (Samarkand) (2), laquelle est aujourd'hui située dans les possessions territoriales de *Ngao-Kan* (chef du Khanat de Bokhâra et de Samarkand); l'autre était située à l'est des « Monts Tsoung-ling »; c'était *Pou-lou-te* (3), sur la frontière occidentale du territoire d'*I-li*.

« Ces États (des Khitans occidentaux) avaient pour limite méridionale l'Inde (Yin-tou) (4); pour limite septentrionale l'Oxus (*O-tsou*); pour confins, à l'occident, la mer Caspienne (*Neï-haï*, la « mer Intérieure »); et pour con-

(1) « Voir à ce sujet la « Description du royaume des *Khi-tan* (*kián Khi-tan koŭe tchi*). » (Éditeur chinois.)

(2) Voir Marc Pol, p. 136 et suiv. La ville de سمرقند *Samarkand* est placée dans la Table géographique de Nassir-ed-dîn Thousi, à 98° 20′ de longitude des « Iles fortunées, » et à 40° 05′ de latitude; et dans celles de Ouloug-Beg à 99° 16′ de long. et 39° 37′ de lat. Les auteurs européens lui donnent 39° 30′ de longitude et 66° 30′ de latitude (du méridien de Paris).

(3) *Bourout;* le chef-lieu des tribus *Kirghiz-Bourout*, qui habitent encore aujourd'hui les parties occidentales du Turkistân oriental.

(4) D'après les historiens et géographes chinois, les « cinq Indes », comme ils les nomment, s'étendaient beaucoup plus au nord et à l'ouest qu'on ne l'indique dans nos traités de géographie européens, suivant en cela les anciennes traditions de l'Inde. Cependant ils leur donnent généralement pour limites, au nord les monts Himâlaya, et Hindoukouch, en y comprenant le Badakchân, l'Afghanistân, et une partie de la Perse orientale : le Khoraçan et le Kouhistân. C'est ce qu'il ne faut pas perdre de vue en lisant les documents suivants, lesquels représentent les idées des historiens et géographes chinois sur l'Asie centrale et occidentale.

Dans une « Description historique de l'Inde » (*Thian tchu pou hoeï khao*, extraite du *Pien-i-tien*, K. 58, fol. 1-22) que nous avons autrefois traduite et publiée dans le *Journal asiatique* de Paris (année 1839-1840), on lit : « Ce pays se « divise en Indes *orientale, occidentale, méridio-* « *nale, septentrionale* et *centrale.* — *L'Inde méri-* « *dionale* confine à la mer. — *L'Inde septentrio-* « *nale* est située au pied des *montagnes neigeuses* « (l'Himâlaya); elle en est enveloppée de toutes « parts comme une pierre précieuse (c'est le Ca- « chemire) dont la forme ronde ressemble à celle « du ciel. Au midi il y a une vallée qui la traverse « et qui forme la porte ou l'entrée du royaume. « *L'Inde orientale* est limitée par la mer ainsi « que par le *Fou-nan* et le *Lin-i* (le Camboge et « la Cochinchine). « *L'Inde occidentale* confine à *Ki-pin* (la Co- « phène, aujourd'hui le Caboul), et à *Po-sse* (la « Perse). « *L'Inde centrale* communique par ses frontiè- « res avec les quatre autres divisions de l'Inde. »

fins, à l'orient, le territoire d'*I-li*. Ces deux grands royaumes (ayant chacun leur capitale) étaient comme une confédération (*kăng*) de tous les petits royaumes compris dans ses limites. C'est pourquoi les armées mongoles, lorsqu'elles voulurent les attaquer et s'en emparer, se divisèrent en deux corps qui suivirent chacun une route différente. Celui que commandait Taï-tsou (Dchinghis-Khaân) suivit la « Route du nord ».

« La quatorzième année de son règne (en 1219), on prit la ville de Othrâr (*O-tá-la*) et on s'empara du chef qui y commandait (1). La quinzième année (en 1220) on réduisit la ville de *Pou-'hoa* (2) (Khodjend), celle de *Tsin-sse-kan* (3) (Samarkand), celle de *To-lo-'rh* ou *To-'rh* (Tarâs) (4). La seizième année (1221) on attaqua la ville de *Pou-ho-'rh* (5) (Bokhâra), celles de *Sie-mi-sse-kan* (6), de *Pan-le-ki* (7).

« Le souverain du Sî-yŭ *Tcha-lan-ting* (8) (Djelal-ed-dîn) se sauva. Il

---

(1) « Ce chef d'une tribu particulière de *Hoeï-hoeï* n'était pas son Khân ». (Édit. chin.). D'après les historiens persans, Rachid-ed-dîn et autres, cités dans D'Ohsson (*Histoire des Mongols*, t. I, p. 206 et suiv.), le gouverneur d'O-trar, pour le sultan Mohammed, nommé Inaldjouc, portant le titre de Gaïr-khan, avait fait assassiner des marchands et des ambassadeurs de Tchinghis-Khan, qu'il avait représentés à Mohammed comme étant des espions. On rapporte qu'en apprenant cet attentat Tchinghis-Khan versa des larmes d'indignation ; qu'il se rendit sur le sommet d'une montagne, où, prosterné la face contre terre, la tête découverte, la ceinture rejetée sur le cou, il implora les secours du ciel pour sa vengeance, et passa trois jours dans les prières et les mortifications. Aussi lorsqu'un de ses corps d'armée, commandé par ses deux fils, Djaghataï et Ogodaï, eut pris Otrar, le gouverneur Ghaïr-khan, qui s'était défendu jusqu'à la dernière extrémité en désespéré, fut conduit à Samarkande devant Tchinghis-Khan qui ordonna qu'on lui coulât de l'argent fondu dans les yeux et les oreilles, pour venger la mort de ses ambassadeurs et des malheureux marchands qui avaient été les victimes de sa cupidité.

On peut consulter sur le siége d'Othrâr, qui dura cinq mois : l'*Histoire de Genghizcan*, par Pétis de la Croix, p. 205 et suiv.

(2) « Ou *Hou-wa*. Cette ville était située à l'ouest des Monts Tsoung-ling. » (Édit. chin.)

(3) « C'était la ville capitale nommée *Saï-ma-'rh-khan*. » (Édit. chin.)

(4) طَرَاز *Taráz* dans les Tables géographiques de Nassir-ed-dîn et Ouloug-Beg, long. 90° 50', lat. 43° 31'.

(5) « Dans l'Histoire officielle des Ming, ce nom est écrit *Pou-'hoa-'rh*. Dans la Géographie des Yuên (Mongols) on a écrit *A-pa-ho-'rh* ; aujourd'hui on écrit *Pou-'ao-'rh* ; cette ville est située au nord-ouest de *Tsin-sse-kan* (Samarkand). » (Édit. chin.)

Comparez Marc Pol, p. 9, 69 et suiv.

(6) « Tchang Tchun dans son *Sî-yéou-ki* (« Voyage dans l'Occident ») écrit ce nom *Sie-mi-sse-kan* ; c'est la même ville que *Tsin-sse-kan* (Samarkand). Les historiens des Yuên (Mongols) se sont trompés en faisant deux villes d'une seule, sous des noms écrits un peu différemment. » (Édit. chin.)

(7) « Tchang Tchun, dans son *Sî-yéou-ki*, dit qu'une ville de *Pan-li* était située au midi de la *Porte de fer*, et du fleuve *A-mou*, non loin des hautes « Montagnes neigeuses. » (Éd. chin.)

Cette ville de *Pan-le-ki* ou *Pan-li* était celle de Balkh (voir Marc Pol, p. 108), l'ancienne Zariaspa, puis Bactra, capitale du royaume grec de la Bactriane.

(8) C'était, comme nous l'avons dit, *Djelal-ed-dîn* Mohammed, sultan du royaume de Khârism, qui avait succédé en 1219, à son père Kothb-ed-dîn Mohammed. Le Mélik allié de Djelal-ed-dîn

était allié avec *Mé-li Kó-'han* (Mélik-khan). L'empereur (Dchinghis-Khaân) s'empara du *Mé-li*.

« Dans les Archives inédites (*pí-ssè*) des Yuên (Mongols), il est dit que l'année du lièvre (en 1218), Taï-tsou, ayant déclaré la guerre aux tribus *Hoeï* (mahométanes), ordonna à Tché-pé de prendre le commandement de l'avant-garde, et à Sou-bou-taï de former l'arrière-garde. To-'ho-tcha-'rh (Toghatchar, gendre de Dchinghis-Khaân), devait marcher ensuite. Il avait ordonné en même temps à ces trois généraux d'attaquer et de prendre toutes les villes par où ils passeraient, et de réduire les populations en captivité, en se dirigeant toujours sur les capitales (*wäng tchíng*, « villes royales »). Ensuite, la grande armée de Taï-tsou (1) étant arrivée pour les soutenir, ils attaquèrent l'armée du roi des Hoeï-hoeï, Tcha-la-ting (Djelal-ed-dîn), réunie à celle du Mi-li-ké (Mélik), lesquelles furent vaincues complétement dans une bataille sanglante (2).

« L'armée de Taï-tsou se mit à leur poursuite par des marches détournées pour les surprendre ; et le corps de Tché-pé, s'étant réuni avec d'autres, attaqua ensuite l'armée ennemie ; l'armée des Hoeï, ayant subi une grande déroute, se retira jusqu'au fleuve *Chin* (3), dans lequel elle se précipita et périt presque tout entière. Il n'y eut que les deux chefs Tcha-

---

Goutchlouk, devenu Khan des Khitans occidentaux, fut effectivement pris par les Mongols et eut la tête tranchée.

(1) Dchinghis-Khaân. L'auteur chinois reproduit les faits déjà exposés précédemment, mais ici d'après les Archives inédites de la dynastie mongole qui présentent quelques différences avec le premier récit. C'est ce qu'il ne faut pas perdre de vue.

(2) « Ce *Mé-li-khe-kan* devait-être le fils de l'ancien chef des Naïmans (*Taï-yang Khan*, vaincu par Dchinghis-Khaân), qui s'était emparé violemment et par surprise du royaume des Khitans, car les tribus des Hoeï (mahométanes) s'enfuirent à l'occident avec l'armée des Khitans occidentaux. » (Édit. chin.)

D'après Djouvéïni et Rachid-ed-dîn, cités dans D'Ohsson (t. 1, p. 172), ce Naïman (qui serait le Mélik en question, et se nommait Goutchlouk), s'enfuit de Kachghar à l'approche de l'armée mongole conduite par le noyan Tchébé. Les Mongols se mirent à sa poursuite, le prirent dans les montagnes de Badakhchân et lui tranchèrent la tête.

Le chef en question était plutôt Timour *Mélik*. Ce prince, qui avait commandé plusieurs fois les armées du sultan de Khârism, qui avait défendu Khodjend, avait échappé d'une manière surprenante aux Mongols, et qui était d'une bravoure telle que l'auteur du *Djihân Kouchaï* (« Histoire du conquérant du monde », c'est-à-dire Dchinghis-Khaân) disait de lui que le fameux Roustem, s'il eût vécu de son temps, *n'aurait été bon qu'à porter son manteau!* Timour Mélik suivit constamment Djelal-ed-dîn, depuis le jour où ce dernier s'enfuit du Khârism dans le Khoraçân, accompagné de trois cents cavaliers, jusqu'à celui où, l'armée qu'il avait réunie, battue par celle des Mongols, sur les bords de l'Indus, il se jeta dans ce fleuve pour le passer à la nage, son étendard à la main.

(3) « Ce fleuve *Chin* est le fleuve *Yin-tou* (Indus) dans lequel (l'armée ennemie) se précipita à la nage. » (Édit. chin.)

la-ting (Djelal-ed-dîn) et Mi-li-ké (le Mélik) qui purent passer le fleuve et se réfugier à l'occident.

« Taï-tsou, après avoir pris la ville de Othrâr (*Ou–ta–la-'rh*), était allé passer l'été aux monts 'A-le-tàn Kouo-'rh (1). Il fut donné ordre à Sou-bou-taï d'aller réduire onze tribus voisines, du nord-est. Avant cette époque et après, sept années furent employées à conquérir des villes Hoeï (mahomé-tanes) (2). On envoya Pa-la (3) à la recherche et à la poursuite de Tcha-la-ting (Djelal-ed-dîn) et du chef (Timour Mélik) qui l'accompagnait. Pendant ce temps, l'armée des fils de Taï-tsou partait des Cinq villes des Hoeï-kou (Ouïgours) et allait attaquer le chef Naï-man des Khitans occidentaux, à l'ouest des Monts Tsoung-ling (l'ancien Imaüs). Les fils impériaux Tchou-tchi (4), Tcha-'ho-taï (5) (Djaghataï), et Ouo-ko-taï (6) (Ogodaï) et autres, se séparèrent et allèrent attaquer les villes de Yang-ki-kan, de Pa-'rh-tchin, de Yŭ-loùng-ki-tchi (7), de Ma-lou-tcha, de Ya-'rh-ma-lou (8), de Si-la-sse (Chiraz). Le quatrième fils impérial, Tou-louï, et d'autres généraux se divi-sèrent pour aller attaquer les villes de Sse-ni, de Tcha-ou-'rh (9) et autres.

(1) « On appelle ainsi les montagnes nei-geuses du nord de l'Inde. Ce ne sont pas les monts '*A-'rh-thaï.* » (Édit. chin.)

C'étaient les montagnes qui entourent, à une portée de flèche, la ville de Thalikàn, la plus importante du Tokharestân, que Dchinghis-Khaân avait prise après un siége de sept mois, et dans laquelle il ne laissa pas pierre sur pierre après en avoir fait périr tous les habitants. Cette ville طالقان Thálikân, du Tokharestân, est placée dans les Tables de Nassir-ed-dîn Thousi, et dans celles d'Ouloug Beg, par 102° 50' de longi-tude (des îles Fortunées) et 37° 25' de latitude.

(2) L'auteur chinois que nous traduisons, en résumant ainsi les Archives des Mongols con-cernant leurs conquêtes dans l'Asie occidentale, ne suit pas l'ordre des temps. Il cherche à faire connaître seulement les résultats des sept an-nées de guerre de Dchinghis-Khaân.

(3) Le *Noyan* ou prince *Béla* des historiens persans.

(4) « L'aîné. » (Édit. chin.)

(5) « Le puîné. » (*Id.*)

(6) « Le cadet. » (*Id.*)

(7) « On écrit aujourd'hui *Yu-loung Ho-che*; c'est le fleuve de '*Ho-tien* (Khotàn). » (Édit. chin.)

Yŭ-loùng signifie en chinois : digues de pierres de *yŭ* ou de jade; on nomme ainsi le fleuve de Khotàn, parce qu'il roule et amoncelle des pierres de jade.

La ville de Khotàn, qui porte le nom de son fleuve, se nomme aujourd'hui *Ili-tchi*. Comparer ce qui en est dit dans Marc Pol, p. 143 et suiv., et le *Si-yŭ thoùng wén tchi*. (K. 3, fº 29).

Yang-ki-kan est probablement écrit pour *Andzidjàn*, aujourd'hui chef-lieu d'une princi-pauté ou Khanat, qui comprend les villes de *Khokand*, *Murgalang* et *Naïman*.

(8) « On suppose que ce doit être *Ya-'rh-kiang.* » (Édit. chin.) Voir aussi, sur cette ville, Marc Pol, p. 141, et le *Si-yŭ thoùng wén tchi*. (K. 3, fº 16, 17.)

(9) Selon les historiens persans, l'invasion du Khoraçan fut effectivement faite par Tou-louï, l'un des fils de Dchinghis-Khaân, ayant avec lui les deux généraux Tchébé et Souboutaï. Les deux premières villes qu'ils prirent furent زوزن *Zouzen* et نيسابور *Niçâbour*. Ce sont là, très-vraisemblablement, les deux villes indiquées dans le texte chinois, mais dont la transcription est erronée; la dernière syllabe du nom de la première ville *Sse-ni*, pouvant être reportée au

Toutes furent réduites. Ensuite on alla attaquer le royaume des Mou-la-hi (Ismaéliens), puis on traversa le fleuve So-so-lan (1), on réduisit les villes de Ye-li (2) et autres; et l'empereur (Dchinghis-Khaân) ayant rejoint l'armée, il attaqua les fortifications de Ta-li-'han (3) et les détruisit pour prendre la ville d'assaut. Le souverain du *Si-yŭ* (le Sultan de Khârizm), Tcha-lan-ting (Djélal-el-dîn), s'échappa et prit la fuite.

« Cette armée de la « Route méridionale des monts Célestes » se divisa ensuite pour suivre deux voies différentes. Tchou-tchi et d'autres généraux partirent de Yu-tien (Khotân) des « Monts méridionaux », et arrivèrent à Ya-'rh-kiang (4). Tou-louï et d'autres généraux partirent de Kou-tche, de A-khe-sou (Aksou), de Ou-che, et arrivèrent à Kha-che-ko'-rh (5) (Kacheghâr). C'est pourquoi Tou-louï se réunit d'abord à Taï-tsou (Dchinghis-Khaân), à l'ouest des monts Tsoung-ling.

« La dix-huitième année (du règne de Taï-tsou, en 1223), l'armée du fils impérial Tchou-tchi et celles d'autres généraux, au nombre de trois, firent aussi leur jonction et allèrent fixer leur campement dans les contrées

commencement du nom de la seconde : *Ni-tcha-'ou-rh*, pour *Tcha-'ou-'rh*, c'est-à-dire, *Nichabour*, comme on prononce ordinairement. Il se pourrait aussi que le nom de *Sse-ni* représentât celui de la ville de نيسا *Niçâ*, également ment prise par les Mongols.

(1) « On suppose que ce doit être le fleuve *Ou-lan Ou-sou*. » (Édit. chin.) *Ou-sou* est un mot mongol qui signifie *eau*. *Ou-lan ou-sou* veut donc dire : « les eaux du *Ou-lan*, ou '*Ou-ran*. » C'est probablement le Kour (l'ancien Cyrus) qui se jette dans la mer Caspienne, et que l'armée des Mongols dut franchir dans leur guerre contre les Mélahideh ou Ismaéliens d'Alamout; ou bien la rivière de *Lar* qui se jette également dans la mer Caspienne, après avoir pris sa source dans les monts Demavend.

(2) C'est la ville de هراة *Hérât*, dans le Khoraçân, si célèbre dans tout l'Orient, l'Αρεία ou *Alexandria Ariôn* du conquérant macédonien, qu'un Français, M. Ferrier, et un savant russe, M. de Khanikoff, ont visitée dans ces dernières années. Les Tables de Nassir-ed-din Thousi, et celles d'Ouloug Beg placent cette ville par 94° 20′ de long, et 34° 30′ de lat. Les géographes européens sont peu d'accord sur sa position. Celle que lui donne M. de Khanikoff se rappro-

che beaucoup de celle des deux anciens astronomes persans. (V. *Mémoire sur l'Asie centrale*.)

(3) Voir sur Thalikân la note de la page précédente, n° 1. L'éditeur chinois dit que « *Ta-li 'han* est maintenant la ville de *Ta-chi-'han*, située au nord-ouest des monts *Tsoung-ling*, »

(4) Yârkand; voir, sur cette place, Marc Pol, p. 141 et suiv.

(5) On trouve ces noms placés ainsi dans les Tables de Nassir-ed-dîn et d'Ouloug Beg :

ختن *Khotan.* long. 107° lat. 42°.

كش *Kech*, long. 99° 30′; lat. 39° 30′.

أوش *Ouch*, long. 102° 20′; lat. 43° 20′.

كاشغار *Kâchghâr*, long. 106° 30′: lat. 44°.
      — 107°   — 42°.

Voir aussi sur *Khotan* et *Kâchghâr*, Marc Pol, p. 143 sq. et 134 sq. Quant à *Kou-tche* et *Aksou*, le Dictionnaire historique et géographique en six langues, publié à Pé-king dans le siècle dernier, le *Kin ting Si-yŭ thoing wên tchi* (K. 2, f° 17, et K. 3, f° 1), donne sur ces villes, comme d'ailleurs sur les précédentes, des détails que nous ne pouvons reproduire ici. Ces villes étaient déjà connues des Chinois dans le second siècle avant notre ère.

occidentales (*Si-yŭ*). Ils établirent leur quartier-général à Ta-lou-hoa-tcha (1).

« La dix-neuvième année (1224), ils se mirent à la poursuite du Sultan de Jo-feï-tchă (du Khârism). Ayant franchi les hautes « Montagnes neigeuses » (*Tă-siŭe-chăn*), ils arrivèrent dans l'Inde septentrionale, au lieu dit : Kio-touan-kian (« perspective du pic droit en forme de corne », que l'on nomme en sanskrit : *Grĭdhra-kout'a*, « le pic du Vautour »).

« Dans la Vie du général en chef Kouo Pao-yŭ (2), il est dit que l'année *kia-wou* du cycle (en 1214), l'empereur (Dchinghis-Khâan) résolut de châtier les tribus émigrées des Khitans (occidentaux) et de s'emparer des villes de Ngo-'rh-to (Ourkand) et autres, du royaume de Kou-tchou-khe (3) (Goutchlouk). Il mit en déroute l'armée de ce royaume, forte de plus de trois cent mille hommes. Pao-yŭ, qui commandait dans l'armée expéditionnaire, reçut une flèche en pleine poitrine qui mit sa vie en danger (4). L'empereur ordonna de faire écorcher un bœuf et d'envelopper de sa peau son général blessé, qui fut rétabli en peu de temps ; car bientôt après il livra successivement plusieurs batailles et s'empara des villes de Pi-chi-pe-li (Bichebalik), Pie-chi-nân (5) et autres. Plus tard, au moment de passer un fleuve, les occidentaux, ayant formé deux corps de troupes pour s'y opposer, vinrent à la rencontre (de l'armée de Pao-yŭ) pour lui livrer bataille ; mais ils furent mis dans une si complète déroute que la plupart perdirent la vie.

« L'armée s'avança ensuite sur la ville de Ta-che-kan (6) (Tachekand) qu'elle soumit. Prévoyant son arrivée sur le fleuve A-mou (l'Oxus), l'ennemi construisit plus de dix retranchements, et établit des bateaux (en forme d'estacades) pour en arrêter le passage. Pao-yŭ ordonna de lancer des flèches à feu sur les bateaux, et un vent s'étant élevé en ce moment même, ces bateaux furent tous-consumés ; les fortifications élevées sur les bords du fleuve furent ensuite attaquées et détruites, et l'armée qui les défendait,

(1) Le *Colan-Tachi* des historiens persans. (Voir D'Ohsson, lieu cité, t. I, p. 322.)

(2) C'était le grand-père de Kouo Khan, l'un des deux généraux qui commandaient l'aile droite de l'armée de Houlagou, lors de sa grande expédition dans l'Asie occidentale. On trouvera ci-après la traduction du *Bulletin* de cette même expédition tiré de la vie de Kouo Khan. Voir *Yueñ-Sse* (K. 149, f⁰ˢ 10, 16) ; et le *Haï koŭe thoŭ tchí*, k. 29, fol. 30.

(3) *Yuen-Sse*, édition à orthographe rectifiée, publiée la 4ᵉ année *Tao-kouang* (1824). K. 149, fol. 11, v⁰. La date de 1214 du texte est erronée ; c'est l'année 1418.

(4) Nous suivons ici le texte du *Yuen-Sse*, plus complet que dans l'extrait du *Haï-koŭe-thoŭ-tchí*.

(5) *Pi-chi-lan*, dans le *Haï-koŭe thoŭ-tchí*.

(6) L'ancien texte porte *Tsin-sse-kan*. Ce serait alors la ville de Samarkand.

forte de cinquante mille hommes, mise en déroute; le général en chef qui la commandait, Sao-li, eut la tête tranchée, et on s'empara de la ville de Ma-le-ssĕ (Mareschk, dans les environs de Thous, ancienne capitale du Khoraçân).

« L'année *sin-sse* du cycle (1221), le Sou-le-tan Khan du royaume de *Ko-feï-tcha* (le Khârism) (1) détruisit le royaume des Naï-mân. Il conduisit son armée à la reprise de Ta-che-kan (2). Mais ayant appris que l'empereur (Dchinghis-Khaàn) arrivait, il abandonna la ville et se retira au midi. Il passa par la « Porte de fer » (3), et plaça son camp dans les grandes Montagnes neigeuses. Păo-yŭ l'y ayant poursuivi, il s'enfuit dans l'Inde. L'empereur fit arrêter sa cavalerie devant ces mêmes Montagnes neigeuses (*tá siŭe chân thsîan*). A cette époque de l'année, il y avait dans les vallées de ces montagnes jusqu'à deux *tchang* (plus de six mètres) de neige en profondeur. Păo-yu demanda que l'on conférât des titres aux génies de ces montagnes et de ces vallées.

« L'année *jin-wou* du cycle (1222), à la troisième lune, les monts « Koŭen-lùn » furent investis, par une proclamation de l'empereur, du titre de « Roi de l'extrême altitude de l'empire mongol » (4), et le grand « Lac Salé », de celui de « Roi des eaux bienfaisantes » (5).

« Ce Sultan de l'Inde septentrionale (6) s'étant de nouveau emparé de la capitale occidentale des Khitans, l'armée de Taï-tsou (Dchinghis-Khaàn) alla encore porter la guerre dans l'Inde, en marchant au midi. Dans les deux royaumes qu'on y comptait; les Khitans occidentaux furent seuls à y faire la guerre pendant très-longtemps. Car, depuis Ye-liu Ta-chi jusqu'alors, leur royaume avait duré soixante-dix années. Il comptait cinq souverains (7).

---

(1) Ou *Khou-i-i*, comme ce nom est écrit dans le *Yuen-Sse*, édition citée. (K. 149, fº 12.)

(2) L'ancien texte, reproduit dans le *Haï-Koŭe thou-tchi*, porte *Tsin-sse-kan* (Samarkand).

(3) Passage dans l'*Hindou-Kouch*. Voir Pétis de la Croix, *Hist. de Genghizcan*, p. 328.

(4) *Foùng Kouĕn-lùn chân wéi : Yuen kĭ wáng.*

(5) *Tá yĭn tchĭ wéi : hoëi tsi wáng.* Ici se termine l'extrait de la vie de Pao-yŭ, tiré du *Yuen-Sse*. L'auteur chinois reprend le récit des événements pour en présenter l'ensemble à sa manière.

(6) Les sultans du Khârism, ancêtres des Ottomans, s'étaient emparés de la Perse, sur les Seljoukides, en 1196, et ils avaient étendu leur domination jusqu'à l'Indus. L'un des fils du sultan Ala-ed-din Mohammed, Djelal-ed-din, avait pour apanage le territoire de Ghaznah, dans l'Afghanistàn; les Mongols l'y poursuivirent; c'est pourquoi les historiens chinois appellent ce pays : l'Inde septentrionale.

(7) « Dans ce nombre, il y eut deux femmes qui régnèrent (en qualité de régentes). » (Édit. chin.) Cela s'accorde avec le tableau des souverains des « Khitans occidentaux » ou KARA-KHITANS, donné par Deguignes (*Histoire des Huns*, t. I, p. 205), d'après les écrivains chinois.

À l'époque où nous sommes arrivés, il y avait plus de dix ans qu'un descendant des Naï-man tenait le pays en sa possession (1).

« Leur territoire avait bien dix mille *li* d'étendue. Ils avaient le caractère hardi et turbulent. De plus, il y avait un Khan d'une tribu voisine de l'Inde du nord (le Cachemire) qui désirait profiter des avantages que lui procurerait la retraite de notre armée. Il s'empara donc de tous les équipages de pêche des pêcheurs, afin de nous priver de tous les moyens de passer par sa tribu. Alors le principal corps de l'armée (mongole) prit la résolution de faire volte-face et de s'en retourner; une partie des troupes, dans la retraite, restant soumise, une autre partie manifestant des sentiments de rébellion (2). C'est pourquoi Taï-tsou laissa son armée dans ses campements pendant plusieurs années (3).

« La ville de Tsin-sse-kan fut destinée à maintenir sous sa domination les pays situés à l'ouest des monts Tsoung-ling. Il ordonna à Ye-liu Thsou-thsaï (4) d'en prendre le commandement. Il forma ensuite deux corps d'ar-

(1) Par suite de l'usurpation du prince Naï-man (fils de l'un des derniers Khans : *Ta-yang*), qui s'était réfugié chez les Khitans, et qui s'était emparé du pouvoir souverain, sous le nom de Goutchlouk Khan.

« Taï-tsou, dit l'éditeur chinois, ayant anéanti la puissance des Naïmans, tua *Taï-yang Khan* (leur chef). Son fils, ayant pris la fuite, se réfugia chez les Khitans occidentaux. Par la suite, ayant usurpé le pouvoir de leur Khan qui était respectable, il se constitua le souverain suprême de tous les États (des Khitans) dont il s'empara, en leur conservant leur dénomination. Taï-tsou (Dchinghis-Khaân), ayant porté la guerre en occident, les anéantit. »

(2) *Siün foü, siün pouán.*

(3) *Koü Taï-tsoü tchoü kiün soü tsaï.* Nous n'avons vu ce fait signalé par aucun historien des conquêtes mongoles dans l'Asie occidentale. Il rappelle la mutinerie des soldats d'Alexandre qui, selon Plutarque (*Vie d'Alexandre*, ch. 62), au moment où il voulait passer le Gange, refusaient de le suivre; ce qui fit qu'Alexandre se retira dans sa tente, se roulant par terre de désespoir : ὑπὸ δυσθυμίας καὶ ὀργῆς αὐτὸν εἰς τὴν σκηνὴν καθείρξας ἔκειτο. Quinte-Curce dit aussi que « pendant deux jours, Alexandre donna un libre cours à sa colère : *biduum iræ datum est* ». (L. IX, 3.)

(4) C'était un célèbre ministre de Dchinghis-Khaân, qui descendait, à la huitième génération, de Thou-yo, prince de la race des Khitans. Il était né en 1190 ; son père était vice-chancelier des rois de Kin, et il fit apprendre à son fils l'astronomie, la géographie, le calendrier et les mathématiques. Des occidentaux présentèrent à Dchinghis-Khaân, lorsqu'il eut conquis l'Asie centrale, un calendrier d'après lequel il devait y avoir à la cinquième lune, la nuit de l'opposition, une éclipse de lune. « Il n'y en aura pas », dit Thsou-thsaï, et effectivement l'éclipse annoncée n'eut pas lieu. (Voir la Notice sur sa vie, par M. Abel-Rémusat, *Nouveaux Mélanges asiatiques*, t. II, p. 64.)

Au retour de son expédition de l'occident, Dchinghis-Khaân trouvant tous les greniers vides, sans un boisseau de grains ni une pièce d'étoffe, des conseillers lui représentèrent que les populations de la partie de la Chine qu'il avait conquise n'étaient d'aucune utilité pour le service de l'État, et qu'en exterminant les habitants de ces provinces, on ferait de ces pays conquis d'excellents pâturages. Thsou-thsaï combattit cette horrible proposition. Il fit observer à l'empereur qu'en s'avançant vers le midi de la Chine, ses armées auraient besoin d'une infinité de choses qu'il serait aisé de se procurer si l'on voulait asseoir sur une base équitable les con-

mée dont l'un fut dirigé vers le nord à la poursuite de deux chefs Mé-li (Méliks) jusqu'au pays de Kin-tcha (royaume de Sibir), et lui-même, à la tête d'une grande armée, se dirigea au midi jusqu'à la « Porte de fer » (*Thie-mén*). Il traversa le fleuve A-mou, franchit les grands « Monts neigeux » (*tá siúe chán*), poursuivit le chef de Jo-feï-tcha (du Khârism) jusque dans l'Inde septentrionale. Faisant ensuite faire un circuit à son armée, il envoya de ses généraux le poursuivre jusque dans le Sindh (*Yin-tou*) (1). Ayant atteint le fleuve *Chin* (l'Indus), épuisé de fatigues, le Sultan (2) mourut. Alors l'armée s'en revint.

« Ensuite (Dchinghis-Khaân) conféra à son gendre Thie-mou-'rh le gouvernement militaire de la ville de Tsin-sse-kan (Samarkand) pour en faire une place forte destinée à maintenir dans la soumission les populations de ces contrées ; et il établit une administration civile générale (*Híng sìng*) sur les bords du fleuve A-mou, pour constituer le gouvernement général des contrées occidentales (3). Le fleuve A-mou est celui qui est appelé dans les livres bouddhiques Fo-tsou (Oxus). La source de ce fleuve sort du « Lac du grand Dragon » (4) des « Monts Tsoung-ling », puis coule à l'occident dans la « mer Salée » (la mer d'Aral). Du côté de l'ouest du Tsoung-ling, il forme une voie navigable très-utile ; du côté du midi, il peut être une barrière protectrice pour l'Inde ; du côté du nord, il peut aussi protéger Tsin-sse-

tributions territoriales, et les taxes commerciales, l'impôt sur le sel, le fer, le vin, le vinaigre, le produit des montagnes et des lacs ; que, de cette manière, on pourrait tirer par an *cinq cent mille onces d'argent, quatre-vingt mille pièces d'étoffes, plus de quarante mille quintaux de grains,* en un mot tout ce qui serait nécessaire à l'entretien des troupes. « Comment, ajouta-t-il, « peut-on dire qu'une telle population ne soit « d'aucune utilité pour le service de l'État ? » La philosophie, ajoute M. Rémusat, aurait pu fournir des raisons plus éloquentes contre un projet d'une barbarie extravagante ; mais il était difficile d'en trouver de plus propres à faire impression sur l'esprit des Mongols ; et si l'on pouvait estimer numériquement les services rendus à l'humanité, on devrait peut-être accorder à Ye-liu Tsou-thsaï la gloire d'avoir sauvé la vie au plus grand nombre ; car il ne faut pas oublier qu'il s'agissait du massacre de *plusieurs millions* de Chinois ; et ce que les Mongols firent ailleurs

prouve qu'ils étaient gens à l'entreprendre et à en venir à bout. »

Ce grand ministre mourut en 1244, à l'âge de cinquante-cinq ans, de la tristesse qu'il ressentit de la mauvaise conduite des affaires de l'État. Des ennemis prétendirent alors, qu'ayant administré si longtemps l'empire, il avait dû accumuler d'immenses richesses. On fit faire des perquisitions dans sa maison et on n'y trouva, au lieu de trésors accumulés, qu'une dizaine de luths dont il aimait à jouer, plusieurs livres anciens et modernes, des peintures, quelques morceaux de jade et *un millier de traités* qu'il avait composés sur différentes matières.

(1) « C'est l'Inde centrale du *Houen-tou-sse-tán* (Hindoustan). » (Édit. chin.)

(2) « L'expression *Souan-tan* est l'équivalent de *Khan*, dans le Si-yü. » (Éditeur chinois).

(3) *I thsoùng koúng Si-yü.*

(4) *Tá Loúng tchí.*

kan (Samarkand). C'est du moins ce que l'on peut supposer d'après la géographie actuelle.

« Les troupes de Taï-tsou (Dchinghis-Khaân) partirent d'I-li et se dirigèrent à l'ouest, dans le pays des Pou-lou-te (Bourouts). Elles attaquèrent et prirent au Ngao-kan : Ta-che-kan (Tachekand), Pou-'ho-'rh (Bokhâra), et ensuite, au midi, soumirent et dévastèrent le Pa-ta-khe-chân (Badakhchân) (1). Elles poursuivirent l'ennemi jusqu'au Khe-chi-mi-'rh (le Cachemire). De plus, un général fut envoyé faire une expédition dans le Yin-tousse-tân (l'Hindoustân); mais il s'en revint.

« Des membres de la famille de Taï-tsou se rendirent dans l'Inde septentrionale (*pĕ Yin-tou*), mais aucun d'entre eux n'alla dans l'Inde centrale (*tchoǔng Yin-tou*). Les historiens officiels des Yuen (*Mongols*) se sont trompés en prenant l'Inde septentrionale pour l'Inde orientale (*toǔng Yin-tou*). Ils se sont trompés également en prenant le pays de Kiân-kiŏ-touan (2) (le « Pic en forme de corne ») pour la « Porte de fer » (*Thie-mên*). Les historiens des Yuen, en ce qui concerne les Naï-man, les Hoei-kou (Ouïgours), les Hoeï-hoeï (Mahométans), les Sî Khi-tân (Khitâns occidentaux), ont dû imiter les historiens des Soung pour la recherche, la réunion et la disposition des matériaux dont ils se sont servis. Chaque personnage a son histoire particulière. Il faut voir dans les premières années du règne de Taï-tsou, pour en extraire ce qui concerne la conquête de chaque royaume ; en second lieu, dans la vie de ses fils (pour ce qui les concerne). Pour ce qui est relatif à la délimitation des contrées, à la succession régulière des faits : en général les renseignements sont comme noyés et très-confus. S'il s'agit d'un pays, on ne sait pas dans quelle région, quelle contrée il est situé ; il y a division sur division. Dans tout ce qu'ils ont rassemblé et réuni sur les cinq Indes, ils l'ont placé à l'époque de Hien-tsoung (Mangou-Khan, 1251-1259). Taï-tsoung (Ogodaï, 1229-1241) employa toutes ses forces à soumettre les Kîn et les contrées du nord ; il n'eut jamais le loisir d'aller faire la guerre dans le midi. Hien-tsoung (Mangou-Khan), la deuxième année de son règne (en 1252), ordonna à Hou-pí-lie (Khoubilaï-Khaân) d'aller conquérir le pays de Ta-li (3). Le prince impérial Thou-'rh-'hoa-sa-tche porta la guerre dans l'Inde (*le Chin-tou*). Tché-ti-pou-hoa la porta chez les Mou-li-ki (4) (les Mélahidehs ou Ismaéliens de Perse). Hou-lie (Houlagou) con-

---

(1) « Dans la Géographie officielle de l'histoire des Mongols (Yuen-sse), ce nom est écrit *Pa-tha-'hé-chang.* » (Édit. chin.)

(2) Voir précédemment, p. CIX.

(3) Voir Marc Pol, p. 391-392.

(4) « C'est l'État que Lieou Yeou, dans son *Si-*

quit le royaume du sultan des contrées occidentales (le khalife de Baghdâd) et d'autres États.

On fait remarquer ici que le Chin-tou (ou l'Inde dont il a été question ci-dessus) est le Yin-tou central; les Sou-tan (Sultans) étaient des souverains du Yin-tou occidental. Quant aux Mou-li-ki (les Ismaéliens), ils habitaient au nord du Yin-tou (1), à l'ouest de Saï-ma-'rh-kan (Samarkand); leurs frontières touchant à la « mer Salée » (la mer ou lac d'Aral) et à la « mer Intérieure » (la mer Caspienne); lesquels tous trois États étaient à l'ouest des monts Tsoung-ling. C'est pourquoi on divisa l'armée en trois corps, qui suivirent trois routes différentes pour aller les conquérir.

« La huitième année (du règne de Mangou-Khan, en 1258), Hou-lie (Houlagou) déclara la guerre au Ha-li-fa des Hoeï-hoeï (au khalife des Mahométans, ou de Baghdâd), et le réduisit. Houlagou envoya le prince son fils comme exprès (à Mangou-Khan, son frère), pour lui annoncer cette grande victoire (2).

« La troisième année (de Mangou-Khan, en 1253), il fut ordonné à Ou-liang-ou-taï (Ouriangoutaï) et autres généraux, d'attaquer le royaume de Pa-ta-ta (Baghdâd) du Ha-li-fa (le Khalife), et d'autres États des contrées occidentales (Si-yü). Il fut aussi ordonné aux Ta-ta-'rh : Tie-tche-li, Tou-lou-hoa et autres généraux, de porter la guerre dans les contrées de l'Hin-dus (Yin-tou-sse) (3), du Khi-chi-mi-'rh (Cachemire) et autres royaumes (4). On doit consulter la « Relation de Kouo-Khan (5) » et le « Mémoire du

sse-ki (Mémoire d'une ambassade ou expédition en Occident, traduit ci-après) appelle : « le royaume des Mou-nai-'hi. » (Édit. chin.)

(1) C'est-à-dire, plutôt au nord-ouest, dans le Kouhistân et le Khoraçân actuels.

(2) « Le 'Ha-li-fa est nommé, dans les historiens des Ming, 'Ha-li. Ceux du royaume (les historiens persans et arabes) disent que cet État était situé à 2,000 li et plus au sud-ouest de Saï-ma-'rh-kan (Samarkand). Avec l'État de Samarkand il formait le plus grand royaume du Si-yü (de l'Asie occidentale). Ce doit être aujourd'hui le royaume de Ngaï-ou-Khan (le Khanat de Khiva ou Khârizm). C'est de plus une seule et même chose. Les historiens des Yuen (Mongols) se sont trompés en écrivant qu'à la 2e année (du règne de Mangou-Khan, en 1252) Hou-lie mourut; et qu'à la 3e année (en 1253) en écri-

vant le même nom différemment, Hou-lie-hou porta la guerre dans le Si-yü. D'une seule chose ils ont fait deux choses, et d'un seul homme deux hommes. Aujourd'hui avec le « Mémoire de l'expédition dans les contrées occidentales » (Si sse ki) de Lieou Yeou (donné ci-après), on peut rectifier leurs erreurs. » (Édit. chin.)

(3) « C'est-à-dire dans le Yin-tou de l'In-tou-sse-tän. » (Édit. chin.)

(4) « Cet État de Khé-che-mi-'rh est l'Inde du nord. Ces deux armées (l'une envoyée dans la vallée de l'Indus et l'autre contre le Cachemire) étaient des corps auxiliaires de l'armée de Houlagou; mais les historiens (des Mongols) se sont trompés en les confondant avec son propre corps d'armée. » (Édit. chin.)

(5) La traduction en est donnée intégralement ci-après.

commissaire civil dans l'ouest, Lieou Yeou » (1), pour rectifier (les récits des historiens chinois). Ce qui est rapporté dans ces récits des guerres faites dans l'occident (de l'Asie), sous le règne de Hien-tsoung (Mangou-Khan), fait voir que ces guerres eurent toutes lieu dans l'Inde occidentale (2). Quant aux deux Indes, centrale et septentrionale, on n'y fit pas une guerre bien meurtrière, mais on les amena seulement à la soumission. Quant aux deux Indes, du midi et de l'est, l'armée en question (3) ne s'y rendit en aucun temps.

« Dans les commencements de la dynastie des Yuen (Mongols), on établit l'Administration civile centrale du fleuve A-mou (4). On l'établit en ce lieu pour maintenir dans la dépendance et la soumission l'ancienne place commerciale des Khi-tan, et pour tenir en respect, au midi, tous les royaumes indiens (5). Ainsi l'Inde s'appuyait sur le boulevard ou les passes difficiles des hautes « Montagnes neigeuses » (l'Himâlaya), pour se gouverner selon son bon plaisir ; elle ne tint aucun compte du contrôle du gouvernement général (établi par les Mongols). Par la suite du temps, Samarkand s'appuyant sur les monts Tsoung-ling, chacun des États qui étaient compris dans son territoire s'émancipa de l'autorité de la cour impériale ; et l'éloignement fit que l'on ne put les faire rentrer dans le devoir. Il s'ensuivit que l'on abandonna les établissements d'administration civile constitués sur les bords du fleuve A-mou. Il n'y eut que A-li-ma-li (Almalik), Pi-che-pa-li (Bich-balik), deux préfectures de l'administration mongole, qui conservèrent une autorité administrative dans les deux *Marches* méridionale et septentrionale des « Monts célestes » (6). En outre, la préfecture administrative mongole de Khiŭ-sian (7) conserva aussi son autorité sur les pays de la « Route orientale de Yu-men » (la Porte du Jade), et de Yang-kouan (la Douane de Yang), et ce fut tout (8). »

Tel est ce document historique, que nous avons voulu traduire dans toute son intégrité, y compris les *Notes*, afin de donner un échantillon de la science géographique et historique actuelle des Chinois, science qui laisse certainement encore beaucoup à désirer, mais qui n'en est pas moins remarquable, sur un sujet aussi difficile.

---

(1) La traduction intégrale de ce curieux mémoire est aussi donnée ci-après.

(2) Comprenant l'Afghanistân et la Perse.

(3) Celle de Houlagou et de ses généraux.

(4) *A-mou hŏ hing chàng choù sìng.*

(5) *Nàn koùng Yin-toŭ tchoù koŭe.*

(6) *Thiàn-chàn nàn pĕ eŭlh loŭ.*

(7) Ville fortifiée dépendant de la province actuelle de Khan-soŭ, et qui, à l'époque en question, faisait partie de l'État des Ouïgours.

(8) « La « Route ou Marche orientale » est maintenant appelée : '*An-si-loŭ.* (Édit. chin.)

B. 元史郭侃傳

2° Bulletin de la campagne de Houlagou, pour la conquête de la Perse, au milieu du treizième siècle, tiré de l'Histoire officielle des Yuen ou Mongols de Chine (1).

NOTA. Le Bulletin qui suit est inséré dans la vie du général chinois Kouo Khan, l'un des deux généraux qui commandaient l'aile droite de l'armée de Houlagou. Sa famille était originaire du district de *Tching*, du territoire de *Hoa-tchéou*, département de *Thoung-tcheou*, dans la province du Chen-si. Son grand-père, Kouo Pao-yŭ, était très-versé dans l'astronomie et l'art militaire, de même que son père, appelé *Tĕ-haï* (« la mer de vertus »), surnommé *Tá-yáng* (« le grand océan », c'est-à-dire « l'Européen »), probablement parce qu'il était venu jusqu'en Europe avec les armées de Dchinghis-Khaân, dans lesquelles il servait. Le jeune Kouo Khan, surnommé Tchoùng-hò (« le second-né de la famille », puîné), avait aussi étudié, très-jeune, l'astronomie, la géographie et l'art militaire ; et il fut promptement, à cause de ses qualités et de ses mérites, élevé par Mangou-Khan au rang de « Chef de mille familles » (*tsiên-hoù*), ce qui équivalait au grade de général. — « L'année *jin-tse* du cycle (1252 de notre ère), (*Kouo Khan*) suivit le prince du sang *Hou-lie-hou* (Houlagou) dans son expédition à l'occident (de l'Asie). L'année *kouei-tcheou* du cycle (1253), on arriva chez les *Mou-la-hi* (2). Ce royaume avait intercepté toutes les routes par des digues et des fossés, et avait empoisonné les eaux. *Khan* (3) mit en déroute complète son armée, forte de cinquante mille hommes, et soumit cent vingt-huit villes. On fit trancher la tête à son commandant en chef, le *Sou-le-tan* (Sultan) 'Ho-thou-hoa-'rh 'Hou-tchou (4). Le nom de *Sou-le-tan* signifie, en langue chinoise, un roi ou souverain (*wáng*).

« L'année *ping-chin* du cycle (1256), on arriva à *Khi-tou-pou* (5). Cette

<hr>

(1) *Yuen sse*, K. 149, fol. 13 et suiv., et *Haï koŭe thou tchi* ; K. 29, fol. 30 et suiv., 3ᵉ édit. de 1853.

(2) ملاحده *Mélahideh*, ou Ismaéliens de Perse. Notre texte chinois, comme celui de *Lieou Yeou*, dont la traduction suit celle-ci, porte *Mé-naï-hi*, par la nasalisation du *l*.

(3) C'est-à-dire *Kouo Khan*, qui est toujours nommé seulement *Khan* dans la suite du récit. C'est le même général qui, dans l'historien persan Rachid-ed-din (v. Ét. Quatremère, *Histoire des Mongols*, t. I, p. 190) est appelé كوكا ايلكا

Kouká Il-ká (l'*Il-kkán* Kouo Khan), en qualité de commandant l'aile droite de l'armée de Houlagou avec *Bouka Timour*.

(4) C'était alors Rokn-ed-din Khourchah, fils d'Ala-ed-din Mohammed qui fut assassiné l'année 653 de l'Hégire, ou 1255 de notre ère (après avoir régné 35 ans), par son favori *Haçan*, de concert, suppose-t-on, avec Rokn-ed-din. Il y a évidemment une confusion dans notre texte.

(5) Cette place était vraisemblablement la forteresse ismaélienne de كرد كوه *Kerd-kouh*, dans le Mazendérân.

ville forte est située sur le sommet d'une montagne très-escarpée. Des escaliers comme suspendus en l'air, pour monter et descendre, étaient gardés par des soldats d'élite, troupe résolue et déterminée à tous les sacrifices. Alors il fut décidé de serrer la ville de près, et le plus secrètement possible, par des travaux d'approche, et d'en faire le siége. Ayant reconnu qu'on ne pouvait la prendre ainsi, *Khan* fit monter ses affûts et ses machines de guerre (1) pour la battre en brèche. Alors le *'Ho-tchŏ Na-se-'rh* (2) fit des ouvertures pour la reddition de la place. *Hou-lie-hou* (Houlagou) envoya sommer *Ou-'rh-kou-n' Sou-le-tan* (3) de venir lui-même se rendre. Son père, *A-li* (4), se maintenait dans la ville occidentale ; *Khan* l'attaqua et la détruisit de fond en comble. Il marcha alors sur la ville orientale qui résistait toujours ; ensuite il l'attaqua, la prit d'assaut et en massacra les habitants.

« L'année du cycle *ting-sse* (1257), à la première lune, on marcha sur la ville de *Ou-la-'rh*. L'armée fatiguée se reposa un instant pour prendre des aliments ; mais ayant ensuite ordonné aux instruments d'airain de sonner, alors elle se leva. L'armée ennemie vint résolûment présenter le combat ; puis ayant cédé et s'étant débandée, elle fut entièrement massacrée. *'Haï-ya Sou-le-tan* (5) fit sa soumission.

(1) 砲 *p'áo.* Ce caractère chinois (ayant pour radical le caractère 石 *chí* « pierre », et non 火 *hŏ*, « feu ») doit être entendu comme désignant des *balistes* ou plutôt des *catapultes* pour lancer des *pierres*, et non des *canons* à feu.

(2) خواجه نصير *Khŏdjah Nasir*, dans Rachid-ed-dîn ; plus ordinairement *Nasir ed-dîn Thousi*, « Nasir, le fidèle croyant, natif de Thous, » ville de Perse dans la province du Khoraçân. *Khŏdjah* est un mot persan qui signifie « un homme de distinction, » un « gouverneur, » un « ministre. » Il est donné ici à Nasir, parce qu'il était « ministre » du chef des Ismaéliens.

(3) Il est évident qu'ici c'est *Rokn-ed-dîn Khourchah* qui est nommé. Le texte ancien du *Yuen-sse* porte *Hou-lou-hou-haï* ; nous avons suivi l'orthographe *rectifiée* de la nouvelle édition du *Yuen-sse* (« Histoire officielle des Mongols ») publiée sous l'empereur Khien-loung, pour laquelle on avait consulté les lettrés mongols

et mahométans de Chine. Il est vrai néanmoins que leurs rectifications de l'orthographe des *noms propres* et des *noms de lieux* ne sont pas toujours heureuses. Nous avons également adopté la leçon de *Sou-le-tán,* pour « Sultan, » au lieu de *Souan-tán* de l'ancien texte, comme étant plus conforme à la véritable orthographe du nom.

(4) Le père de Rokn-ed-dîn est nommé *A-li* dans nos deux textes ; c'est évidemment la transcription d'*Ala*, père du précédent, qui n'aurait pas encore été assassiné.

(5) Ce nom de *'Haï-ya* doit être la transcription de *Gaïath*, nom de plusieurs sultans Seljoukides d'*Iconium*, ou de *Roum*. On lit dans Makrizi (*Histoire des Sultans Mamelouks de l'Égypte*, traduit par Ét. Quatremère, t. I, p. 68): « A cette époque (H. 654, ou 1256 de notre ère) Houlagou, fils de Toulou-Khan, et petit-fils de Djenghiz-Khan, acquit une puissance redoutable; son nom devint célèbre, et il conquit, dans l'Orient, quantité de places fortes. Sur ces entrefaites, un général des armées tatares, ayant pénétré dans le pays de Roum, le sultan *Gaïath*

« On marcha ensuite à l'occident sur *A-la-ting* (1). On mit en déroute son armée dispersée, forte de trente mille hommes. *Ma-tsä-ta-'rh* (2) *Sou-le-tan* fit sa soumission.

« On se rendit ensuite au *Khe-chi-mi-'rh* (le Cachemire); le *Sou-le-tan O-li* (3) fit sa soumission.

« On marcha ensuite sur l'État de *Pao-tà* (4) (Baghdâd). C'est un grand royaume parmi ceux des barbares de l'occident (*si joûng*). Son territoire a bien mille *li* d'étendue. Les souverains de ce pays se sont succédé de père en fils pendant quarante-deux générations. L'armée, qui s'élevait à plusieurs centaines de mille hommes, fut vaincue. Les troupes de *Khan*, lorsqu'elles arrivèrent sur le champ de bataille, en mirent en déroute soixante-dix mille. On massacra les habitants de la ville occidentale; ensuite on prit d'assaut la ville orientale. Les palais de la ville orientale étaient construits entièrement avec du bois de santal, amené par eau (en remontant le Tigre). On y

ed-din-Kaïkhosrev se retira devant lui, et périt dans sa fuite. Il eut ses trois fils pour successeurs. Cependant les Tatars s'emparèrent de Kaïserieh (Césarée) et de tout son territoire. Enfin, ils se virent maîtres, dans la contrée de Roum, d'un pays qui s'étendait l'espace d'un mois de marche. »

On lit aussi dans Rachid-ed-dîn (*lieu cité*, p. 225) : « Sur l'ordre de Houlagou, Baïdjou-Noïan entra à la tête de son armée dans le pays de Roum. Cette contrée avait alors pour souverain *Gaïath*-ed-dîn Keïkhosrev, fils d'*Ala*-ed-dîn. Ce prince livra bataille à Baïdjou-Noïan et fut entièrement défait. Le vainqueur s'empara de tout le pays de Roum, qu'il livra au meurtre et au pillage. »

Un écrivain arménien, Guiragos, traduit par M. Dulaurier (*les Mongols d'après les historiens arméniens*, p. 115), place aussi cette invasion en 1256, et dit : « Les Tartares marchèrent contre les Romains. Le sulthan, impuissant à leur résister, se sauva dans l'île d'Alaïa. Les Tartares passèrent au fil de l'épée les populations de ses États, jusqu'à la mer Océane (la Méditerranée), et celle du Pont, étendant partout le massacre et le pillage. Ils exterminèrent les habitants de Garïn, d'Ezënga, de Sébaste, de Césarée, d'Iconium, et des districts environnants; puis, sur l'ordre de Houlagou, ils étendirent leurs incursions de divers côtés. A ces expéditions *prit*

part le roi d'Arménie, Héthoum (chrétien) de retour de sa visite chez Mangou-khan, Batou, Sarthakh et Houlagou. »

La ville de '*Ou-la-'rh*, '*Ou-li-'rh* (que l'on peut prononcer '*Ou-ri-'rh*), paraît être celle de Garïn, la première des villes énumérées ci-dessus par Guiragos.

(1) Ce nom est évidemment la transcription de *Ala-ed-dîn*, frère cadet d'Ezz-ud-dîn, sultan de Roum, et de Rokn-ed-dîn, qui régnèrent de 1244 à 1267.

(2) *Ma-tsa-ta-'rh*, ou *Ma-tsa-ying-euth* comme porte l'ancien texte, paraît être une transcription fautive de *Azz*, ou *Edz-ud-dîn*, sultan de Roum, qui régnait à cette époque.

(3) *O-li*, que l'on peut aussi prononcer *A-li*, est la transcription exacte du mot *Ali*, nom très-commun parmi les Mahométans, et que portait sans doute alors le souverain du Cachemire qui n'était plus gouverné par des princes indiens.

(4) Cette phrase manque dans la nouvelle édition du *Yuen-sse* (K. 149, fol. 14). Après avoir dit que « l'on se rendit au Cachemire, et que le « Sultan *A-li* fit sa soumission, » le texte porte : « C'est un grand royaume parmi les barbares « occidentaux, » ce qui s'applique à *Pao-ta*, ou Baghdâd. Nous avons suivi l'ancien texte reproduit dans le *Haï-koûe thou tchi*, lequel texte est plus correct que celui du *Yuen-sse*.

mit le feu, et ils furent tous consumés. L'odeur de l'incendie se faisait sentir à une distance de cent *li* (38 kilomètres). On y trouva des *p'i-p'á* (espèces de guitares) qui avaient soixante-douze cordes, et des candélabres en corail de cinq pieds de hauteur.

« Entre les deux villes il y a un grand fleuve. *Khan* avait fait construire des ponts de bois flottants pour en intercepter le passage. La ville ayant été prise, le *'A-li-fa* (1) *Sou-le-tan* était monté sur une barque (pour tenter de s'échapper). Mais, ayant considéré le fleuve avec ses barrages flottants, il changea de résolution et se fit conduire à la porte du camp pour y faire sa soumission. Son général, *Chou-khe-ta-'rh* (2), s'enfuit aussitôt. *Khan* se mit à sa poursuite. La fin du jour étant arrivée, l'armée désira s'arrêter pour prendre de la nourriture et du repos. Le général *Khan* n'y consentit pas. On marcha encore plus de dix *li*, et alors on fit halte. Pendant la nuit il tomba une pluie violente. L'endroit où l'armée avait désiré d'abord se reposer fut inondé de plusieurs pieds d'eau. Le lendemain, *Chou-khe-ta-'rh*, ayant été pris dans sa fuite, eut la tête tranchée. On prit et saccagea plus de trois cents villes.

« Ensuite on marcha à l'occident pendant trois mille *li* (113 myriamètres, 4,000 mètres) (environ 230 lieues), et on arriva à *Tá-pá* (3) (Damas).

(1) Il y a ici une erreur de transcription dans le *Hai-koŭe thou tchi*, provenant de son impression en caractères chinois mobiles ; erreur reproduite dans les trois éditions de 1844, de 1847 et de 1853. On a imprimé *'A-fa-li* pour *'A-li-fa*. Le nom est *'A-li-fa*, dans le *Yuen-sse*. C'est la transcription exacte du mot *Khalife*.

(2) Ou *Chou-ta-'rh* comme on le lit dans l'ancien texte. C'est une transcription approximative de *Son-kor*, ou Kara-*Sonkor*, qui, selon Rachid-ed-din, commandait avec Ebn-Kerr l'armée du khalife (*lieu cité*, p. 281).

On lit encore dans le même historien persan (p. 265) que, au nombre des Émirs réunis près de Houlagou, se trouvait *Kouka Ilka*, notre Kouo Khan, et que le même *Ilka Noïan* campait avec Ferbia, devant *la porte de* Kalwaza (p. 283). C'est sans doute la *porte* dont il est parlé ci-dessus dans le texte chinois.

Le même historien confirme (p. 299) le *sac* de Baghdad par les troupes mongoles, comme il est dit dans notre Bulletin : « Le mercredi 7e jour du mois de *safar*, Bagdad fut entièrement livrée au meurtre et au pillage. Les troupes se précipitèrent à la fois dans la ville et incendièrent le vert et le sec, etc. » Et ailleurs (p. 303):« Houlagou khan, pour se soustraire à l'*infection qui régnait dans l'air*, quitta Bagdad, le mercredi 14e jour du mois de safar. »

L'historien arabe Makrizi est plus explicite (Ét. Quatremère, *Histoire des Mamlouks*, etc., t. I, p. 78). Il dit : « Une partie des habitants de « Bagdad fut égorgée, le reste se dispersa dans « diverses contrées. Les vainqueurs renversèrent « les *djamis*, les mosquées, les *mescheds*, et le « sang coula par torrents dans les rues. Ces ex-« cès se prolongèrent quarante jours. Houlagou « ayant donné l'ordre de compter les morts, le « nombre s'éleva à environ deux millions. »Voir aussi Guiragos (Dulaurier, *lieu cité*, p. 118 et suiv.).

(3) Selon Rachid-ed-din (*loco laud.*, p. 339), la ville de Damas ne fut pas emportée d'assaut. Les habitants, frappés de terreur de la prise d'Alep et de sa citadelle, par les Mongols, leur envoyèrent des délégués pour implorer la clémence de

Le général qui y commandait, *Tchou-chĭ*, fit parvenir une lettre dans laquelle il demandait à faire sa soumission. Tous les assistants (les membres du conseil de guerre) furent d'avis d'accueillir favorablement la demande de *Tchou-chĭ*, à laquelle (pensaient-ils) on pouvait ajouter foi. Mais l'opinion changea et l'avis ne fut pas adopté. *Khan* avait dit : « L'ennemi est « rusé et de mauvaise foi; son armée est détruite; il emploie tous les arti- « fices possibles pour nous tromper. Si l'on veut mettre cette question en « délibération dans le conseil, l'inconvénient n'est pas grand. »

« En effet, on prit des mesures sérieuses pour être prêts à tout événe-

Houlagou, auquel ils ouvrirent les portes de leur ville.

Ailleurs (p. 341) le même historien dit : « Melik-Nàser-ed-din, sultan d'Alep et de la Syrie (y compris Damas), dès qu'il avait vu Houlagou sous les murs d'Alep, avait pris la fuite et s'était réfugié dans la forteresse de Karak; Kitoubouka-noïan se préparait à l'assiéger. Le prince, ayant demandé une capitulation, vint se rendre au général mongol qui l'envoya vers Houlagoukhan. Le monarque lui fit cette promesse : « Lorsque je serai maître de l'Égypte, je te donnerai la souveraineté de la Syrie. » Et cependant lorsque les Mongols eurent éprouvé des revers en Égypte, de la part du sultan Khoudouz, un Syrien dit à Houlagou : « Les sentiments de Melik- « Nàser-ed-din à votre égard *n'ont aucune sin-* « *cérité*. Il voulait s'enfuir en Syrie, afin de se « rendre au secours de Koudouz, car ce dernier « a dû aux dispositions de ce traître la victoire « qu'il a remportée sur Kitoubouka. » Nàser-ed-din fut alors attiré dans un piége par les Mongols, et mis à mort (*lieu cité*, p. 355).

M. Ét. Quatremère dit dans une note que ce prince ne se nommait pas *Naser-ed-din* comme dans Rachid, mais Melik-Nàser-Salah-ed-din-Iousouf. Il est assez difficile de reconnaître dans ce nom complexe le sultan *Pa-'rh* ou *Ba'-rh* de notre texte chinois. Ce prince descendait du grand Saladin, qui avait repris Jérusalem sur les Francs, et était de la famille des Ayoubites.

Selon Makrizi (*lieu cité*, p. 83 et suiv.), Houlagou avait antérieurement chargé Melik-Aziz, fils de Melik-Nàser, en le renvoyant près de son père, de lui remettre une lettre conçue en ces termes : — « Nous faisons savoir à Melik-Nàser, « prince d'Alep, que, par la force de l'épée du

« Dieu très-haut, nous avons conquis Bagdad, « exterminé les guerriers de cette ville, détruit « les édifices, et fait prisonniers les habitants, « suivant cette maxime que Dieu a consignée « dans le livre sacré : — « Lorsque les Rois en- « trent dans un bourg, ils y portent le ravage, « et réduisent au dernier degré de l'humiliation « les plus distingués d'entre les habitants. » — « Nous avons fait comparaître devant nous le « khalife, et lui avons adressé des questions aux- « quelles il a répondu par des mensonges. Mais « il a eu bientôt à se repentir de sa conduite, « et a bien mérité la mort que nous lui avons « fait subir...

« Dès que tu auras pris lecture de ma lettre, « hâte-toi de soumettre au Roi des Rois, souve- « rain du monde, ta personne, tes sujets, tes « guerriers et tes richesses... Garde-toi bien, « comme tu l'as fait précédemment, d'emprison- « ner nos ambassadeurs. Mais observe envers « eux les lois de la justice et congédie-les avec « des témoignages de bienveillance... »

(Voir aussi, pour cette lettre et la réponse de Melik-Nàser : C. D'Ohsson; *Histoire des Mongols*, t. III, p. 294-306).

« Après la prise d'Alep, l'entrée dans Damas, « les Mongols envahirent toute la Syrie, et pé- « nétrèrent jusqu'aux environs de Gazah, à Beît- « Djébraïl, Khalil (Hébron), l'étang de Zirà, « et la ville de Salt. Partout ils égorgèrent ou « emmenèrent en captivité la population, et en- « levèrent tout ce qu'ils purent trouver de bu- « tin. Après quoi, ils reprirent la route de Da- « mas où ils vendirent les troupeaux et les « autres objets tombés en leur pouvoir. » (Makrizi, *lieu cité*, t. I, p. 98.) Ces événements se passaient en l'année 1259-1260.

ment. *Tchou-chĭ* vint alors résolùment à la rencontre de notre armée. *Khan* lui livra bataille et le mit dans une complète déroute. Le *Sou-le-tan Pa-'rh* fit sa soumission, et livra ses villes au nombre de cent quatre-vingt-cinq.

« Ensuite on marcha encore à l'occident l'espace de quatre mille *li* (151 myriamètres, 2,000 mètres), et on arriva au royaume de *Mi-sĭ-'rh* (1) (*Misr*, l'Égypte). Le jour de la réunion (des troupes), la nuit était déjà sur-venue. Il fut permis à la cavalerie de monter de nouveau à cheval (pour explorer le pays) en laissant en arrière un certain nombre de soldats mala-des. On marcha à l'ouest pendant plus de dix *li*. L'armée s'étant arrêtée pour prendre de la nourriture, on ordonna dans le camp de ne se servir que du mors et de l'aiguillon, et de laisser les flèches. L'ennemi l'ignorait. L'ar-mée était rassemblée comme des flots mouvants lorsque la nuit vint. Les traîneurs malades, qui avaient été laissés à la suite de l'armée, furent mis à mort. Le *Sou-le-tan Khé-na*, saisi d'une frayeur extrême, s'écria : « Ce « général d'armée du ciel oriental est un homme vraiment divin (surnatu- « rel)! » Aussitôt il fit sa soumission.

« La huitième année, *wou-ou* du cycle (1258), *Hou-lie-hou* (Houlagou) ordonna à *Khan* de traverser la mer à l'occident et de s'emparer du *Fou-lang* (le pays des Francs). Le général adressa un manifeste au *Sou-le-tan* '*O-fou-ou-tou*, qui s'écria : « L'apparition que j'ai eue en songe d'un homme « surnaturel, c'est ce général d'armée ! » Il fit aussitôt sa soumission (2).

(1) On trouve dans Makrizi (*lieu cité*, t. I, p. 101) toujours si bien informé, la lettre que Houlagou adressa au sultan d'Égypte ; la voici : «De la part du Roi des Rois de l'Orient et de « l'Occident, le Khân suprême :

« En votre nom, ô Dieu ! qui avez étendu la « terre et élevé les cieux : Melik-Modaffer-Kou-« touz est de la race de ces Mamlouks qui ont « fui dans cette contrée pour échapper à nos « glaives, qui jouissent des bienfaits de ce prince, « et égorgent les sujets soumis à son autorité... « Qu'il sache que nous sommes *les soldats de « Dieu sur la terre*, *qu'il nous a créés dans sa « colère, et qu'il a livré entre nos mains tous ceux « qui sont l'objet de son courroux...* Vous avez « appris que nous avons conquis une vaste éten-« due de pays ; que nous avons purifié la terre « des désordres qui la souillaient, et que nous « avons égorgé la plus grande partie des ha-« bitants... Vous n'avez aucun moyen d'échap-

« per à nos glaives, de vous soustraire à la ter-« reur de nos armes. Nos chevaux sont très-« légers à la course ; nos flèches sont perçantes ; « nos épées sont pareilles à la foudre ; nos cœurs « sont durs comme des montagnes ; le nombre « de nos soldats égale celui des grains de sable ; « les forteresses ne peuvent tenir devant nous ; « les armées ne sauraient nous résister... Main-« tenant vous êtes les seuls ennemis contre les-« quels nous devions marcher. Que le salut soit « sur nous, sur vous, sur tous ceux qui suivent « la direction divine, qui redoutent les suites de « la mort, et qui se soumettent aux ordres du « roi suprême.

« Dis à l'Égypte : Voilà Houlaou qui arrive, « escorté d'épées nues et de glaives acérés.

« Il va réduire à l'humiliation les personnages « éminents de cette contrée. Il enverra les en-« fants rejoindre les vieillards. »

(2) « On fait observer, dit l'éditeur chinois,

« L'armée retourna ensuite au sud-ouest, et arriva au royaume de *Chi-a-sse* (1). Les ennemis vinrent pour s'opposer à notre marche. *Khan* se dirigea droit devant lui, dévastant tout sur son passage; puis, s'étant replié et ayant fait sonner la charge, il mit toute l'armée ennemie en déroute. Le *Sou-le-tan A-ta-pie* (Atabek) *Mi-chi-kǎng* (2) se dirigea sur *Pou-thou*. Mais (le général) *Khan*, dérobant sa marche par des mouvements rapides et combinés, le surprit avec son armée qu'il n'attendait pas et le mit en déroute. La perte de l'ennemi fut très-grande. Le *Sou-le-tan Kia-ya* (3) fit sa soumission.

« L'année *ki-weï* du cycle (1259), on mit en déroute complète l'armée mobile de *Ou-lin*, forte de quarante mille hommes. Le *Sou-le-tan A-pi-*

---

que le pays dont on s'empara, dans cette circonstance, était un royaume insulaire, situé dans la mer Intérieure (la Méditerranée). Le corps d'armée qui s'embarqua ne se rendit pas jusqu'en *Eou-lo-pa* (l'Europe). »

Cette île des Francs est vraisemblablement la petite île d'Aradus (Ἄραδος, dans Arrien, l. II, c. 13), située non loin de Sidon, et qu'Alexandre, lorsqu'il faisait le siége de Tyr, voulut joindre par une chaussée à la terre ferme. C'est aujourd'hui la petite île de *Rouad*. Rachid-eddin fait dire à Houlagou s'adressant à Baïdjou (*lieu cité*, p. 225) : « Il faut que tu repartes, que tu soumettes ces contrées (de Roum et de la « Syrie) jusqu'aux rivages de la mer, *et que tu les enlèves aux enfants de la France* et aux infidè-« les. » L'ordre donné par Houlagou à Khan n'a donc rien que de très-vraisemblable.

Il est possible, en outre, que le fait rapporté par Haithon (dans Bergeron, ch. XXX, p. 43-44) soit celui dont parle le général chinois : « Dans « la terre de *Beaufort*, dit-il, qui est de la dé-« pendance de la ville de *Sidon*, il y avait plu-« sieurs maisons de campagne, dont les Sarrasins « rendaient un certain droit aux Tartares. Or il « arriva que certains habitants de *Sidon* et de « *Beaufort*, s'étant assemblés, allèrent ensemble « à ces maisons de campagne des Sarrasins et les « pillèrent, tuèrent plusieurs Sarrasins et em-« menèrent beaucoup de bétail. Or il y avait un « certain neveu de *Guiboga* (*) qui demeurait

(*) C'était *Kith-bouga*, lequel était chrétien nestorien, et de la tribu des *Naïmans*. C'est ce général que Houlagou laissa en Syrie avec environ vingt mille hommes pour garder cette conquête. Il périt avec presque toute sa troupe dans une bataille contre Koutouz, sultan d'Égypte.

« près de là, lequel avec une troupe de cavalerie « suivit les chrétiens qui avaient fait cette exé-« cution ; et, les ayant atteints, il leur ordonna, « de la part de son oncle, de laisser leur butin. « Mais *quelques-uns de ces chrétiens se jetèrent* « *sur lui et le tuèrent, de même que plusieurs* « *Tartares de sa suite.* Quand *Guiboga* apprit « de quelle manière les chrétiens avaient tué son « neveu, il monta aussitôt à cheval, mit le siége « devant *Sidon*, fit abattre une partie de ses mu-« railles et *fit tuer quelques chrétiens qui s'étaient* « *sauvés dans une île.* Depuis ce temps-là il n'y « eut plus de bonne intelligence entre les Chré-« tiens et les Tartares. »

On lit aussi dans Marino Sanuto (*Secreta fidelium*, etc., p. 221) : « Tartari autem sequenti « anno (1260) violenter irrumpentes ceperunt « *Alapiam*, Harenc, Haman, Calamelam et Da-« muscum; occidentes cunctos factos sibi obviam « Saracenos. Intrant deinde regnum Jerusalem, « *capiuntque Sidonem*, sed *castrum maris nulla-* « *tenus capere potuerunt.* »

(1) Chiraz gouvernée alors par des *Atabeks* qui régnaient sur tout le Farsistân.

(2) C'était l'*Atabek* Modhaffer-ed-din Abou-bekr, fils de *Saad*, qui, selon Deguignes (*Histoire des Huns*, t. I, p. 260), cessa de régner en 1259. Nous avons suivi ici le texte du *Yuen-sse* qui donne seul les noms propres en question, supprimés dans le *Haï koue thou tchi*; probablement parce que les éditeurs ne les avaient pas compris.

(3) Il y a ici une confusion causée par la multiplicité des noms et surnoms que portent toujours les Arabes.

ting (1), saisi d'une grande frayeur, fit sa soumission. On obtint ensuite celle de cent vingt-quatre villes.

« On se rendit alors par le sud à *Khi-li-wan* (le Kiṛmân). Le *Sou-le-tan Ho-ta-ma-ting* fit sa soumission. Alors le *Si-yŭ* fut entièrement soumis. »

C. 元 劉 郁 西 使 記

3°. *Relation de l'expédition de Houlagou, envoyé par Mangou-Khân à la tête d'une armée mongole, pour conquérir la Perse et les autres royaumes de l'Asie occidentale*, rédigée par le commissaire chinois de l'expédition : *Liéou Yéou* (2).

« La deuxième année de Hien-tsoung Hoang-ti (Mangou-Khân), *jin-tse* du cycle (1252), il fut ordonné au frère cadet de l'empereur, Hoŭ-lie (3), de réunir sous son commandement toutes les troupes disponibles, et de les conduire à l'occident (de l'Asie). Dans l'espace de six ans, ce général agrandit les frontières de l'empire de dix mille *li* (environ mille lieues). La dixième année, *ki-weï* du cycle (1259), à la première lune, jour *kia-tse*, de la faveur permanente, un courrier, venu de l'ouest, fut introduit près de l'empereur et lui remit le Rapport suivant :

« — De Ho-lin (Caracorum), on se dirigea par les territoires situés entre les rivières, et on marcha au nord-ouest l'espace d'environ 200 *li* (20 lieues). Le sol s'élève sensiblement. On fit halte ; puis l'on traversa le pays des frimats (4). Le sol en est excessivement élevé et froid ; et quoique la chaleur

---

(1) Nous ignorons quel était ce sultan *A-pi-ting*, ainsi que l'armée de *Ou-lin*. Mais le pays dont il est question devait se trouver dans la direction nord-ouest du Kermân, comme le *Louristân*. Selon Rachid-ed-dîn (*lieu cité*, p. 361, 369, 371), *Il-kâ-noïan*, qu'il nomme ailleurs *Kouká Ilkâ* (lequel est évidemment notre *Kouo Khan*, les surnoms de *Il-ka* ou *Il-kan* et de *noïan* n'étant que des noms mongols de dignités et de fonctions), Kouká ou Kouo Khan, disons-nous, fut envoyé par Houlagou, avec son fils, le prince Yaschmout, et le général Soun-taï, pour s'emparer de la ville de Meïâfàrekin, ou Marty-ropolis, la *Ville des martyrs*, dans le Diar-bekr, dont elle était la capitale. Cette ville ayant opposé une grande résistance, Houlagou envoya un autre de ses généraux, Arkatou, à la tête d'un corps de troupes pour renforcer l'armée d'Ilka-noïan (*Kouo Khan*). Celui-ci, lors d'une sortie que firent les assiégés, fut renversé de son cheval ;

mais les cavaliers mongols accoururent de tous côtés auprès de leur chef et le replacèrent à cheval. Il doit être question, dans le récit de Kouo Khan, de la ville de *Meïâfàrekin*, et de Melik Kamel qui la défendit si opiniâtrément. Seulement l'altération des noms nous a empêché de les reconnaître.

(2) *Yuén Liéou Yéou si ssé ki* (tirée du *Haï-koŭe thoŭ-tchi*. K. 29, fol. 32-39 ; 3ᵐᵉ édit. de 1853). Voir aussi Abel-Rémusat, *Nouveaux Mélanges asiatiques* ; t. I, p. 176.

(3) « On remarque que *Hou-lie* n'est autre chose que *Si-la* ; quelques-uns écrivent *Si-li-kou*. » (Éditeur chinois). C'est le prince mongol plus connu sous le nom de Houlagou.

(4) *Hǎn-haï*, « la mer des frimats ». C'était la partie de la Tartarie connue antérieurement sous le nom de *Kin-chân*, le « Mont d'or », aujourd'hui le pays des Khalkhas. (*Li taï ti li tchi*, k. 13, fol. 18.)

y soit parfois très-forte, la neige n'y fond jamais. Les montagnes, remplies de rochers, y sont toutes parsemées de pins qui en sont le seul ornement.

« En se dirigeant au sud-ouest pendant sept jours, on franchit le désert glacé (*Hán-hài*). Après une marche de 3oo *li* (3o lieues), le territoire s'abaisse insensiblement (1). Il y a un fleuve de plusieurs *li* de largeur, que l'on nomme Hoen mou-lien (ou *Hoen mouren*, le « grand fleuve *Hoen* »), qui s'enfle beaucoup en été. On le passa sur des barques. Quelques jours après on franchit le fleuve Loung-ko (2) (« aux os de dragons »). Marchant de nouveau par le nord-ouest, on alla rejoindre directement la route méridionale de Pi-chi-pa-li (Bich-balik , « les cinq villes ») (3). A une distance de 5oo *li* seulement, il y a beaucoup de Chinois.

« En fait de grains nourriciers il y a le froment et le millet. A l'occident le fleuve circule par une multitude de canaux qui se déversent dans un grand réservoir, lequel forme comme une petite mer qui a bien (une circonférence de) plus de 1ooo *li* (4). On la nomme Khi-tse-li-pa-sse (5). Il y a beaucoup de poissons bons à manger. Il y a aussi des bancs de pierres formés artificiellement pour arrêter le cours de l'eau, et qui servent à prendre le poisson.

« En marchant un peu à l'occident, il y a une ville que l'on nomme Niĕman. En s'avançant encore au sud-ouest on passe par la ville de Polo (ou Boro). On ne sème là que du millet et du riz. Les montagnes sont couvertes de mélèzes; d'autres arbres ne pourraient y prendre racine, les pierres qui tombent incessamment s'étendant sur tout l'espace.

« Dans la ville il y a beaucoup d'habitations et de grandes places de marchés; il y a des jardins où sont bâties des maisons en terre dans lesquelles on lave les métaux et on polit les pierres précieuses. Les portes et les fenêtres sont toutes garnies de verres (*liéou-li*). Au nord de la ville est la montagne Haï-thie (« montagne de fer sur une mer »); le vent qui en sort souffle avec tant de violence qu'il précipite les voyageurs dans la mer (6).

(1) « On fait observer que le territoire élevé qui s'abaisse insensiblement est situé au-delà (partant de Ho-lin) des monts A-elh-tai (Altaï). » (Éditeur chinois.)

(2) « C'est le *Ou-lòung-kou* (Ouroungou) qui coule à 5oo *li* au sud-ouest de Ko-pou-to. » (Éd. chin.)

(3) « On fait observer que, du temps des Yuen (ou Mongols) la « Route méridionale des Monts célestes » (*thiĕn chán nán lou*) se nommait :

« Gouvernement de *Pi-chi-ba-li*. » C'est maintenant *Ou-lo-mou-tsi* (Ouroumtsi). » (Édit. chin.)

(4) Dans l'édition de 1844, *pĕ* « cent » ; dans celle de 1853, *ts'iĕn* « mille ».

(5) « C'est le fleuve *Ou-loug-kou* (Ourongkou), qui, à l'ouest, forme ce grand réservoir d'eau que l'on nomme lac '*Hĕ-ssa-lh-pa-che* (ou Khéselbach). » (Édit. chin.)

(6) Le moine Rubruquis, envoyé de saint Louis près de Mangou-Khan, à Caracorum, passa par cet

« Après avoir marché au sud-ouest pendant 20 *li* (2 lieues), on rencontre un passage ou défilé que l'on nomme Thie-mou-'rh tchan-tcha. Ceux qui gardent ce défilé sont tous des Chinois (*Hân mín*). Le sentier qui conduit par ce défilé est excessivement abrupt et dangereux : on dirait un pont en bois suspendu sur le flanc de la montagne. La route, en sortant du défilé, conduit à la ville de A-li-ma-li (Almaligh, aujourd'hui I-li) (1). Les puits des marchés de cette ville sont tous alimentés par une eau courante. Ils ont toutes les sortes de fruits ; seulement, ce sont les courges, les raisins, les grenades qui sont le plus remarquables par leur beauté. Les Hoéï-hé (Ouïgours) habitent pêle-mêle avec les Chinois. Les mœurs et coutumes de ces derniers se sont insensiblement altérées ; mais elles ont encore une ressemblance considérable avec celles des habitants du royaume du Milieu.

« Au midi est la ville de Tchi-mou-'rh ; la population y est si nombreuse qu'elle forme une foule confuse et très-mêlée (2).

« Il y a, dans ce pays, un animal sauvage qui ressemble au tigre, dont le poil est très-épais et de couleur d'or, mais sans raies ; il est très-redoutable pour les hommes. Il y a aussi un insecte qui ressemble à une araignée. Si son venin atteint l'homme, alors il éprouve aussitôt un grand trouble et une soif ardente ; s'il boit de l'eau pour l'étancher, il tombe mort à l'instant. Seulement, si, après s'être enivré de vin de raisin, on parvient à vomir, alors on est guéri.

« A partir de la ville de Po-lo en allant vers l'occident, toutes les mon-

endroit (en suivant, en sens contraire, la même route que l'armée de Houlagou), et il fait la même observation :

« Au partir de la ville de Cailac nous arrivasmes en trois jours aux confins de cette province, et là estoit le commencement de ceste grand' *mer* ou lac, qui nous sembla aussi tempestueux que le grand Océan... mon compagnon en ayant goûté de l'eau, la trouva un peu salée, mais telle toutefois qu'on en pouvoit boire. Il y avoit de l'autre côté, vis-à-vis, une grande valée entre de hautes montagnes vers midi et levant ; et au milieu des montagnes un autre grand lac ; et passoit une rivière par ladite valée, de l'une mer à l'autre. Et *de là souffloient continuellement des vents si forts et si puissants, que les passants couroient fortune que le vent ne les emportast et précipitast en la mer.* » (Ch. **XXIX**, p. 119 ; édit. de Bergeron, de 1634).

(1) Nom dérivé de la rivière *I-li* sur laquelle la ville est bâtie, et qui se jette dans le lac Balkhach.

(2) « On fait observer que *A-li-ma-li* est actuellement la ville d'*I-li* (lat. 43° 46' ; long. 80° 10'). La mer située au nord de la ville de *Po-lo* (ou Bo-ro, dont il a été question dans le texte) est le *lac de Saï-li-mou* (Saï-rim) situé à cent *li* environ au nord-est de *I-li*. Quand on a franchi tous ces parages, on a en face à l'est les monts Thsoung-ling et le territoire des *Hé* (Ouïgours), lesquels avaient été soumis du temps de Taï-tsou (Dchinghis-Khaân). Ils rentrèrent sous la domination de Pan-thou (Batou, khan du Kiptchak), une vingtaine d'années auparavant (vers 1233). C'est pourquoi il y avait une si grande quantité de Chinois, dans le nombre considérable des négociants de différentes nations. » (Éditeur chinois.)

naies sont faites d'or, d'argent ou de cuivre, portent l'empreinte de caractères, mais sans être percées d'un trou carré au milieu (comme les monnaies chinoises).

« On arriva chez les *Ma-o*. On y fait usage de chaises traînées par des chevaux, et dans lesquelles on est assis pour voyager ou aller d'un lieu à un autre. Il y a aussi des hommes qui portent sur leur dos des charges très-pesantes, et qui marchent cependant très-vite; on les nomme *Khi-li-khisse* (Khirghis); ils négligent les chevaux pour se servir des chiens.

« Le 24ᵉ jour de la deuxième lune on franchit le *I-tou*; c'est un territoire situé entre deux montagnes. La population pacifique est d'un commerce facile. Des canaux d'arrosage circulent dans toute la plaine et réjouissent les yeux. On y voit beaucoup de vestiges d'anciennes murailles et de remparts de places fortifiées; c'était là qu'autrefois habitaient les Khi-tan (1).

« On calcula alors que le territoire sur lequel on se trouvait était éloigné de Ho-lin (Caracorum), de cinq mille *li* (2); et près de là il y avait un fleuve que l'on nomme *I-yun*; le bruit que produisent ses vagues rapides en coulant à l'orient est très-grand. Les gens du pays disent que c'est la source du Hoâng-hô (ou fleuve Jaune de la Chine) (3).

« Le vingt-huitième jour (de la seconde lune), on passa le Tha-lasse (4). Le premier jour de la troisième lune, on traversa la ville de Saï-lan, qui est l'endroit où tous les Hoeï-hĕ (Ouïgours), professant le bouddhisme, vont rendre leur culte à Bouddha (5). Le troisième jour on tra-

---

(1) « Ces *Khi-tan* étaient les « Khi-tan occidentaux », descendants des Liao (qui régnèrent au nord de la Chine au dixième siècle de notre ère); une partie considérable de cette population se dirigea à l'ouest et s'empara de ce territoire sur des tribus musulmanes, lequel territoire s'étendait jusqu'à quelques mille *li* des monts *Tsoung-ling*. Taï tsou ayant anéanti la tribu des Naïman et s'étant emparé de leur Khan *Taï-yang*, le fils de ce dernier, *Kiu-toŭ-liu*, se réfugia chez les Khi-tan occidentaux. Ce prince, accompagné d'une force nombreuse recrutée chez les Khi-tan occidentaux, reprit ses anciens États. Environ dix ans après (vers 1218), Taï-tsou, ayant porté la guerre dans le Si-yŭ (Asie centrale), détruisit de nouveau la puissance des Naïman qui s'étaient rétablis dans leur ancien territoire. » (Éd. chin.)

(2) *Où-tsiĕn li*. Le texte suivi par M. Abel-Rémusat porte *Wán où tsiĕn li*, c'est-à-dire 15,000

li; ce qui est une erreur évidente. Il en est beaucoup d'autres que nous avons cru inutile de relever. Le *li* des Mongols, étant de 240 *pou* (ou 378 mètres), comme on l'a vu précédemment (p. XLVI, n.), les 5,000 *li* de distance de Ho-lin équivaudraient à 189 myriamètres ou 472 lieues moyennes; ce qui est bien près de la vérité, tandis que 15,000 *li* de distance sont impossibles.

(3) « C'est la source du fleuve Khĕ-chĕ-ko-'rh '(Khachghar) qui coule à l'orient des monts Tsoung-ling. » (Édit. chin.)

(4) « Aujourd'hui le fleuve *Tha-la-sse*. » (Éd. chin.)

(5) « On lit dans l'histoire officielle des Ming (*Ming-sse*) que Saï-lan (ou Saï-lam = Saïrim; lat. 41° 41'; long. 79° 38') est située à l'orient de Tha-chi-kan (Tachkand; lat. 43° 03'; long. 66° 25'), laquelle est aujourd'hui la ville de Ta-che-

versa Piĕ-chĭ-lan, là où tous les Hoeï-hĕ (Ouïgours) font un grand commerce d'échange et pratiquent des cérémonies, comme il a été dit dans le paragraphe précédent. Le quatrième jour on passa le fleuve Hou-khien, en le traversant sur des barques en forme de carquois (1). On dit que la source de ce fleuve sort au midi de grandes montagnes, dont le sol produit beaucoup de *yŭ* (ou jade). On suppose que ce sont les monts Kouen-lun (2). A l'ouest, des tortues et des serpents en grand nombre marchent pêle-mêle de compagnie. De distance en distance on trouve de petits pavillons de postes et des maisons pour les étrangers ; des réservoirs d'eau revêtus de briques sont disposés pour former comme des maisons de bains. Les portes sont toutes ornées de verres. Les impôts qui pèsent sur la population sont payés, à la fin de l'année (sans doute par anticipation), en pièces de monnaies d'or, de forme ronde avec dix lettres (3). Mais les pauvres et les riches sont imposés dans des proportions différentes (4).

« A la huitième lune, on traversa la ville de Tsin-sse-kan (5). Cette ville est grande et la population nombreuse. Des milliers de fleurs s'y épanouissent régulièrement en toutes saisons. Il n'y a que le poirier, et, en fait de fleurs, les roses de toute espèce qui ressemblent à celles du royaume du Milieu. Les autres espèces sont si nombreuses qu'il serait impossible de les énumérer ici.

kan, située au nord du fleuve Si-lin. Du temps des Yuen (Mongols) la route pour se rendre dans le *Si-yŭ* (Asie centrale) ou en revenir, passait nécessairement par cet endroit. » (Édit. chin.)

(1) « Le fleuve *Hou-khien* est le fleuve *Hŏ-tchien*, qui se prononce *tchouen*. C'est aujourd'hui là source du *Na-lin* (Narin, le Sihoun) dans l'intérieur des frontières du *Ngao-kan*. » (Édit. chinois.)

(2) « On fait observer que les monts Tsoung-ling étaient primitivement les monts Kouen-lun. Des Mongols avaient déjà employé cette dénomination. » (Édit. chin.)

(3) *Nin fou souï tchĭ lin kin tsien chĭ wén.* M. Rémusat a traduit la dernière partie de cette phrase : « Les monnaies y sont d'or avec dix lettres, ou avec la figure d'une croix. » Voir *Journal asiatique*, ancienne Série, année 1823, p. 287 ; et *Nouveaux Mélanges asiatiques*, t. I, p. 176. Ce document, sur les trois que nous donnons ici, est le seul qui ait déjà été traduit en partie.

(4) La dernière phrase manque dans le texte

du *Sou Hou kian lou*, suivi par M. Rémusat.

(5) « On fait observer que, dans l'Histoire officielle de Taï-tsou (Dchinghis-Khaân), à la 16e année (de son règne, en 1221), il marcha en personne contre les Hoeï-hoeï (population mahométane de l'Asie centrale), et réduisit la ville de Tsin-sse-kan. Tchang Tchun dit, dans le « Récit de son voyage dans l'Ouest » (*Si-yeou-ki*), qu'il vit Taï-tsou à la ville de Sie-mi-sse-kan ; c'est la ville en question. Cette ville est la même que celle de Saï-ma-'rh-kan (Samarkand ; lat. 39° 30' ; long. 65°). Elle est située sur la frontière du *Ngao-kan* (khan des Khirghis). Son territoire s'étend à l'ouest des monts Tsoung-ling. C'est là où Taï-tsou des Yuen (Dchinghis-Khaân) fit séjourner son armée ; c'est pourquoi elle était connue depuis cette époque. Tous les États (environnants), du temps de Taï-tsou, s'étaient soumis à ce royaume. » (Édit. chin.)

C'était alors le royaume des *Kara-Khitaï*, ou des Liao occidentaux, chassés des frontières septentrionales de la Chine, et dont il a déjà été question précédemment.

« Tout ce que l'on cultive à l'occident de la ville consiste en vignes et en différentes espèces de riz; il y a aussi du froment, mais il se sème en automne. La terre, très-fertile, produit un grand nombre d'espèces de plantes médicinales dont le royaume du Milieu manque complétement. Les médicaments pour guérir les maladies sont très-étudiés et très-efficaces.

« Le quatorzième jour on traversa le fleuve 'An-pou (1) (Amou). En été, il ne tombe point de pluie (dans le pays), mais en automne, alors la pluie inonde d'eau les champs. Le territoire est ravagé par d'innombrables sauterelles; mais il y a des oiseaux qui y viennent s'abattre par volées pour les dévorer.

« Le dix-neuvième jour on traversa la ville de Li-tcheou, dans le territoire de laquelle il y a des mûriers et des jujubiers. De là, se dirigeant à l'ouest, c'est là que 'O-lou-tun (Ală-ed-dîn, un des généraux musulmans de Houlagou) arrêta son armée pour la faire séjourner.

« Le vingt-sixième jour on traversa la ville de Ma-lan (« où se plaisent les chevaux »). On traversa, en outre, celle de Na-chang, sur le territoire de laquelle toutes les prairies sont des champs de luzerne (*Mou-sou*) (2); les haies qui les entourent sont formées de cyprès.

« Le vingt-neuvième jour on traversa la ville de Thaï-fou-'rh. Le pays est rempli de montagnes où se trouvent des mines de sel gemme qui ressemble à des morceaux de cristal de roche; ces montagnes ne sont éloignées de la ville au sud-ouest que de six à sept *li* (3).

---

(1) « Parmi les historiens des Yuen, les uns écrivent ce nom « fleuve 'An-pou », d'autres : « fleuve *A-mou* ». L'histoire secrète des Yuen écrit « fleuve *A-mei* ». Tchang Tchun, dans son *Si-yeou-ki*, écrit « fleuve *A-mou* ». C'est le grand fleuve qui, dans les livres bouddhiques, est nommé *Fo-tsou* (ou 'Ho-tsou l'Oxus), qui prend sa source dans le lac *Ta-loung* (« du grand dragon »), des monts Tsoung-ling, et qui coule à l'occident dans la mer Intérieure (la mer Caspienne). Dans les commencements de la puissance des Yuen, ils établirent sur le fleuve *A-mou* un gouvernement militaire mongol (*Yuên-ssĕ-foù*) qui commandait à tous les royaumes de l'ouest des monts Tsoung-ling. » (Édit. chin.)

(2) Voir à ce sujet la curieuse Notice sur cette plante fourragère par M. Constantin de Skattschkof, ancien consul russe en Dzoungarie, que nous avons publiée dans la *Revue de l'Orient*, de l'Algérie et des Colonies (juillet-août 1864), suivie d'une autre notice sur la même plante, traduite par nous du chinois. On voit dans cette dernière notice que la graine de cette plante fut importée de l'Asie centrale en Chine, par le général chinois Tchang-kien, dans le deuxième siècle avant notre ère. La luzerne était déjà alors la nourriture favorite des chevaux renommés de ce pays.

(3) « *Tchang Tchun* dit, dans son *Si-yeou-ki* (« Récit d'un voyage dans les contrées occidentales »), qu'ayant traversé la « Porte-de-fer » (*Tiemen*), et ayant marché par le sud-est, il trouva au pied des montagnes des sources salines qui en sortaient, et dont l'eau, une fois exposée au soleil, devenait un sel parfaitement blanc. Ayant ensuite continué à marcher par le sud-est, il traversa des anfractuosités par où les eaux s'écoulaient en se divisant. A l'ouest on apercevait

« On avait alors justement atteint le royaume que l'on appelait Mou-naï-hi (1). Tous les bœufs de ce pays ont une bosse sur le dos comme les chameaux, et sont de couleur noire. Le pays manquant d'eau, les habitants forment des digues dans les anfractuosités des montagnes, et creusent des puits dont ils font communiquer les eaux par des tuyaux de conduite, à plusieurs dizaines de *li* au-dessous, lesquels servent pour arroser leurs champs (2). Les villes dépendant de ces cantons montagneux, au nombre de trois cent soixante, se soumirent toutes (3). Seulement, à l'ouest de Tan-ting (4), il y eut une ville construite sur une montagne, du nom de Khi-tou-pou-kou (5), défendue contre toute approche par des pics de montagnes inaccessibles, et que l'on ne pouvait attaquer ni avec des flèches ni avec des pierres (lancées par des machines de guerre).

« La sixième année, *ping-tchin* (du cycle, en 1256), le général prince du sang (Houlagou) arriva sous les murs de cette ville. Lorsque, du haut de ses remparts escarpés, entourés de profonds précipices dont la seule vue faisait frémir d'effroi, l'ennemi vit toutes les routes occupées par les assiégeants qui s'avançaient en masse, il fut saisi d'une grande crainte. Le chef ordonna à son premier ministre Ta-tche Na-chi-'rh, de se rendre près des assiégeants pour présenter des propositions de paix; et le Sultan (*Souan-tan*) lui-même, *Ou-lou-ou-naï* (Rokn-ed-dîn, fils de Ala-ed-dîn), sortit bientôt de la place pour faire sa soumission. L'expression *souan-tan* est l'équivalente de celle de *koüe wâng*, « roi ou chef d'un royaume » (6).

---

un torrent élevé (*kâo-kién*) qui ressemblait à de la glace; c'était du sel qui formait toute sa surface. Du temps de Taï-tsou, toutes ces anciennes couches de cristaux de sel furent abattues. » (Édit. chin.)

(1) Le texte suivi par M. Rémusat porte *Mou-laï-hi*, qui est une leçon plus correcte. Ce nom est une transcription du pluriel arabe ملاحده *mélâhideh*, « schismatiques », épithète donnée par les musulmans orthodoxes aux Ismaéliens de Perse (voir notre commentaire sur le ch. XL de Marc Pol, p. 97 et suiv.). Dans les historiens persans ces mêmes sectaires sont aussi nommés اسماعيليه ! Ismaéliens. La transcription chinoise serait plutôt celle du dernier nom que du premier.

(2) Cette méthode d'irrigation est encore aujourd'hui usitée en Perse.

(3) « On remarque que ce royaume est situé à l'ouest des monts Tsoung-ling, et son territoire est à l'est (c'est-à-dire, au *sud-est*) de la Mer intérieure (*tchoùng hâï*, la mer Caspienne). Il est dit dans la « Géographie des quatre parties du monde » (*Sse-tcheou ti li tchi khao*) que les Tou-lou-ki (Turcs) détruisirent les Po-sse (Perses), mais que les *Moung-kou* (Mongols) détruisirent les *Tou-lou-ki*. Alors ceux dont il est question dans le texte étaient des Tou-lou-ki sans nul doute. » (Éd. chin.)

(4) *Tan-han*, dans le texte du *Sou Houng-kian-lou*.

(5) كردكوه *Kerd-kouh*, dans les historiens persans; ville située près de celle de Dameghân, du côté de l'occident.

(6) « Youan (Weï Youan, le principal auteur de la Géographie historique intitulée : *Haï-koüe thou tchi*) remarque que *Souan-tan* est une dénomination des rois ou chefs des royaumes du *Si-yŭ*. Les historiens des Yuen (Mongols) écri-

« Son père ordonna à son armée de défendre la ville, et il prescrivit à son fils de la maintenir en sa possession ; mais le septième jour la place fut rendue. Ce qu'on y trouva d'or, de jades, de pierres précieuses, de richesses de toute nature, est incalculable. Il y eut des soldats qui purent emporter dans leur ceinture ou leur sac jusqu'à mille plaques d'argent fin.

« Les soldats de ce royaume étaient des « hôtes assassins » (lă-khè). Ils avaient l'habitude, lorsqu'ils voyaient un jeune homme fort et vigoureux, de le séduire par des promesses de gains, jusqu'au point de lui faire tuer de sa propre main, avec un poignard, son père et son frère aîné. Ainsi, après l'avoir enrôlé dans leur bande, ils l'enivraient avec du vin, et l'introduisaient dans un appartement retiré, où il était charmé par une musique délicieuse, de belles femmes ; on satisfaisait à tous ses désirs pendant plusieurs jours. Ensuite on le transportait dans l'endroit où il avait été d'abord placé, et, lorsqu'il était revenu de son assoupissement, on lui demandait ce qu'il avait vu. On lui enseignait ensuite que s'il devenait un « hôte assassin » (lă-khè), et qu'il vînt à être lui-même mis à mort, il recevrait pour récompense une félicité pareille. C'est dans ce but qu'on lui faisait lire certains livres et réciter des prières journalières ; de sorte que, dans toutes les missions de sang (ssè-koù) qu'il avait à remplir, son cœur était plein d'une résolution inébranlable, et il mourait sans crainte et sans regret (1). Les do-

vent Souan-touan ; ceux des Ming : So-lou-tan ; dans le smissives officielles de la dynastie actuelle (celle des Mandchous), on écrit : Sou-le-tan. »

Le même auteur chinois compare ce mot à la syllabe finale du mot Indoustan, et il croit que les deux mots sse-tan sont identiques, et signifient « rois ou chefs de royaumes ; » c'est une erreur. Stán est un mot persan qui signifie « appuyé sur », « attenant à » (de la même racine que les mots sanskrits Stha « stare », sthâna « actio standi, locus », etc.), et qui se joint à certains noms pour former des dénominations géographiques de régions, comme Farsistán, « la province ou région du Fars ; » Koûhistán, « la province ou région des montagnes ; » Beloutchistán, « le pays des Béloutchis, » etc.

Le nom du premier ministre du chef des Ismaéliens envoyés près de Honlagou, Ta-tche Nachi 'rh, est transcrit dans notre texte chinois avec une exactitude très-remarquable. Car selon Rachid-ed-dîn (Histoire des Mongols, dans

E. Quatremère, p. 210), c'était effectivement خواجه نصير الدين طوسى Khôdja Nasir-ed-dîn Thousi, c'est-à-dire : le Maître Nasir, le croyant (el-dín), natif de Thous, ville du Khoraçán, célèbre astronome et géographe persan, l'auteur des Tables Il-khaniennes, qui fut envoyé près de Houlagou par le Sultan ismaélien Khourcha, surnommé aussi Rokn-ed-dín, fils d'Ala-ed-dín, le dernier des chefs Ismaéliens. C'est son prénom d'Ala-ed-dín sous lequel il était spécialement désigné, qui est exprimé par la transcription chinoise : Ou-la-ou-naï. Il n'est guère possible de rencontrer plus d'exactitude dans un pareil récit. On voit que son auteur était bien informé, et qu'il devait suivre le quartier général de l'armée d'Houlagou.

(1) On aura peine à croire que notre traduction soit littérale, et cependant rien n'est plus vrai. Nous n'y avons pas ajouté un seul mot, une seule nuance d'idée qui ne soit comprise dans le texte chinois. Nous ne connaissons que Marc Pol (voir

mestiques qui n'avaient pas encore été au service de cet État devaient d'abord poignarder leur maître, et ensuite ils étaient admis; il en était de même quoique ce fussent des femmes (1).

« Ces Mou-la-hi (Ismaëliens) étaient répandus dans tout le *Si-yŭ* (« contrées occidentales » de l'Asie); leurs cruautés y inspiraient partout une extrême terreur. Ils étaient craints et redoutés de tous les royaumes voisins depuis plus de quarante ans. Le prince du sang, commandant de l'expédition (Houlagou), les ayant soumis, les extermina jusqu'au dernier, sans qu'il en échappât un seul de leur bande (2).

p. 97 et suiv.) qui ait parlé en ces termes, mais avec beaucoup plus de détails, des Ismaëliens. Il est probable que les deux auteurs ont puisé leurs renseignements à la même source contemporaine.

(1) Ce dernier paragraphe est omis dans le texte du *Sou Houng-kian-lou;* le fait qu'il rapporte ne se trouve pas signalé, que nous sachions, dans aucun autre historien.

(2) « On fait remarquer que, dans l'histoire des Thâng (618-905 de notre ère), les *Ta-chi* (Arabes) occupaient alors *Po-sse* (la Perse; c'était l'empire des khalifes Ommiades, et ensuite celui des khalifes Abbassides). Il y avait dans le pays des édifices, consacrés au culte, qui pouvaient contenir plusieurs milliers de personnes. Chaque septième jour, le roi (le Khalife) montait sur un trône élevé, et s'adressait ainsi à la foule assemblée : « — Ceux qui auront fait périr un enemi revivront en haut dans le ciel. Tuer un enemi, c'est faire un acte qui procure la félicité. C'est pourquoi on doit accoutumer les hommes jeunes et vigoureux à l'exercice des combats. » — Il disait encore : « Il y a les *Ta-chi* (Arabes) aux vêtements blancs; il y a les *Ta-chi* aux vêtements noirs; ils forment deux royaumes distincts et séparés; » ce sont aujourd'hui les *Hoeï* (Mahométans) à turbans blancs et les *Hoeï* à turbans noirs. » (Édit. chin.)

D'après l'historien persan Rachid-ed-din (voir E. Quatremère, *Hist. des Mongols*, t. I, p. 218-219), la puissance des Ismaëliens ne dura pas seulement quarante ans, comme le dit l'auteur chinois, mais bien cent quatre-vingt-dix-sept ans, pendant lesquels régnèrent sept chefs, dont Rokneddin était le dernier. Mais selon un autre historien, Mustofi (v. Defrémery, sur les *Ismaëliens*

de *l'Iran*, à la suite de son *Histoire des Seldjoukides*, p. 113), cette puissance dura cent soixante et onze ans (de l'an 1090 à 1256 de notre ère), et eut huit chefs. D'après Aboulfaradje (*Historia Dynastiarum*, p. 332), Mangou-khan envoya l'ordre à Houlagou d'exterminer tous les Ismaëliens et de n'en laisser aucun vestige. Tous ceux qui furent reconnus comme tels furent mis à mort.

Nous devons à l'amitié de M. Victor Langlois la communication d'une lettre de M. le général Bartholomœï, adressée à M. Soret (imprimée dans la *Revue numismatique belge*), sur des monnaies khoufiques inédites rapportées de Perse. On y trouve décrite et figurée (2e *partie*, p. 16, *pl.* II, n° 22) une monnaie, *unique* jusqu'ici, des Ismaëliens, frappée par Mohammed en 542 de l'Hégire (1147 de notre ère). C'est un dinar d'or de petit module, portant au droit la légende suivante (en arabe). Au centre : *Il n'y a d'autre dieu que Dieu ; Mohammed* (est) *le prophète de Dieu.* Sur les côtés : *Mohammed, fils de Bouzerkoumîd.* En marge on lit : *Ce dinar a été frappé à Kourboudj-el-dinar l'an* 542 (1147).

Cette ville de Kourboudj, ou plutôt *Kourboukh*, était située à environ huit farsangs de Souk el-Ahwas, dans le Khouzistân, et fit partie des places prises par les Ismaëliens (voir Juynboll, *Lexicon geograph.*, t. II).

Au revers de cette médaille on lit : *Ali est l'ami de Dieu, l'épurateur de la religion de Dieu. Djeilany.*

Cette médaille unique est curieuse à double titre : d'abord parce qu'elle constate que les Ismaëliens firent frapper des monnaies, sans mentionner le nom d'un khalife ou d'un sultan, et qu'elle ne donne pas un titre de souverain à ce-

« Le sixième jour de la quatrième lune, on passa par la ville de Kĭ-li-'rh (Kharraqân? sur le territoire de Kaswin). Les serpents (grands lézards) que le pays produit ont tous quatre pattes, et sont longs de cinq *tchi* (pied chinois) et plus. Leur tête est noire, leur corps jaune, leur peau comme celle du requin, et ils rendent par la gueule une substance d'un rouge violet (*tse-yan*). On passa ensuite par la ville de A-la-ting (Hamadân? dans l'ancienne Parthie), dont les habitants vont les cheveux épars, ayant pour la plupart la tête couverte d'un turban rouge, et portant des robes d'un bleu foncé, ce qui les fait ressembler à des diables (*kŏŭeï*) (1).

« Le prince du sang (Houlagou), général en chef de l'armée expéditionnaire, depuis qu'il était entré dans le Sî-yŭ (les contrées occidentales de l'Asie), avait déjà soumis jusqu'à trente royaumes, au nombre desquels il y a le royaume bouddhique (*Fŏ-kŏŭe*), que l'on nomme Khi-chi-mi-sî (le Cachemire), situé au nord-ouest de l'Inde (*Yn-tou*). Or, c'est là que, selon ce que l'on raconte, se sont conservées les pures doctrines des religieux de la famille de Che-kia (Sakya mouni). L'air vénérable de ses sectateurs est véritablement antique; il les fait ressembler, de notre temps, à ces figures peintes des *Ta-mo* (« Patriarches ou représentants de la loi bouddhique »). Ils ne se servent, dans leur nourriture, ni de végétaux alliacés (comme des poireaux ou des oignons), ni de liqueurs fermentées. Ils ne mangent par jour qu'un *ho* (1 décilitre) de riz; ils ne sont occupés toute la journée qu'à expliquer la doctrine de *Fo*, et à réciter ses litanies. Ils restent assis par terre en prières et en méditations jusqu'au coucher du soleil, après lequel coucher ils se livrent à la conversation dans la langue du pays (2).

« La septième année, *ting-sse* du cycle (1257), on conquit le royaume de Pao-tá (Baghdâd). Ce royaume a deux mille *li* d'étendue du nord au

lui qui la fit frapper; ensuite parce qu'elle mentionne le nom d'Aly, comme étant le prophète de la secte des Ismaëliens.

(1) « C'étaient évidemment des *Tá-chî* (Arabes) aux robes noires d'autrefois. » (Édit. chin.)

(2) « On fait observer que le nom de *Khi-chi-mi-sî* est le même que celui de *Khe-che-mi-'rh* d'aujourd'hui. Dans le *Tá Tháng si yĭ kĭ* (« Mémoires sur les contrées occidentales, rédigés sous la dynastie des Tháng »), ce nom est écrit *Kia-che-mi-le-kŏŭe* (« Royaume de Cachemire »); c'est par conséquent l'Inde du nord. Ce pays est situé au nord-ouest de l'*Hoen-tou-sse-tán* (l'Hin-

doustân) actuel; c'est pourquoi il est dit dans le texte qu'il est situé au *nord-ouest* de l'Inde. A l'époque en question l'Inde du nord n'avait pas encore changé sa religion bouddhique pour adopter celle des mahométans (*Hoeï kiáo*). » (Édit. chin.)

Cette conquête du Cachemire par un des lieutenants de Houlagou est confirmée par Rachid-ed-dîn en ces termes (v. E. Quatremère, *Histoire des Mongols*, t. I, p. 130) : « Salí-noïan, de la « nation des Tatars, effectua la conquête de la « province de Kachemîr, d'où il emmena plu- « sieurs milliers de captifs. »

sud. Son roi se nomme 'Ha-li-fa (1) (Khalife). Sa ville capitale est divisée
en deux villes : l'une à l'est et l'autre à l'ouest ; entre les deux coule un grand
fleuve (le Tigre). La ville occidentale est dépourvue de murailles et de remparts ; la ville orientale a été fortifiée par des murs en grosses briques reliées
entre elles, et dont le sommet est en parfait état de conservation.

Le prince du sang, général en chef de l'armée, étant arrivé sous les murs
de cette ville, engagea aussitôt la bataille, défit complétement et mit en déroute une armée de plus de quatre cent mille hommes. La ville occidentale
tomba en son pouvoir ; on en massacra entièrement la population (*tsin thou
khí min*). Ensuite on continua à investir la ville orientale, qui fut prise d'assaut et saccagée le sixième jour. Les morts, dans cette affaire, s'élevèrent à
plusieurs centaines de mille. Le 'Ha-li-fa se sauva dans une barque.

« Ce royaume, par sa civilisation, ses richesses, sa nombreuse population,
était à la tête des royaumes des contrées occidentales (de l'Asie). Le palais
du khalife était entièrement construit en bois de santal et d'ébène, que
l'on avait fait arriver par le fleuve. Les murs étaient tout incrustés de
jade noir et blanc. L'or, les perles et les pierres précieuses que l'on y trouva
dépassent ce que pourraient imaginer toutes les impératrices et princesses
chinoises (2). Il y avait entre autres de grosses perles que l'on nomme *les
globules de la grande année* (la planète Jupiter) ; des instruments de musique à cordes ornés de riches incrustations ; des instruments pour percer les
diamants et autres objets de cette nature. Il y eut des individus qui empor-
tèrent dans leur ceinture ou leur sac jusqu'à mille onces d'or (3).

« Ce royaume avait eu, pendant six cents ans et plus, une succession de
quarante souverains (4) jusqu'à la mort de ce dernier 'Ha-li-fa (khalife). Les

(1) Notre texte porte *Ha-fa-li*, par transposition de syllabes. Celui du *Seu Houng-kian-lou*
porte correctement : *Ha-li-fa*. La transposition
de syllabes dans notre texte est due à ce qu'il a
été imprimé en caractères mobiles par les Chinois.

(2) *Kin tchou chin péi péi liù ching hi, liù
hiou féi kiai Man-jin* (lieu cité, K. 29, fol. 36 v°).
Nous rapportons ici le texte chinois pour que
l'on ne puisse pas supposer que nous ajoutons
quelques ornements à notre traduction.

(3) C'était comme au sac des palais d'été de
Yuen-ming-yuen.

(4) Selon Rachid-ed-din (lieu cité, p. 306, 307),
les khalifes Abbassides, qui régnèrent après les

Ommiades, furent au nombre de *trente-sept*, et
occupèrent le trône l'espace de *cinq cent vingt-
cinq* ans. Le dernier de ces khalifes, *Mostasam*,
l'occupa dix-sept ans. Avant les Abbassides il en
avait régné quatorze de la famille des Ommiades.

Selon le même historien (p. 300), le khalife,
sur l'injonction de Houlagou, fit ouvrir ses trésors et lui livra deux mille vêtements, dix mille
pièces d'or, divers objets précieux, des pierreries
et des joyaux de toute espèce. Houlagou reçut
ces objets avec dédain et les distribua aux émirs
et aux autres assistants. Il exigea qu'il lui in-
diquât ses trésors cachés. Le khalife lui fit
connaître alors son trésor caché, une citerne rem-
plie d'or. Un historien arménien, Guiragos (voir

habitants y sont beaucoup plus policés que dans tous les autres royaumes. Il y naît des chevaux que l'on nomme « excellents » (*thǒ-pǐ-tchǎ*); le Khalife s'en souciait peu. Leur boisson est extraite d'une espèce d'orange rafraîchissante qu'ils mélangent avec du sucre. Leurs guitares ont jusqu'à trente-six cordes. Quand le khalife avait mal à la tête, et que les médecins ne pouvaient parvenir à le guérir, un de ses musiciens jouait devant lui d'une guitare nouvelle qui a soixante-douze cordes; et, aussitôt que le khalife l'avait entendue, son mal se dissipait. Les gens du pays racontent qu'à Pao-ta (Baghdâd) (1) était le patriarche de tous les étrangers; c'est pourquoi tous ces étrangers étaient ses serviteurs et lui étaient soumis.

« A l'occident de Pao-ta, à vingt journées de marche à cheval, est la Maison céleste (*thián fàng*), dans l'intérieur de laquelle « l'envoyé céleste », l'ancêtre spirituel de ces étrangers, a été enterré. Ce chef est nommé par eux: Phě-yèn-pa-'rh (2). Dans l'intérieur de l'édifice est suspendue une longue chaîne de fer. Si l'on essaye de la prendre avec la main, il n'y a que ceux qui sont arrivés à la perfection qui peuvent y parvenir; ceux qui ne l'ont pas encore atteinte ne le peuvent pas. Ces peuples ont un grand nombre de livres sacrés, qui, tous, ont été composés par le Peï-yen-pa-'rh (le prophète). On compte chez eux plusieurs dizaines de grandes villes. La population est riche et honorée (3).

Dulaurier: *Histoire des Mongols d'après les historiens arméniens*, p. 122), dit que Houlagou « abandonna le pillage de la ville à ses soldats, « qui se *chargèrent* d'or, d'argent et de pierres « précieuses, de perles et de vêtements de prix. « Houlagou se réserva le trésor du khalife; il en « emporta trois mille six cents charges de cha-« meaux avec une quantité innombrable de che-« vaux, de mulets et d'ânes. Quant aux autres ma-« gasins où les trésors étaient accumulés, il y ap-« posa son sceau, et les laissa sous la surveillance « de gardiens; il ne pouvait tout enlever tant « ce butin était immense. » (Voir en outre notre commentaire de Marc Pol, p. 47 et suiv.).

(1) *Tchoú hoú tchí tsoú*, c'est-à-dire, que le Khalife était le chef religieux et politique de tous les États musulmans.

(2) Ce mot est la transcription aussi exacte que possible, en chinois, du mot persan پیغمبر *peighember*, qui signifie *envoyé*, et appliqué à Mahomet: *legatus divinus*.

(3) « On fait observer qu'il est question, dans le texte, du royaume du « fondateur de la véritable religion *Hoéi* » (*tchin hoéi kiào*: « religion musulmane orthodoxe ») que l'on nomme aussi Thiân fàng (« la Région céleste ») et qui est également nommé Mé-khé (« la Mecque »). Celui qui rédigea les livres sacrés, et le fondateur de la religion qui y est enseignée, était nommé Piekhan-pa-'rh; ceux qui ont écrit Pei-yen-pa-'rh ont bien transcrit le mot, mais la prononciation diffère. Ce mot signifie en chinois: *thián ssè* (« l'envoyé céleste, » ou « du ciel »). Ainsi donc « la Région céleste » (*thiàn fàng*) est aussi la « Maison céleste » (*thiân fàng*; ce dernier mot est en chinois un caractère différent qui se prononce de même). Ce royaume est situé à l'ouest de Pao-sse (la Perse). Sous les Han, c'était le royaume des 'An-si (ou Parthes), qui est devenu celui de Pao-ta (Baghdâd). Le royaume des Tiao-tchi (Tadjiks, Arabes) est celui de Thiân-fàng (la « Région céleste »). Ce royaume (celui de Baghdâd) ayant été réduit, il s'ensuivit la soumission de tous les États mahométans; c'est pourquoi on

« A l'occident se trouve le royaume de Mi-si-'rh (Misr, l'Égypte), extrê-mement riche. Le territoire produit de l'or ; on voit, la nuit, des endroits qui sont brillants ; on en prend note en les signalant avec de la cendre ou autre résidu. Le jour suivant on découvre l'or (à l'endroit signalé) ; il y en a quelquefois des morceaux gros comme des jujubes. Il y a une distance de 6,000 *li* et plus de ce pays jusqu'à Pao-ta (Baghdâd).

« A l'occident de ce royaume est la mer ; et à l'occident de la mer est le royaume (ou les royaumes) des Francs (*Fou-láng kŏue*). Les robes et la coiffure des femmes de ce pays ressemblent à celles que, de notre temps, on voit à ces images peintes de *Phou-sa* (1) ; les hommes de ce pays, qui servent dans les armées étrangères, sont très-braves ; ils ne quittent pas leurs habits pour dormir. Quoique mariés, les hommes et les femmes ha-bitent des lieux différents.

« Il y a un grand oiseau (l'autruche) qui a des pieds comme les sabots du chameau, et de couleur bleuâtre ; il bat des ailes pour marcher. Il a bien un *tchang* de hauteur et plus (3^m,15^c). Lorsqu'il a avalé du feu, c'est quand il prend le mieux son vol (2). Le pays (où se trouve cet oiseau) est le royaume de Chi-lo-tse (Chiraz), qui produit aussi des perles. Son roi se nomme 'O-sse A-tha-pi (3). Au sud-ouest de ce royaume est la mer (le golfe Persi-que). Ceux qui pêchent les perles (dans cette mer) s'enveloppent dans un sac de cuir, ne laissant voir seulement que les deux mains. Ils s'attachent

---

commença par réduire le Thiân-fâng (la « Région céleste » ou l'Arabie heureuse).

« L'armée fit ensuite volte-face pour aller sou-mettre l'Inde (*Yn-tou*). Or Taï-tsou (Dchinghis-Khâân) avait antérieurement réduit lui-même tous les royaumes mahométans situés à l'est et à l'ouest des monts Tsoung-ling ; Hien-tsoung (Mangou-Khan), lui, réduisit ensuite tous les États mahométans du sud-ouest des monts Tsoung-ling. » (Édit. chin.)

(1) Quelque bizarre que cela puisse paraître, il est certain que plusieurs figures de divinités de la mythologie bouddhique, entre autres celle de la déesse *Kouan-yin* (que tout le monde a pu voir, depuis notre expédition de Chine, orner les boîtes des libraires des quais de Paris), res-semblent beaucoup par la tournure et le costume à celui des femmes européennes. Il est probable que c'est après avoir vu des Francs dans les pro-vinces de l'Asie mineure et de la Syrie, où ils

avaient établi plusieurs royaumes (alors pour la plupart déjà détruits), que l'auteur chinois avait formé son jugement sur les femmes franques.

(2) « On fait remarquer que *Mi-si-'rh* est le royaume de Fo-lin (l'empire romain de Constan-tinople). Les Fou-lang (Francs) étant à l'occi-dent, alors c'est une presqu'île située au nord de la mer Intérieure (la Méditerranée). Le grand oiseau à sabots de chameau, c'est l'animal qui, dans l'histoire des *Hân*, naissait chez les 'An-si (ou Parthes), et que l'on nommait *Tá ma-tsiŏ*. » (Édit. chin.)

(3) C'était *Saad* (avec l'article : *el* ou *os-Saad*), *Atabek* de la province du Fars, dont Chiraz était la capitale. Une fille de ce Saad, *Aycha-khatoun*, fut mariée à un général mongol et nommée reine du Fars par Houlagou. Elle ne régna qu'un an, et mourut en 1264. Ce fut la dernière de la famille des Atabeks d'origine tur-que.

j

une pierre aux reins avec une corde, et descendent ainsi au fond de la mer. Ils prennent avec les mains les huîtres de perles mêlées dans le sable, et les entassent dans le sac. S'ils rencontrent, pendant qu'ils sont dans la mer, des bêtes malfaisantes, ils les éloignent d'eux en leur lançant du vinaigre. Lorsqu'ils ont rempli leur sac d'huîtres de perles, ils tirent une corde, et les bateliers (avertis par ce signal) les ramènent hors de l'eau. Il arrive souvent qu'il y en a qui périssent pendant l'opération (1).

« Les royaumes Indous (*Yn-toŭ*) sont très-rapprochés du royaume du Milieu. L'armée et la population s'élèvent à douze millions de familles (2) (au moins *soixante millions d'ames*, à six personnes par famille). Les productions de ce pays consistent en drogues fines, en gros poivre noir, en pierres précieuses, en bois d'ébène, en acier et en toute autre espèce de choses.

« Dans l'intérieur de ces royaumes il y a de grosses cloches suspendues sur lesquelles frappent ceux qui ont des accusations à porter contre quelqu'un. Celui qui est préposé à la garde de ces cloches inscrit leur affaire sur un registre ; et, lorsque le moment de la juger est arrivé, des magistrats du roi inscrivent aussi leur nom pour empêcher la fraude et punir sévèrement ceux qui auraient porté une fausse accusation.

« Les habitations du peuple sont construites avec des roseaux. L'été il fait de grandes chaleurs dans ce pays ; les habitants, pour s'y soustraire, passent leurs journées au milieu de l'eau.

« La neuvième année, *ki-wei* du cycle (1259), à la septième lune, le Souan-tan (Sultan) '*A-tsao*, du royaume de Ou-lin (3), vint faire sa soumis-

---

(1) « On fait remarquer que, sur le royaume de Chi-lo-tse (Chiraz) il est bon de voir (ou consulter) le « Bulletin de Kouo Khan, » dans l'Histoire officielle des Yuen (Mongols ; nous en avons donné la traduction précédemment, p. CXXVI). Vers la fin, c'est-à-dire, la 6ᵉ année de l'expédition et par la suite, on dirigea l'armée du côté de l'orient, et alors on s'empara de chaque royaume que l'armée rencontra sur sa route. En général ces royaumes appartenaient pour le plus grand nombre à l'Inde du milieu (*tchoŭng Yn-toŭ*). » (Édit. chin.)

Cet éditeur chinois fait remarquer avec raison qu'il y a ici une lacune dans le Rapport de Lieou Yeou, qui, de Chiraz, passe sans transition à l'Inde, n'indiquant nullement comment l'armée mongole y fut dirigée, et l'itinéraire qu'elle dut

suivre pour s'y rendre. Il est très-vraisemblable, comme nous l'avons déjà dit, que Lieou Yeou avait été attaché, par Mangou-Khan, à l'état-major du général en chef Houlagou, et qu'il ne put, pour cette raison, faire connaître dans son *Rapport* la marche suivie par les généraux auxiliaires du général en chef.

(2) *Kiün miü ĭ tsién eüh pě wén hoŭ.* Littéralement : « l'armée et la population civile sont de un mille deux cent dix mille portes. » Le texte suivi par M. Abel-Rémusat porte le même nombre qu'il a traduit ainsi : « La population s'élève à douze millions. » Et comme ce chiffre lui paraissait peu élevé, il fait observer en note qu'il ne comprenait vraisemblablement que celle d'une partie de l'Hindoustan.

(3) Il est probablement question ici du pays

sion. Il y a, dans cet État, cent vingt villes, tant grandes que petites. La population s'élève à 1,700,000 habitants. Les montagnes produisent de l'argent.

« Le royaume des Khitans noirs, que l'on nomme Khi-lĭ-wân (1) (Kirmân), a un roi qui s'appelle Houo-kiao-ma-ting Souan-tan (« le Sultan Kotb-ed-dîn?»). Ayant entendu parler de la grande sagesse du prince (Houlagou), il vint aussi faire sa soumission. Sa capitale (pă-lĭ-sse, baligh?) est une grande ville. Les lions qui se trouvent dans le pays sont si forts que, avec leur crinière et leur queue, comme d'un coup de grosse corde, ils peuvent gravement blesser un homme. Quand ils rugissent, leur voix semble sortir des profondeurs de leurs entrailles. Les chevaux qui les entendent en sont frappés de terreur, et ils urinent du sang. Il y a aussi des chacals à longue crinière; des paons comme on en voit peints dans le royaume du Milieu; seulement leur queue est dans l'intérieur de leurs ailes. Chaque jour ils la déploient vers l'heure de midi. Il y a aussi des chats odoriférants qui ressemblent à la panthère (păo) de notre pays; leurs excréments ont une odeur comme le musc. Il y a aussi des perroquets à cinq couleurs; des chameaux si renommés pour leur vitesse que les courriers qui les montent peuvent faire mille li (environ 38 myriamètres) en un jour.

« Le corail provient de la mer méridionale. On le pêche avec des filets de fer; il y a des pousses qui ont jusqu'à trois pieds de hauteur (2). Le

---

de *Lour*, ou Louristân, dont l'Atabeg se soumit à Houlagou lorsque ce général allait attaquer le khalife de Baghdâd (voir D'Ohsson, *Histoire des Mongols*, t. III, p. 259). Le prince qui fit sa soumission se nommait Téguélé, fils de *Hesar-Asb*. Ce dernier nom a quelque ressemblance avec *A-sao*.

(1) Voir, sur le Kirmân, p. 72-75 du Livre de Marc Pol. Saint-Martin a assimilé le sultan *Hou-kiao-ma-ting* à *Kotb-ed-din*, chef d'une tribu de Kara-Kitayens qui possédaient alors le Kirmân.

(2) On trouve une curieuse description de la pêche du corail dans la *Notice* sur le Ta-thsin, que nous avons traduite du chinois (*Mémoire sur la réalité et l'authenticité de l'Inscription de Si-ngan-fou*, p. 33 et suiv.). On y lit (p. 40): « Dans le grand bassin de la mer qui s'étend de « l'est à l'ouest on doit parcourir 7 à 800 *li*, et « on arrive à un endroit où l'on trouve des « bancs de corail au fond de l'eau; ces coraux « croissent sur des roches sous-marines dont « à la surface est en forme de bassin. Les habi-

« tants du Ta-thsin ont l'habitude d'employer de « grands vaisseaux qui portent des filets de fer « attachés à des chaînes de fer. Quand le com- « mandant du navire veut faire plonger, il fait « descendre préalablement quelqu'un au fond « de l'eau pour s'assurer si les filets peuvent y « atteindre; car c'est au fond de l'eau que les « coraux commencent à se produire, d'abord « blancs. Ensuite petit à petit ils deviennent « semblables aux premières pousses des plantes « marines. Au bout d'un an, ces pousses ou ex- « croissances sont assez sorties pour en faire la « pêche. Dans cet intervalle les pousses de co- « raux se sont transformées et sont devenues de « couleur jaune. Elles s'entrelacent ensemble, « et finissent par atteindre une hauteur extrême « de *trois à quatre pieds*. Les plus grandes at- « teignent environ un pied de circonférence. La « troisième année, la couleur de ces coraux de- « vient d'un beau rouge.

« Par la suite, quand on plonge pour visiter

lăn-tchī (genre d'épidendrum rouge ?) croît dans des montagnes rocheuses situées au milieu de la mer du sud-ouest (le golfe Persique). Il y a aussi des canards sauvages, à cinq couleurs, qui semblent toujours méditer (*yă ssĕ*) ; leur prix est très-élevé.

« Les diamants que l'on façonne viennent de l'Inde. On les obtient en jetant de la chair dans le fond de profondes vallées. Des oiseaux qui passent en volant dans ces parages dévorent cette chair, et on trouve les pierres précieuses dans leurs excréments (1). Le *să-pă-'rh* (le *saphir*, corindon ou émeraude orientale ?) provient de l'intérieur de la mer occidentale ; c'est le résidu ou la quintessence de l'écaille des tortues (*tăi-méi*). Les crocodiles qui mangent ces tortues rendent ensuite cette matière par la gueule. Elle se concrète complétement dans l'espace d'une année ; et son prix est égal à celui de l'or. Ceux qui falsifient cette substance le font avec les excréments du rhinocéros. Les os du rhinocéros sont durs comme les écailles des grands serpents ; on s'en sert pour combattre ou neutraliser (*kiāi*) toutes sortes de poisons.

« Il y a une espèce de *cheval-dragon* (*loúng tchóung mà*) ; il est produit aussi dans la mer occidentale ; il a des écailles et des cornes. Quand une jument a des poulains, on n'ose pas les faire paître avec ces chevaux-marins, parce qu'ils les entraînent dans la mer, et ils ne reparaissent plus. Il y a aussi un milan noir (*tsào tiáo*) qui, à chaque ponte, produit trois œufs, de l'intérieur de chacun desquels naît un chien ; sa couleur est cendrée et il a le poil ras. Il suit sa mère sur les traces de son ombre ; il ne manque jamais d'atteindre les bêtes qu'il poursuit.

« Il y a aussi une espèce de moutons de montagnes que produit encore la mer occidentale, et qui a de la ressemblance avec les moutons de notre pays que nous nommons : « espèce de moutons à ombilic » (*yăng tsī tchóung*). Quand on lave leurs mères dans l'eau et qu'elles entendent le tonnerre, elles

---

« les bancs de coraux, on apprend s'ils peuvent « être cueillis. Dans ce cas on les détache de « leurs racines avec un fer, et on les enlève avec « des filets suspendus. Des hommes préposés ex- « près sur les navires les enlèvent avec des ca- « bestans, et les transportent dans les royaumes « lointains. Il faut savoir choisir son temps pour « faire cette pêche de corail ; si on perd l'occa- « sion favorable on ne peut plus enlever ces « coraux du fond de la mer ; alors ils sont dé- « truits par les insectes et la vermine. »

On croirait difficilement cette description faite par un Chinois, tant les faits y sont précis et bien observés. On peut en voir le texte dans la grande Encyclopédie intitulée : *Youan-kian-louï-han* (livre 238, fol. 19 et suiv.), d'où nous l'avons tirée, ainsi que la *Notice* en question.

(1) Comparer Marc Pol sur le royaume de Golconde, p. 630, où il raconte la même histoire impossible qu'il tenait sans doute des navigateurs arabes, comme l'historien chinois. Cette concordance est des plus remarquables.

mettent bas cette espèce de moutons. Le cordon ombilical tient à la terre. Selon Tchang-kien (1), si l'on rompt le cordon ombilical avec un morceau de bois, l'agneau commence immédiatement à marcher. Il broute aussitôt de l'herbe jusqu'à ce que, en automne (quand il n'y en a plus), il puisse manger autre chose. La chair de l'ombilic est aussi d'une espèce particulière (2).

« Il y a encore des femmes barbares (*hoù foù*) qui expliquent le langage des chevaux ; elles connaissent par cela même les félicités et les calamités qui doivent arriver, et donnent véritablement des preuves de leurs facultés extraordinaires. Toutes les choses de cette nature ne peuvent être racontées ici. » —

« Après quatorze mois employés pour retourner (près de Mangou-Khan), Yéou joignit ce qui suit à son document : « — Le *Si-yŭ* (tout le vaste pays situé à l'occident de la Chine, l'Asie centrale et occidentale) est ouvert ; ce fut Tchang-kien (sous les Han) qui, le premier, détermina d'une manière certaine la situation de ses territoires, de ses montagnes et de ses grands cours d'eaux. Mais, dans la suite des générations, et graduellement, les royaumes lointains ont subi de nombreux changements de dénominations et de considérables transformations dans leur manière d'être ; de sorte qu'il est difficile de les bien reconnaître. Ce que nous appelons aujourd'hui la « Mer des frimats » (*hán hài*) était anciennement la « Montagne d'or » (*kĭn chán*). Le pays de *Yn-tou* (l'Inde) était, sous les Han, le Chîn-tou. L'animal qui est appelé « l'oiseau-chameau » (*thô-niào*, l'autruche), c'est le grand cheval en forme de vase à trois pieds (*mà-tsiŏ*) qui naissait chez les 'An-si (ou Parthes) d'autrefois. Le pays de Mi-si-'rh (Misr, le vieux Caire et l'Égypte, chez les écrivains arabes), c'était, sous les Thâng (618-905), le territoire de Fo-lin (3).

« En examinant attentivement ces pays, leurs productions, les mœurs et

(1) Général chinois envoyé dans les contrées occidentales (de l'Asie) par un empereur des Han, dans le second siècle avant notre ère, et qui accompagna les *Youë-tchi* dans leur expédition contre les rois grecs de la Bactriane dont ils s'emparèrent. Il a laissé un récit de son voyage inséré dans le *Ssé-ki* de Sse Ma-tsien, K. 123.

(2) « On remarque que ces moutons à la queue ombilicale sont décrits dans l'Histoire des *Thâng*, aux « Récits des contrées occidentales » (*Si yŭ tchöán*) en ce qui concerne le royaume de *Fo-lin* (l'Empire romain d'Orient). » (Édit. chin.)

(3) « On fait observer que le Fo-lin était situé à l'ouest des Tiao-tchi (Tadjiks, ou Persans), et que l'on ne traversait pas la mer pour s'y rendre (c'était l'empire qui avait pour capitale la *Ville de Constantin*, à l'accusatif πόλιν). Dans l'histoire officielle des Thâng, il est dit que Fo-lin est séparé, par la mer, du Ta-thsin ; c'est une erreur. Le pays de Mi-si-'rh est aujourd'hui le royaume de Joú-tĕ-à (comprenant la Palestine et la Syrie) ; il est voisin de la Libye (*Li-weï-á*). » (Édit. chin.)

Voir notre *Mémoire* cité, p. CXLVII, n. 2.

coutumes des habitants, on peut arriver à les reconnaître et à les distinguer les uns des autres. En outre, il est dit, dans l'Histoire officielle des Thâng, que Fo-lin est éloigné de la capitale (*king-ssê*, celle de la Chine, alors Sin-ngân-fou, dans la province du Chen-si), de 40,000 *li*, et qu'il était situé sur le bord de la mer; ses productions étaient des choses précieuses et rares. Cela s'accorde parfaitement avec la géographie de nos jours; il ne doit rester aucun doute à cet égard. »

« La quatrième année *tchoung-toung* (1263 de notre ère), à la troisième lune. »

« Rapport de LIÉOU YÉOU. »

CONCLUSION.

Nous craignons d'avoir trop abusé de la complaisance du lecteur, en le retenant si longtemps sur des hommes, des pays et des faits qui, par cela même qu'ils lui sont plus étrangers, doivent d'autant plus fatiguer son attention. Tous ces noms barbares auxquels les écrivains de l'antiquité classique grecque n'ont pas donné les formes adoucies, mais infidèles, de leur langue harmonieuse :

> Ce langage sonore aux douceurs souveraines,
> Le plus beau qui soit né sur des lèvres humaines,

comme l'a si bien dit André Chénier; ces noms singuliers nous heurtent nous repoussent au premier abord, comme ces figures étranges, mais grandioses, découvertes de notre temps dans les ruines assyriennes de Babylone ou de Ninive, qui portent des noms tels que Marduk ou Mérodach et Nabukudurrusur. Il faut un certain amour de la science philologique et historique pour vaincre cette répugnance naturelle que nous éprouvons à lire ces noms aussi étranges qu'étrangers, qui ne présentent aucun sens à notre esprit, et qui ne rappellent aucun souvenir à notre mémoire. Mais cette éducation grecque et latine, que nous avons reçue, ne nous rend-elle pas injustes envers nos propres ancêtres, les Celtes et les Gaulois, qui ne portaient pas des noms plus harmonieux que ces peuples que nous appelons barbares? Ambio-rix et Vercingéto-rix doivent-ils être exclus de notre histoire, parce qu'ils ne s'appellent pas Aristide ou Épaminondas?

Nous commençons, au surplus, depuis quelque temps, à sortir de ce monde, brillant sans doute, mais étroit, de l'antiquité classique, dans lequel nous avons été si longtemps confinés. L'Orient, ce grand et vieux berceau des langues, des arts et de la civilisation, que quelques beaux génies de la Grèce avaient entrevu ou rêvé, se dévoile à nous chaque jour davantage ; et la science, qui a devancé nos armes, y a déjà fait plus de conquêtes que ces dernières et de plus légitimes ; elle continuera de les poursuivre dans son propre intérêt, et aussi dans celui de ces populations orientales qui nous repoussaient instinctivement, ainsi que le faible cherche à éloigner de lui le fort, dont il craint la domination comme si c'était la servitude.

Celui qui écrit ces lignes n'a pas à se reprocher d'avoir jamais pris le parti de la force contre la faiblesse, de l'iniquité contre la justice ; il s'est toujours efforcé de faire connaître, autant qu'il dépendait de lui, des civilisations avancées que l'on traitait autour de lui de barbares, et que l'on a reconnu ensuite l'être beaucoup moins qu'on ne s'était plu à l'imaginer. C'est ainsi que la vérité finit tôt ou tard par se faire jour ; et il nous semble qu'il est plus honorable de rechercher les titres qu'un peuple ancien peut avoir à nos égards, qu'à les nier en exagérant ses défauts.

Nous sommes arrivé à la fin d'une tâche aussi longue que pénible, et qui, depuis plus de quatre ans, n'a cessé un instant de nous occuper. C'est en quelque sorte tout un monde inconnu que nous avons eu à explorer sur les pas de Marc Pol, dont le « Livre merveilleux », comme l'appelaient nos ancêtres, était resté, pour une grande part, dans le domaine des fictions, ou du moins dans cet état douteux d'un livre qu'on ne sait si on doit le considérer comme un roman ou comme une histoire. Nous croyons qu'on ne nous accusera pas de présomption si nous disons, qu'après avoir lu notre travail, on reconnaîtra que ce Livre de Marc Pol est un des plus curieux et des plus instructifs qui aient été composés ; c'est en quelque sorte une Encyclopédie historique et géographique de l'Asie au moyen âge, et d'autant plus précieuse que tous les lieux qui y sont décrits, et tous les faits qui y sont racontés, ont été retrouvés par nous dans des écrivains orientaux et confirmés par leur témoignage. Ce livre est une mine inépuisable de renseignements sur l'histoire, les mœurs, les usages, les coutumes, le commerce et l'industrie de toutes les populations de l'Orient, à peu d'exceptions près. Les missions de confiance dont Marc Pol fut chargé pendant dix-sept ans, par le plus puissant souverain de cette grande et merveilleuse partie de l'ancien monde, l'obligèrent d'adresser à ce même souverain, sur tous les États de l'Asie dans lesquels il fut envoyé pour son service, des *Mémoires* ou *Rapports* dans le genre de celui du Commissaire impérial Liéou Yéou adressé à Mangou-Khân, et dont nous avons publié ci-dessus la traduction (p cxxxiii). Ce fait, qui est pour nous démontré, nous explique la nature et la forme d'une grande partie de son livre, et comment Marc Pol, en sa qualité de « Commissaire impérial de Khoubilaï-Khaân », a pu recueillir la multitude incroyable de renseignements de toute nature qu'il nous donne sur presque toutes les populations de l'Asie.

Ces « Rapports », adressés à Khoubilaï-Khaân, qui en était si avide (voir le Chap. XV, p. 23), ont dû former une partie des matériaux sur lesquels Marc Pol fit rédiger son livre. Cette curiosité ardente des Khâns mongols sortis la veille de leur désert de la Tartarie, et ayant devant eux tout un monde nouveau dont la renommée de civilisation et de richesses était de nature à exciter leur convoitise ; cette curiosité, disons-nous, devait être impérieuse chez eux ; aussi attirèrent-ils à leur cour tous les étrangers qui, par leurs talents, leurs connaissances et leurs lumières, pouvaient leur servir à conquérir ce monde civilisé dont ils avaient été jusqu'alors exclus.

Mais voyez quelle force inconnue semble agir sur certaines races et peser sur leur destinée ! Ces Mongols, que Dchinghis-Khaân avait conduits à la conquête du monde ; qui s'étaient emparé, dans la première moitié du treizième siècle, de presque tous les États de l'Asie, et avaient réduit la Russie à la simple république de Nowgorod ; ces Mongols, disons-nous, après avoir conquis la plus grande puissance matérielle qui ait jamais dominé sur le monde, sont redevenus, un siècle ou deux après, les sujets de ceux-là mêmes qu'ils avaient vaincus, et ont repris leur ancienne vie de tribus pastorales, n'ayant conservé de leur ancienne et formidable puissance que quelques souvenirs historiques passés à l'état de légendes, et chantés dans les *ïourtes* ou huttes du désert (1). Et si les Mandchous actuels étaient un jour

(1) Voici, d'après Timkovski (*Voyage à Péking à travers la Mongolie*, etc., trad. française, t. II, p. 303), quelques-uns de ces chants mongols :

1.

« Une troupe guerrière va sortir du territoire « de Tsetsen-khan; elle se compose de trois mille « cavaliers ayant le brave Tsébden beïlé à leur « tête. Parmi les cavaliers de la cour, Khoun- « khoun taidzi a été désigné par le choix ; le « valeureux beïlé Dordji djonòm et Banba boúi- « soun noïn, guidés par leur propre volonté, « ne tarderont pas à joindre leurs compagnons.

« La valeur peu commune de ces héros a déjà « été éprouvée par l'ennemi, dans le combat « sanglant livré sur le mont Khanggaï (au sud- « est de Caracorum); et lorsque le maître Au- « guste (l'empereur), dans sa clémence, aura « mis un terme à nos travaux, nous passerons, « en revenant dans notre patrie, à Enke tala, « dont les gazons touffus et verdoyants serviront « de pâture à nos excellents coursiers. »

2.

« Coursier alezan à la démarche fière ! toi qui « joins à la beauté du poil une taille superbe, « quand tu folâtres gaiement dans le troupeau,

chassés de la Chine comme l'ont été les Mongols, il est probable qu'ils re-deviendraient aussi, comme ces derniers, des pasteurs de troupeaux dispersés dans les steppes de la Tartarie, tant la vie libre et errante des déserts a de charmes pour ces races qui les ont habités depuis des milliers de siècles, et qui se sont pour ainsi dire identifiées avec eux. Après avoir goûté des fruits séduisants mais souvent amers de notre civilisation, et s'en être enivrés en quelque sorte avec furie, ces hommes retournent à leurs déserts, n'empor-tant souvent rien de cette civilisation tant vantée que le regret de l'avoir connue ! A l'extrémité d'un autre continent, l'Arabe des déserts de l'Afri-que, dont les ancêtres avaient aussi conquis de vastes territoires et consti-tué de grands empires comprenant l'Espagne, presque toute l'Afrique, l'Égypte, la Syrie, la Mésopotamie, l'Arménie, la Géorgie, la Perse, le Khoraçân, le Kirmân, toute la vallée de l'Indus, le Caboul, l'ancienne Bac-triane, la Soghdiane jusqu'au-delà du Iaxartes; ces Arabes, disons-nous, sont aussi rentrés dans leurs déserts comme les Mongols, et ont repris avec joie la vie errante de leurs premiers ancêtres ! Et nous ne pouvons pas même aujourd'hui les attirer à notre civilisation dont nous sommes si fiers, et leur faire accepter nos chaînes. N'y a-t-il pas, dans ces grands faits histo-riques, quelques mystères qui n'ont pas encore été sondés, et qui méritent, à plus d'un titre, d'attirer l'attention des philosophes, des législateurs et des historiens ?

Ce furent les chrétiens nestoriens, venus de la Mésopotamie, et répan-dus depuis longtemps en Mongolie, parmi les tribus des Kéraïtes, dont Ouâng-khan (si connu au moyen âge sous le nom de Prestre Jehan) était le chef, et celle, moins considérable, dont les ancêtres de Témoutchin (Dchin-ghis-Khaân) étaient aussi les chefs (1), mais relevant de Ouâng-khan; ce furent des chrétiens nestoriens, disons-nous, qui inspirèrent aux Mongols de sortir de leurs déserts pour faire la conquête des riches contrées de l'Asie, par les notions qu'ils donnèrent à leurs chefs de la beauté et des ri-chesses de ces contrées où ils avaient leur siége principal; comme les sec-tateurs de la religion de Mahomet avaient précédemment inspiré aux

« combien tu t'embellis encore par la présence « des tiens ! Mais cette jeune beauté, que le sort « a jetée sur une terre étrangère, languit loin de sa « patrie; elle tourne sans cesse des regards vers « ces lieux. Ah ! si le mont Khanggaï ne s'élevait « entre nous, je pourrais te voir à chaque ins-« tant; mais en vain voudrions-nous vivre

« pour l'amour, le destin cruel nous sépare. »

(1) On peut voir dans le Livre de Marc Pol et dans notre Commentaire les preuves nombreuses et irrécusables de la présence des chrétiens nes-toriens chez les Mongols et ensuite dans tous les pays qui tombèrent sous leur domination. Les historiens persans de l'époque en sont remplis.

Arabes leurs grandes conquêtes. Mais le zèle religieux fut moins vif et moins persévérant chez les Mongols qu'il ne le fut chez les Arabes ; ou plutôt il ne fut qu'un moyen, chez les premiers, qui embrassèrent successivement la religion qui leur sembla le mieux favoriser leurs intérêts ; tandis que chez les seconds, animés du plus ardent fanatisme, leurs conquêtes furent exclusivement dues à la force redoutable que ce fanatisme aveugle et cruel leur donnait.

On trouve une preuve frappante de l'influence de l'éducation nestorienne sur l'esprit de Dchinghis-Khaân, dans le *Yassa*, ou Code de Lois, qu'il avait rédigées, et dont les historiens orientaux ont conservé des extraits. « Dans » la première de ces Lois (1), il fut ordonné de croire qu'il n'y a qu'un « Dieu créateur du ciel et de la terre, qui seul donne la vie et la mort, les « biens et la pauvreté ; qui accorde et refuse tout ce qu'il lui plaît et qui a « sur toute chose un pouvoir absolu (2). »

On trouve une autre preuve de cette même influence dans la *formule initiale* de tous les *Édits* publiés par ses successeurs et les princes de sa famille, dans les diverses contrées où ils régnèrent, même dans leurs *Lettres* et leurs *Yarliks* ou *Tables de commandement*, comme on peut s'en convaincre en lisant les Édits en question, et les Lettres mongoles adressées à Philippe le Bel, roi de France, reproduites dans notre *Appendice* (n⁰ˢ 3, 4, 5 et 6, p. 768-781), ainsi que la « Table de commandement » récemment découverte, dont on trouvera la traduction dans notre Commentaire (p. 255).

Mais nous n'en finirions pas si nous voulions épuiser tout ce qu'il nous resterait encore à dire sur les nombreuses relations qui eurent lieu au treizième siècle (le plus souvent par les suggestions et l'entremise intéressée des rois d'Arménie), entre les divers souverains mongols et les souverains européens, dont il est plusieurs fois question dans Marc Pol ; nous renvoyons, pour ce sujet, à ce qui en a été rapporté dans cet ouvrage, et surtout aux deux savants Mémoires de M. Abel-Rémusat, intitulés : *Mémoires sur les*

---

(1) Pétis de la Croix, d'après Mirkhond, dans son *Histoire de Genghizcan*, p. 99, Paris, 1710.

(2) Pétis de la Croix ajoute : « Il semble que Temugin n'ait fait publier cette loi que pour montrer de quelle religion il étoit ; car bien loin d'ordonner quelque punition contre ceux qui n'étaient pas de sa secte, il défendit d'inquiéter personne au sujet de sa religion ; et il voulut que chacun eût la liberté de professer celle qui lui plairoit davantage, pourvu qu'on crût *qu'il n'y avoit qu'un Dieu*. Quelques-uns de ses enfants et des princes de son sang étoient chrétiens, et les autres faisoient profession du Judaïsme ou du Mahométisme, ou enfin *étoient Déistes comme lui*. Sa secte fut plus suivie que les autres dans la Tartarie où il y avoit quantité d'idolâtres. » (*Ibid.*, p. 100.)

relations politiques des Princes chrétiens, et particulièrement des Rois de France, avec les Empereurs mongols (1). D'autres sujets nombreux auraient aussi exigé de nous des observations ; nous les passerons sous silence. Nous dirons seulement, à propos de la Carte qui accompagne ce volume, que nous avons cherché à la rendre aussi utile qu'il nous a été possible pour la complète intelligence du Livre de Marc Pol. C'est l'état de l'Asie dans la seconde moitié du treizième siècle, à l'époque même du voyage du célèbre Vénitien, que nous nous sommes efforcé de lui faire représenter. On y trouvera tous les noms géographiques cités dans le Livre, reproduits en *rouge* sur la *Carte*, aux positions déterminées dans notre Commentaire (2), et avec les *synonymies en noir*, telles aussi que nous les avons restituées, dans le même Commentaire, d'après les écrivains orientaux. On en trouvera la nomenclature dans les *Tables* (3) placées à la fin du volume. Nous y avons ajouté, pour la Chine (réduite à de faibles proportions dans la Carte qui embrasse toute l'Asie, une partie de l'Abyssinie, l'île de Madagascar, une partie de l'Égypte, l'Arabie, et aussi une partie de l'Europe), les noms des douze *Sing* ou grands Gouvernements de l'empire de Khoubilaï-Khaân, imprimés en *rouge*, ainsi que les noms imprimés aussi en *rouge*, mais entre parenthèses, des États mongols des descendants de Dchinghis-Khaân. L'itinéraire suivi par Marc Pol, déterminé d'après ses propres indications, est aussi figuré en *rouge* sur notre Carte. Il pourra servir utilement à la lecture de son Livre.

Nous avons ajouté à notre grande Carte la traduction d'une esquisse chinoise, représentant tous les pays conquis par les Mongols, avec de courtes légendes, à la manière de nos anciennes cartes, et que nous avons emprun-tée à la grande géographie historique d'où nous avons tiré les trois docu-

---

(1) Paris, 1822 et 1824, in-4°. On peut con-sulter aussi avec fruit la *Notice* dont M. D'Ave-zac a fait précéder son édition du *Voyage de Jean Du Plan de Carpin*, publié dans le *Recueil des Voyages et Mémoires* de la Société de Géo-graphie de Paris, t. IV, p. 399 et suiv.

(2) Ces positions ont été autant que possible empruntées aux sources les plus récentes et les meilleures. Toutefois, comme, pour l'Asie surtout et l'Afrique, il est peu de lieux dont la position géographique ait été déterminée avec toute la précision que la science peut exiger aujourd'hui, les degrés de longitudes et de latitudes indiqués dans notre Commentaire seront sans doute sujets à rectification. Quant à notre Carte, l'échelle en

est trop petite pour que les modifications dans la position des lieux puissent jamais être bien sensibles.

(3) Les trois principales de ces *Tables* ont été rédigées par M. Eugène Vignon. Nous saisissons cette occasion pour l'en remercier, ainsi que M. Defrémery qui a bien voulu revoir les secondes épreuves d'une grande partie de notre travail sur Marc Pol. Ses grandes connaissances dans notre ancienne littérature et dans les langues orientales lui ont fait reconnaître plusieurs erreurs qui nous étaient échappées et que nous avons corri-gées ; d'autres, que nous avons reconnues depuis, ont été signalées à l'*Errata* qui se trouve à la dernière page de ce volume.

ments traduits précédemment. Cette petite carte historique, avec la traduction des documents en question, pourra donner une idée des connaissances que les Chinois possèdent sur l'histoire de l'Asie occidentale à laquelle ils se sont trouvés mêlés.

Enfin, nous n'avons rien négligé de tout ce qui était en notre pouvoir pour élever à Marc Pol, avec le concours bienveillant et vraiment généreux de nos éditeurs, MM. Didot (qui nous ont laissé entièrement libre de donner à notre publication toute l'étendue et tous les développements que nous jugerions convenables), un monument qui réponde aux intentions du célèbre voyageur et à celles de cette *noble France*, comme il l'appelait en lui adressant son Livre, dont il avait choisi la langue de préférence à toute autre pour le rédiger, et qui lui devait bien ce témoignage de gratitude; car, si Marc Pol est *Italien* par son *origine*, il est *Français* par *adoption*. Et peut-être le travail, qu'après plus de cinq cents ans nous venons de lui consacrer au nom de la France, quoique n'ayant été favorisé par les encouragements d'aucun pouvoir, et publié sous les auspices d'aucun corps savant, n'en est-il pas moins digne de tous deux.

Quoi qu'il en soit, le mobile désintéressé qui nous a toujours soutenu, depuis de longues années, ne nous a pas fait défaut dans l'accomplissement de cette dernière et difficile tâche ; car, en la poursuivant, nous nous sommes rappelé souvent ces belles paroles de la vieille sagesse indienne :

« *Sarvadravyêchou vidyaiva dravyam âhour anouttamam ;*
« *Ahâryatvâd anarghyatvâd akchayatvâtch-tcha sarvadâ.* »

« De toutes les choses de ce monde, la science, disent les sages, est la chose la plus éminente :

« Parce qu'elle ne peut être ni enlevée (à celui qui la possède), ni achetée (comme une marchandise), et qu'elle est impérissable. » (*Hitôpadês'a* ; Préface, *slôka* 4.)

G. PAUTHIER.

Paris, 31 décembre 1864.

LE LIVRE

DE

MARC POL.

APPENDICES Nᵒˢ 3-6.

INSCRIPTIONS MONGOLES

PUBLIÉES ET TRADUITES

PAR G. PAUTHIER.

LE LIVRE

DE

MARC POL.

APPENDICES N°s 3-6.

INSCRIPTIONS MONGOLES

PUBLIÉES ET TRADUITES

PAR G. PAUTHIER.

APPENDICE Nᵒ 3.

DÉCRET DE KHOUBILAÏ-KHAÂN.

1ᵒ TRANSCRIPTION DE CE DÉCRET EN CARACTÈRES ALPHABÉTIQUES INVENTÉS SUR L'ORDRE DE CET EMPEREUR, PAR LE LAMA *Pa'-sse-pa*, CONSERVÉE AVEC L'ORIGINAL CHINOIS DANS LE PALAIS DES ÉTUDES DE LA VILLE DE *Soung-kiang-fou*, PROVINCE DE *Kiâng-nân* (1).

1   2   3   4   5   6   7   8   9   10   11   12   13   14   15   16   17   18   19   20   21   22

(1) Cette double inscription qui, il y a quelques années, avait été envoyée de Chine à Paris, et qui fut ensuite adressée à Saint-Pétersbourg, étant revenue à Paris sans interprétation, me fut

2° TRANSCRIPTION EN LETTRES LATINES DE L'INSCRIPTION EN CARACTÈRES *pa'-sse-pa* ALPHABÉTIQUES.

1 Chang then g'éoan ming — 2 'Hoang-di ching dji yeou djóung youei ba szhi goan li jin dhing, Khoung-tzhi — 3 dji tao, chouei hen wœn (*ouaon*) chi, ngiáo (*yeou*) gouei g'ya dje chou dang tchoung, foûng Kheou — 4 fèò lim mêao Chang-dou Ta-dou, djeou Lou Fuou Djió Hûen h'i h'ing — 5 che mêao Hyo-cheou-yuen djêao h'i — 6 Chi-tsou 'hoang-di ching dji g'im h'èò djéou goan yuen chhi chin g'éoun ma woou — 7 dhya h'eou nouei h'an hya houei dséou dsi li woou zhi zeoung sze tou — 8 h'im yen goung yui dszao tso chio djéou goan waoû ki chêm héo ti — 9 thou chan ngei ki goung tchhi djhang djéou jin woou dhiya thsim tuo chou — 10 tchhéou tsêin liang yi g'éoung tchéoun thsiào ji ding chuo woang tsi zhi ki — 11 chhi chhing lim chên pin 'han lao ping dji tchhi wouei djoung chou tsoun — 12 g'ing dje yuê dji mi liang h'iao séou yang chêm mêao yeou soun huya souei — 13 tsi siao hoan tso yang 'hio tsin ngêm g'ya héoun houei g'iáng szi tao yi — 14 woou yeâo ching dsay jêò dheya heing woôun hyo tchhêao tchheou chi bouei dje ngiâo — 15 szhi bâo g'éou seou djing lièm fûng szhi thi fuou siang toung yi pouei sueen — 16 yeoung boun lou tsoûng goan fuou ti g'éou jéou hyo szeou djing liem fung szhi — 17 suen ming g'iao hou mien li hyo hyao fum mieao hyo goûng tchhi djéou jin — 18 woou dhya tseou jeao g'éou 'ho heing jéou jin tchhi li djeao h'i-yi g'yang — 19 ching dji chi heing bouei houei chi thzhi fui li waong heing gouei ngyao chang hen ning bou — 20 dji kéou ngi ling djéoun thzhi — 21 bao — 22 dji yuen sam chi yi nien thsi yue ji.

3° TRADUCTION FRANÇAISE.

« Saint commandement de l'empereur qui règne par la grace du Ciel suprême.

« On informe tous les fonctionnaires publics de l'intérieur et de l'extérieur

communiquée par le savant sinologue à qui elle avait d'abord été envoyée. J'en fis alors la traduction qui a été publiée dans le *Journal asiatique de Paris* (janvier 1862) avec le *texte chinois* de cette même inscription et l'explication historique de l'alphabet au moyen duquel Khoubilaï Khaân avait voulu représenter la langue figurative des Chinois. Les caractères de cette inscription ont été gravés exprès à l'Imprimerie impériale de Paris pour en faire la publication dans le Mémoire cité, auquel nous renvoyons les personnes qui voudraient comparer le texte *chinois* avec l'inscription donnée ci-dessus, laquelle n'en est que la transcription (selon la prononciation mongole du texte chinois), représentée peut-être assez imparfaitement dans l'alphabet en question.

(de la capitale et des provinces), que la doctrine de Khoung-tseu (Confucius) étant une loi destinée à régir toutes les générations, ceux qui ont la mission de gouverner les États sont spécialement chargés de lui rendre des honneurs publics : dans le temple de la forêt de Khio-féou (1), à Chang-tou (2), dans la Capitale de l'Empire (3); dans les Bourgs, les chefs lieux de Canton, d'Arrondissements et de Départements de toutes les provinces (4). En conséquence il est prescrit de construire des temples (pour l'honorer), des écoles publiques et des colléges (pour y enseigner sa doctrine).

« Que l'on veille à l'exécution de cet Édit et que l'on se conforme scrupuleusement (5) au saint commandement de l'empereur Chi-tsou (Khoubilaï-Khaân), qui défend expressément à tous les magistrats ou fonctionnaires publics, employés civils et militaires de tous rangs, à pied et à cheval, de s'établir dans ces édifices pour y constituer des réunions, s'y livrer à des discussions publiques, y instruire et juger des procès, y manquer de respect aux choses sacrées, et s'y livrer à des festins;

« Aux ouvriers de toutes professions d'y travailler de leur état, et d'y déposer ou emmagasiner des objets appartenant aux magistrats;

« A tous ceux qui sont chargés de distribuer les produits de toutes natures des terres consacrées à l'enseignement public, ainsi qu'à ceux qui font valoir les fermes dont les produits servent à l'entretien des concours ou examens publics, de rien soustraire de ce qu'ils doivent livrer en argent monnayé et en nature.

« Les distributions que l'on fait aux deux époques fixées : du printemps et de l'automne, les premier et quinzième jours de la lune en célébrant les sacrifices, ainsi que les provisions d'entretien destinées aux instituteurs, seront donnés aux gradués dans le besoin, affaiblis par l'âge ou malades, que la population honore ou vénère. On fera chaque mois des distributions de riz et d'autres aliments à ceux qui seront dans la détresse, et on nourrira les nécessiteux.

« Les temples qui auraient souffert des dégradations seront immédiatement réparés. On devra fournir la nourriture et l'entretien à ceux qui devront être postérieurement promus à des degrés littéraires. La crainte que

(1) Situé dans la province de Chân-toung où naquit le philosophe.

(2) *Chang-tou*, résidence de Khoubilaï Khaân en Mongolie.

(3) *Ta-dou*, aujourd'hui *Pé-king*, c'est-à-dire : *Capitale du Nord*.

(4) *Lou*, *fuou* (*fou*), *djio* (*tcheou*), *'hien* (*'hien*), *yi*.

(5) Cette première partie appartient à Timour Khaân, nommé en chinois Tching-tsoung, petit-fils de Khoubilaï Khaân, et qui lui succéda en 1294.

l'on inspire par la sévérité ajoute beaucoup aux bons effets de l'enseignement. En professant la doctrine (de Khoung-tseu) et les arts libéraux, on
doit faire tous ses efforts pour former des hommes de talents.

« S'il s'en trouvait dans le nombre qui, par leurs vertus, leurs actions,
leur mérite littéraire, surpassassent leurs contemporains, ceux qui ont la
direction des études doivent les protéger, les recommander pour l'avance-
ment. Les directeurs des examens, zélés pour le service public, s'attacheront à rendre les examens accessibles à tous, afin d'aider le gouvernement
dans le choix de ses employés.

« Les contrôleurs généraux du département de leur province native pro-
poseront, pour être promus à des fonctions publiques, des lettrés instruits.
Les directeurs des examens, zélés pour le service public, s'attacheront à
propager le plus possible les lumières et l'instruction dont l'effet est d'amé-
liorer les mœurs, et ils consacreront tous leurs efforts et leurs soins aux
colléges ou autres établissements d'instruction publique.

« Toutes les personnes employées dans un édifice consacré au culte ou
dans un établissement d'instruction publique, quels qu'ils soient, ne doivent
pas se permettre d'y causer aucun trouble ni d'y proférer des injures. Il faut
que la concorde et l'harmonie y soient maintenues, et que les hommes de
lettres y donnent l'exemple de la pratique de la raison.

« Que l'on veille attentivement à l'exécution de cet Édit, et que l'on se
conforme scrupuleusement aux Saints commandements descendus d'en haut,
que l'on doit répandre et mettre en pratique. Si quelqu'un négligeait ces
prescriptions et n'en faisait pas sa règle de conduite, il agirait en opposition
avec la raison, et d'une manière extravagante. L'État possède des lois
constantes, invariables ; on doit craindre de ne pas les connaître. Il faut
ordonner que l'on prenne ces lois pour règle de conduite et qu'on les observe.

« Trente-et-unième année *tchi-yuen* (1294), le... jour de la septième
lune. »

OBSERVATIONS. C'est à l'aide du texte chinois (dont l'inscription qui
précède n'est, comme nous l'avons déjà dit, que la *transcription en caractères alphabétiques* inventés exprès), que nous avons pu en faire une
traduction complète ; sans ce secours, cette traduction n'eût pas été possible. Il y a, dans la nature et la constitution de la langue chinoise, inti-
mement liées à son système d'écriture, un obstacle invincible pour la
rendre purement *alphabétique*.

APPENDICE N° 4.

1° INSCRIPTION MONGOLE EN CARACTÈRES *pa'-sse-pa*, DE L'ANNÉE 1314 DE NOTRE ÈRE, GRAVÉE SUR PIERRE, ET CONSERVÉE DANS LA VILLE CANTONALE DE *Tchao-chih*, DU DÉPARTEMENT DE *Si-ngan*, PROVINCE DU *Chen-si* (1).

2° TRANSCRIPTION EN LETTRES LATINES DE L'INSCRIPTION MONGOLE ÉCRITE EN
CARACTÈRES *pa'-sse-pa*.

1 Mongk'e Dingriyin g'utchun dur — 2 Yïke su dchali yin khiehkhen
dur — 3 G'akhan dcharlig' manu — 4 Tcherikhudun noyad da tcherig
'eran balg'adun — 5 Darug'as da noyad da yortchig'un yabug'un il-
(*tchin* [1]) — 6 Dcharlig' tchineg'a-(*n* [2]) dakhusg'uï — 7 Dchinggis G'a-
khanu — 8 Ok'ôdeï G'akhanu — 9 Setchen G'akhanu — 10 Oldcheïtu
G'akhanu — 11 G'eulug G'akhanu ba dcharlig' dur doyid ïrk'ekhud sen
chingud aliba alba g'ubtchiri ölu ödchen — 12 Dïngri yi dchalbaridchu
'irukher ogunatug'ai gakhek' degsed adchukhoï ïdukhe ber bokhesu uridanu
— 13 Dcharlig'un yosukhar aliba alba g'ubtchiri ölu ödchen — 14 Dïngri
yi dchalbaridchu 'irukher ogunatug'ai g'akhen Fung-yuen lu dur buk'un
Ta Tchung-yang K'an chio geung dur — 15 basa hie yueu geung gon dur
(s)ag'un sen chingud de baridchu yabukhai — 16 Dcharlig' ogbeï ïdenu
geung gon kham mïo dur gar yid dur anu ïltchin bu bakhutug'ai ulakha
chikhusu bu ba — 17 -ritug'ai tamag'a bu ogtugei geung gone ïle g'ari atan
g'adchar usun eran adukhusun bag' tegirmed — 18 dïmk'e bidagea din k'u
g'alkhun usun heu ongg'otchas terged yakhud k'edi anu basa muï buï gam
lo k'i — 19 khed g'urban anggide usunu g'akhu li gam yeo akhula k'ed
k'ed ber boldchuk'u tchu bu k'urgetügeï buli — 20 dchu tatadchu bu
abtug'ai ïde basa — 21 Dcharlig'tan gakhedchu yosu ögekhuï öïles bu
oïledatugeï öïledukhesu ölukhu ayug'un mud — 22 Dcharlig' manu —
23 Bars dchil namurun terikhun sara — 24 yin g'orin naiman Tchag'a-
khan — Tcha — 25 -ng bugoï dur bitchibeï.

3° TRADUCTION FRANÇAISE.

« Empereur par la puissance du Dieu éternel et l'assistance d'une destinée heureuse ; — Notre commandement :
— « Que l'on sache parmi vous, vous tous officiers militaires, soldats,
gouverneurs des villes, officiers civils et commissaires délégués ;
« Attendu que, par les commandements de Dchinggis, Ogdaï, Setchen,

---

(1) L'inscription imprimée ne donne que la
première syllabe de ce mot ; mais comme la
même expression se présente de nouveau au milieu de la seizième colonne, la lacune n'est pas
douteuse.

(2) La finale *n* placée ici ne se trouve pas dans
l'édition imprimée du *Kouan tchoung kin chïh
ki*, ouvrage chinois publié en 1781, et qui est
une « Histoire des inscriptions sur métal et sur
pierre, de la province du Chen-si. »

Oeldjaïtou et Guluk Khans, il fut ordonné que les prêtres, les *erkehouns* (1), et les instituteurs seraient exemptés de tout service officiel, et se voueraient entièrement aux devoirs spirituels de leur ministère.

« A cet exemple il est également ordonné qu'ils soient exempts de tout service officiel, et qu'ils se vouent aux devoirs spirituels de leur profession. Que cet ordre s'applique à tous les professeurs (ou instituteurs) dans le *Tatchoung-yang Wan-cheou-koung*, en même temps que dans les Salles moins relevées, dans les Oratoires et les Cloîtres dans le *Foung-yuen lou*, qu'il concerne spécialement. Dans les établissements appartenant à ces Oratoires, Cloîtres, Abbayes de religieuses et Temples, qu'aucuns messagers officiels ne s'y arrêtent pour se reposer ; qu'aucun relais n'y soit fourni pour le service de la Poste ; qu'aucunes taxes n'y soient payées ; mais l'eau, la terre, le peuple, les troupeaux, les jardins, les moulins, les bâtiments, les abris, les magasins, les bains, les barques, les voitures de transport, et tout autre objet appartenant aux Oratoires et Cloîtres susdits ; comme aussi tout ce qui se trouve en relation avec *Mei-peï*, *Kan-lao*, les Trois eaux, et la colline de *Li-kan-yo*, seront protégés contre toute expropriation forcée, et nul ne pourra s'en emparer d'une manière frauduleuse.

« Quiconque se permettrait de violer ce décret agirait d'une manière condamnable, susceptible de châtiment ; et celui qui s'y conformera évitera d'y être contraint par notre décret impérial.

« Écrit par Tchahan Tsang le 28ᵉ jour du 7ᵉ mois de l'année du Tigre. »

OBSERVATIONS. La note suivante, dit M. Wylie, est placée en tête de l'inscription par l'éditeur chinois :

« Dans l'Oratoire de *Tchoung-yang Wan-cheou*, il y a un nombre incalculable de tablettes de la dynastie Yuen (mongole de Chine), portant toutes des inscriptions en caractères mongols (comme ceux employés ci-dessus), accompagnées de traductions chinoises. Le système (alphabétique) mongol est une modification du brahmanique *kia-lou ;* de là sa ressemblance avec la langue originale des Bouddhistes. L'écriture admet divers degrés d'élégance. »

Après la chute de la dynastie mongole, les inscriptions en caractères alphabétiques, dits *pa'-sse-pa*, du nom de leur inventeur tibétain, disparurent peu à peu. Cependant, il est possible que, l'attention étant attirée sur ces inscriptions, on vienne à en découvrir de nouvelles.

_____

(1) Voir sur ce nom désignant les *Nestoriens,* la note 3 du ch. LXXIII, de Marc Pol, p. 214.

APPENDICE N° 5.

1° LETTRE EN MONGOL D'ARGHOUN-KHAN AU ROI DE FRANCE PHILIPPE LE BEL (1).

2° TRANSCRIPTION. 1 Mongke Tegrì-yin kutchundour; — 2 Khaghan-ou sou dour — 3 Arghoun ug'e manou. — 4 iRad Barans ah! — 5 Namdouni tchi Măr Băr — 6 Sevma Sakhora — 7 teriguten iltchin — 8 yăr œtchidjou ilar-oun. — 9 Il-Khan-ou tsarigud Misir-oun — 10 Yuk morilabasou bida băr — 11 endetse moriladjou khamsay-a — 12 kemen œtchidjou ilăksen-i tchinou — 13 yœbsiyadjou — 14 Tegri-yi yelbăridjou Bars djil ubulun — 15 etsüs sara-da moriladjou khăbour-oun — 16 terigun sara-yin arban ta-

(1) Cette inscription, ainsi que la suivante, ont été publiées pour la première fois par M. Abel Rémusat, dans son *Mémoire sur les Relations politiques des Princes chrétiens avec les empe-* *reurs mongols* (Paris, 1824). Le texte reproduit ici, avec les corrections de I.-J. Schmidt (placées entre parenthèses), a été aussi revu sur l'original.

boun·a — 17 Dimiski baghôi-a kämäbai. Edug'e — 18 unän ug'e dour yen karoun — 19 tsärigoud yen boldjaldour iladjou.— 20 Tegri-da mor oktädjou tädä irgä — 21 aboubasou Ourislim-i tan-ah uggoui-a. — 22 Kem boldjäl khodjidadjou tsärigoud-i erg'egulbasou — 23 yakho djokikho? Khoina ber gänubäsou — 24 Yaghòn tousa? Basa ali-ber kälän — 25 Aman iltchin yär yen Djigurä — 26 agholghan Barangkoud-oun ghadjar-oun — 27 tangsoug-oud chinäghoud il-deb unggeten — 28 kuruk œktchou iläbäsou ker bä soyorkhakhoi-dji — 29 Tegri-yin kutchun — 30 Khaghan-ou sòu mädätugäi. Kemen Mouskaril — 31 Khourtchi-yi iläbäi. Bitchik manou. Ouker — 32 djil djounou tärigoun sara-yin — 33 djirghoughan khagotchid-ta Kundälän-a — 34 bukoi dour bitchibei.

3° TRADUCTION (1).

Par la puissance du Dieu éternel,
Par la faveur du Khaghan (le grand Khaân, Khoubilaï),
Arghoun, Notre parole :

> Roi de France! (*iRad Varans ah!*)
> Par ton ambassadeur en chef
> Mar (2) Bar Sevma Sakhora.(3).

Tu m'as mandé :

« Quand les troupes de l'Il-Khan (4) marcheront contre l'Egypte, nous partirons d'ici pour nous joindre à elles. »

Nous approuvons ce message de ta part, et nous ajoutons que, confiant en Dieu (5), nous partirons à la fin de la dernière lune d'hiver, de l'année de la Panthère (1290), et que, vers le quinze de la première lune du printemps, nous camperons devant Damas (6). Si tu tiens fidèlement ta parole, en envoyant tes troupes à l'époque et au lieu déterminés; et si, avec l'aide de

Dieu, nous prenons Jérusalem, nous te la donnerons. Si l'époque et le lieu du rendez-vous étaient manqués, et que les troupes marchassent inutilement, cela serait-il convenable? Et si, ensuite, l'un de nous n'a pas son

---

(1) Dans la disposition typographique de cette traduction nous avons voulu imiter celle de l'original *mongol*, qui fait ressortir en haut (les lignes étant *verticales*), les personnes et les choses considérées par le rédacteur comme les plus éminentes, lesquelles ont toujours l'honneur de l'*alinéa*; celles qui sont considérées comme plus *humbles* sont placés plus bas.

(2) Mot syriaque qui signifie *seigneur*.

(3) Évêque nestorien de l'Ouïgourie chez les Tartars.

(4) Le Khan mongol de Perse, alors Arghoun.

(5) *Tegri*, le Ciel, Dieu.

(6) *Dimiski*.

plan d'action bien arrêté, et n'agit pas de concert, quel avantage pourrait-il en résulter ?

En outre, il serait bon que, de ton côté, tu nous envoyasses des présents par des ambassadeurs parlant différentes langues et dialectes, consistant en choses rares et agréables et de la terre de France (1). L'exécution de toutes ces choses dépend de la puissance de
Dieu, et de la faveur du
Khaghan (l'empereur de Chine, alors Khoubilaï). Je t'informe que c'est Mouskăril Kourtchi que je t'envoye.

Notre lettre est écrite le sixième jour de la première lune d'été, de l'an du Bœuf (1289) étant à Koundălăn.

OBSERVATIONS. Cette lettre porte dans l'original mongol conservé aux Archives impériales de France (J. 776) l'empreinte, répétée *trois fois* à l'encre rouge, d'un sceau en caractères chinois de forme antique (usités encore de nos jours en Chine, pour les sceaux officiels), qui fut remis à Arghoun par Khoubilaï Khaân, lors de son investiture comme Khan de Perse. En voici le contenu en caractères chinois ordinaires :

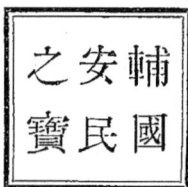

C'est-à-dire, (en lisant les caractères chinois de droite à gauche, par lignes verticales) : *Foú koŭë 'ăn mĭn tchĭ p'ào;* « Sceau de celui qui soutient l'empire et gouverne en paix les peuples. » Ce sceau porte à l'original 15 centimètres en tous sens; et la lettre originale mongole, sur laquelle il est empreint, a la forme d'un rouleau, en papier de coton, de plus de 2 mètres de longueur, sur 27 centimètres de hauteur.

(1) *Varanghoud-oun,* pour *Franghoud-oun,* les Mongols n'ayant pas de *f* dans leur alphabet.

APPENDICE N° 6.

1° LETTRE MONGOLE D'OELDJAÏTOU SULTAN AU ROI DE FRANCE PHILIPPE LE BEL, POUR LUI ANNONCER SON AVÉNEMENT.

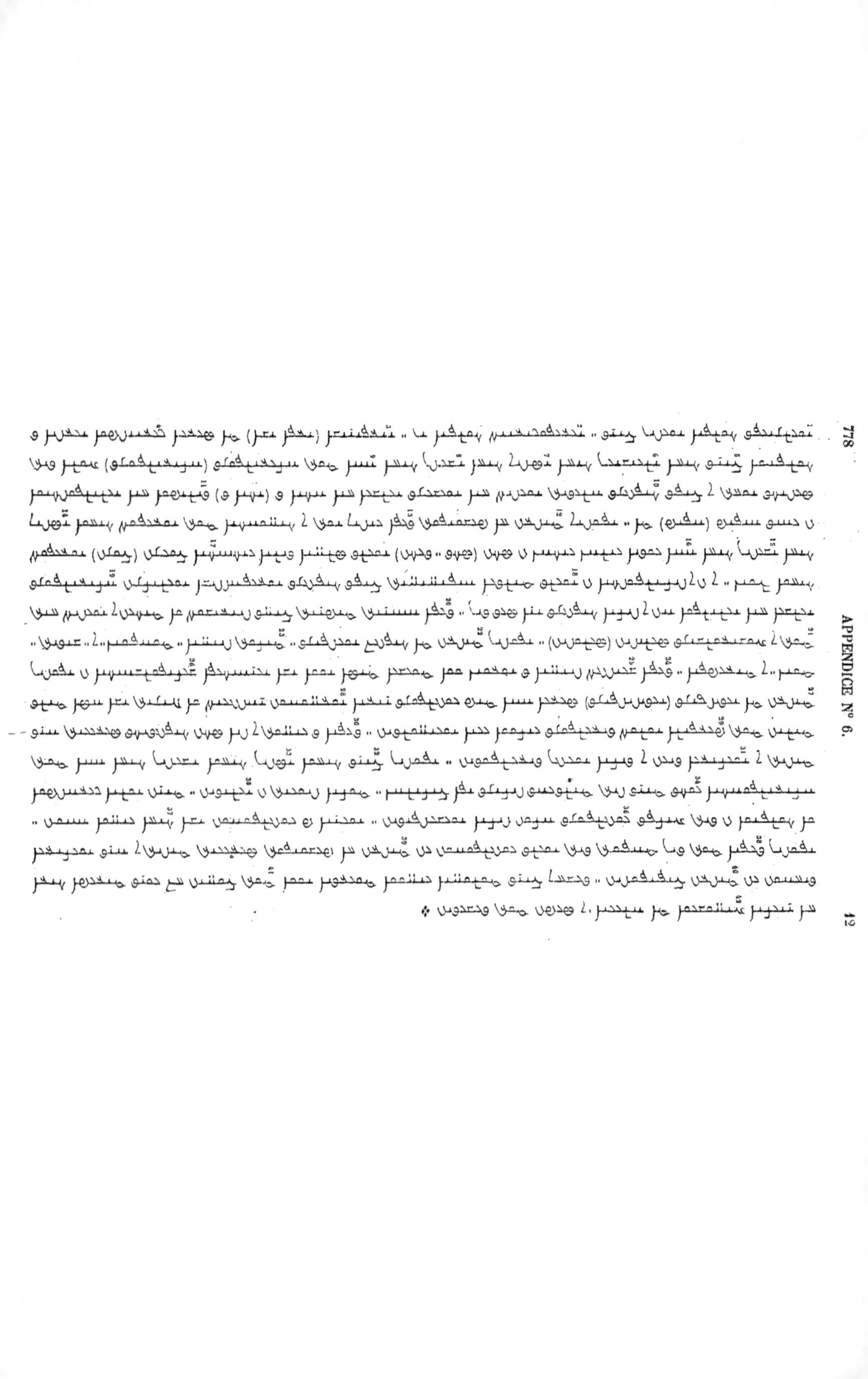

2° TRANSCRIPTION. 1 Oëldjäïtou Sultan ug'e manou. — 2 iRedou-Varans Sultan ah! — 3 Artănătsă ta burin — 4 Virangkoud irgen-ou Sultad — 5 manou sain — 6 ălintsăk sain — 7 ăboukă sain — 8 ătchigă sain — 9 akha dour amaraldoudjou khola băr beugesou oir-a matou — 10 sedkidjou alibăr uges yen œtchidjou iltchin yen esen-ou — 11 belegoud yen ileldouksed-i yakho endekou ta. Éduge — 12 Tegri-yin kutchundour — 13 bida yeke Ora saghoksan dour ouridous said — 14 ăboukă sain — 15 ătchigă sain — 16 akha yoban yalak yasag-i bouchi ulu bolghan bălăn yasak — 17 -san moudji ouridous said lougha gha-kămăldouksen-i — 18 ulu talbin andaghaghar mătou sedkidjou ouridangkătsă ulemdji — 19 amaraldoudjou iltchin yen ilăldun aga kemen sedkidjou ene bouyou ba. — 20 Bida akhănăr dăgunăr maghö kharatsous-oun tăsyi-a ug'es yăr — 21 dour-a khotsaroultsadjou bœleg'ei. Éduga — 22 Tegri-da sedkil œktedjou. — 23 Temour-khaghan; Toktogha; Tcheber; Togha teriguten. — 24 Bida — 25 Tchingghis-Khaghan-ou ouroug-oud dœtchin taboun od"etse inakchida — 26 tchimadoultsaksan-i edug'e — 27 Tegri-da ibăkdădjou burin akha degu yokildoudjou naran — 28 ourgoukhoi Nangkiyas-oun ghadjar etse aboun Talou-dalai dour — 29 kurtele oulous barildoudjou yamôd yen nyagholbai. — 3o Bidan-ou yaghor-a ken bouchi sedkibăsou buriyer anou deg'er-a — 31 oumarin baiya kemen ug'e barildoubai. Eduge -- 32 manou said — 33 Aboukă said ătchigă sain akha dour amaraldouksan — 34 yosou tauou ker talbikho kemedjou ede Mamalak Touman khoyar-i — 35 ilăbăi tanou olan Virangkoud-oun soultad-i ber khamtou — 36 yokildoudjou amoui kemen eutchikdebei. Unăn ku yokildoukhoi etse — 37 sain yaghon akhoi. Edug'e — 38 bidan-dour ba tandour ber ulu yokildoukho-yi — 39 Tegri-yin kutchun-dour buriyer anou oumarin baikhoi-yi — 4o Tegri mădătougăi. Bitchik manou dologhan yaghoud deurben od — 41 tour moghai djil younou teri-gun sara-yin naiman — 42 khaghotchidta aliyan-a bukoï dour bitchibei.

3° TRADUCTION :

Oeldjaïtou Sultan, Notre parole!

    Roi de France, Sultan! (*iRedou Varans Sultan ah!*)
    Dès les temps antérieurs, nous savons que vous tous, Sultans
    Des nations franques, vous avez été liés d'amitié avec

Notre bon bisaïeul (*saïn ălintsăk*),

Notre bon aïeul (*saïn abouka*),

Notre bon père (*saïn atchiga*),

Notre bon frère (*saïn akha*); et que, malgré la distance qui vous séparait, vous regardant comme voisins, vous vous êtes envoyé mutuellement des ambassadeurs, avec des lettres de créance et des présents d'amitié; Vous ne pouvez l'avoir oublié ! Maintenant que,

Par la puissance de Dieu (*Tegri-yin kutchundour*),

Nous sommes monté sur le grand trône, nous ne nous écarterons pas de la manière d'agir de nos illustres prédécesseurs, notre bon aïeul, notre bon père, notre bon frère aîné; nous gouvernerons comme eux les provinces de notre empire, en respectant leurs prescriptions et engagements, comme si nous le leur avions promis par serment, et en resserrant encore plus qu'auparavant, s'il est possible, les liens d'amitié qui existaient entre nous, en nous envoyant toujours mutuellement des ambassadeurs. Telles sont nos paroles et nos intentions.

Nous, frères aînés et frères cadets, nous vivions désunis par suite des mauvais rapports et des menées de malintentionnés sujets; mais maintenant, par la grâce de

Dieu, nous sommes devenus :

Témour khaghan (1), Toktogha (2), Tchabar (3), Thoga (4), et

Nous, principaux descendants de

Tchinghis-Khaghan, qui nous sommes fait la guerre pendant quarante-cinq ans, et nous sommes réconciliés, ne formant maintenant plus qu'un cœur avec l'aide et la protection de

Dieu, depuis la terre des Nankiyas, (les Chinois) là où le soleil se lève, jusqu'au lac de Tala; nous nous sommes réconciliés, et les communications sont rétablies entre nos populations.

Nous sommes convenus que nous nous réunirions tous contre celui d'entre nous qui agirait différemment. Dans ces circonstances, comment pour-

---

(1) Alors l'empereur mongol de Chine, chef de tous les souverains asiatiques de race mongole; c'était le petit-fils de Khoubilaï Khaân, qui lui avait succédé en 1294, et qui régna jusqu'en 1307, sous le nom chinois de *Tching-tsoung*.

(2) C'était le souverain du Décht-kiptchak, de la branche de Djoutchi, qui régna de 1291 à 1312.

(3) C'était le petit-fils de *Ho-chi*, quatrième fils d'Ogodaï, qui régnait dans le pays situé au nord et au nord-ouest de Karakorum.

(4) Ou *To'ha* dont le nom est plus ordinairement écrit *Doua*. Il était de la branche de Tchaghatai et régna dans le Turkistân et la Transoxiane, entre 1272 et 1306. Voir précédemment p. 728, n. 3.

rions-nous oublier les relations d'amitié que vous avez entretenues avec les illustres personnages :

Notre bon aïeul, notre bon père, notre bon frère aîné? En vous informant ainsi de ces choses, nous vous envoyons deux messagers :

Mamalak et Touman. Il nous a été rapporté que, vous, les Sultans des Francs, vous viviez dans la concorde. Et, vraiment, qu'y a-t-il de meilleur que la concorde? Ainsi, parmi nous, comme parmi vous, nous mettrions à la raison, par la puissance et l'aide, de

Dieu, celui qui troublerait cette union;

Dieu le sait!

Écrit, notre lettre, l'an sept cent quatre (de l'Hégire), le huit de la première lune d'été de l'année du Serpent (dans le cycle mongol, correspondant au 13 ou 14 mai 1305), étant dans notre résidence d'Aliyan.

OBSERVATIONS. Cette lettre porte, dans l'original mongol, conservé aux Archives impériales de France (J. 776) l'empreinte, répétée cinq fois à l'encre rouge, d'un sceau en caractères chinois, de forme archaïque, que nous reproduisons ici en caractères chinois usuels :

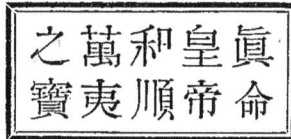

之萬和皇眞
寶夷順帝命

C'est-à-dire (en lisant les caractères chinois, de droite à gauche, par lignes verticales) : *Tchin ming hoang tí hô chún wén í tchí p'ào*, « Sceau de l'Empereur véritablement décrété (par le Ciel) pour pacifier et réduire à l'obéissance les dix mille étrangers. » Ce sceau porte à l'original 13 centimètres en tous sens (les caractères chinois ayant été *allongés* exprès dans ce but pour former un carré parfait, emblème de la terre); et la lettre mongole, sur laquelle il est empreint, a la forme d'un rouleau, en papier de coton, de 3 mètres de longueur, sur 48 centimètres de hauteur.

Paris. — Typographie de Firmin Didot frères, fils et Comp., rue Jacob, 56.

Principaux ouvrages de M. G. PAUTHIER, relatifs à l'Orient.

Mémoire sur la doctrine du Tao, ou de la Raison Suprême fondée en Chine par Lao-tseu, etc , suivi de deux OUPANICHADS *des* VÉDAS, avec le texte sanskrit et la traduction persane inédite. Paris. 1831. (*Épuisé*).

Essais sur la philosophie des Hindous, par Colebrooke ; traduits de l'anglais et augmentés de notes nombreuses. Paris, 1833. (*Épuisé*).

Description historique et géographique de la Chine; 1re partie : **Chine ancienne,** 1 vol. in-8° à 2 col. — 2e partie : **Chine moderne** (les 390 premières pages). Paris, Didot frères, 1837-1853.

Le 大學 **Ta-hio** ou **La Grande Étude,** ouvrage de CONFUCIUS, en *chinois*, en *latin* et en *français*, avec la traduction du Commentaire de TCHOU-HI. Paris, 1837 , in-8°.

Le 道德經 **Tao-te-King,** OU LE LIVRE DE LA RAISON SUPRÊME ET DE LA VERTU, par Lao-tseu. Traduit en français, et publié pour la première fois en Europe avec une *version latine* et le *texte chinois* en regard; accompagné de la traduction complète du Commentaire de SIE-HOÉI, etc. Paris, janvier 1838. 1re *Livraison.*

Nota. L'impression du restant du livre sera prochainement reprise.

Les Livres Sacrés de l'Orient; un grand vol. in-8°, à 2 col. Paris, 1840.

Nota. *L'Académie française, dans sa séance du 30 juin 1842, a décerné à l'auteur un prix de 2,500 fr. parmi ceux destinés aux ouvrages les plus utiles aux mœurs.*

Documents historiques sur l'Inde, traduits pour la première fois du chinois. Paris, 1840.

Documents statistiques officiels sur l'empire de la Chine, traduits pour la première fois du chinois. Paris, 1841.

Sinico—Aegyptiaca, ou Essai sur l'origine et la formation similaire des écritures figuratives égyptienne et chinoise. Paris, 1842.

Esquisse d'une histoire de la philosophie chinoise. Paris, 1844. (*Épuisé*).

L'Inscription Syro-chinoise de Si-ngan-fou; Monument nestorien élevé en Chine l'an 781 de notre ère, et découvert en 1625; *texte chinois* accompagné d'une *version latine* verbale, d'une *traduction française*, de la *traduction intégrale des commentateurs chinois*, etc. Paris, 1858.

Histoire des relations politiques de la Chine avec les puissances occidentales, depuis les temps anciens jusqu'à nos jours. Paris, Firmin Didot frères, 1859.

Paris. — Typographie de Firmin Didot frères, fils et Cᵉ, rue Jacob, 56.

DESCRIPTION

DE

LA VILLE DE QUINSAY

(HANG-TCHEOU FOU)

CAPITALE DE L'EMPIRE DES SOUNG

Paris. — Typographie Firmin Didot frères, fils et Cie, rue Jacob, 56.

www.ingramcontent.com/pod-product-compliance
Lightning Source LLC
Chambersburg PA
CBHW072041090426

42733CB00032B/2049